CHINA FINANCE 40 FORUM

中国金融四十人论坛

致力于夯实中国金融学术基础，探究金融领域前沿课题，
引领金融理念突破与创新，推动中国金融改革与发展。

“隐形冠军”长成之路

鲁政委　陈　昊　张文达◎著

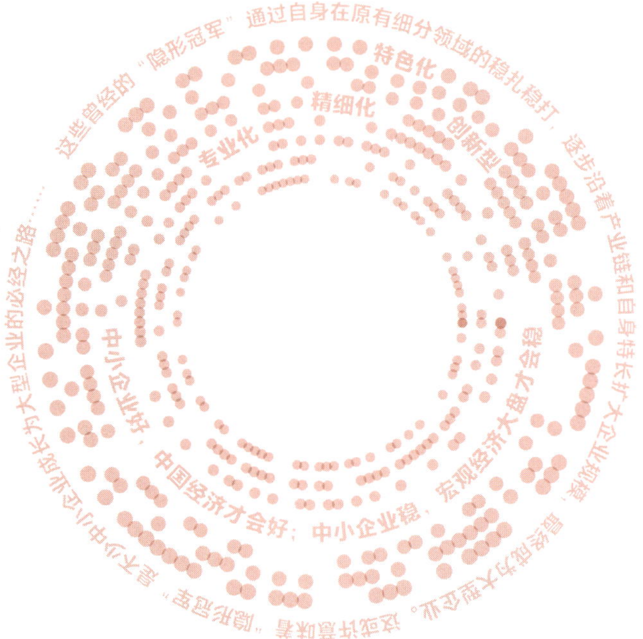

人民日报出版社
北　京

挑战，另一方面也将迎来周边经济体产业链转移至我国以及我国境内进口替代带来的双重机遇。

中小企业为何会面临融资难、融资贵，主要有哪些破解方法?

☆从境内外经验来看，中小企业面临融资难、融资贵问题的原因在于三点：一是融资渠道和融资方式相对有限，二是中小企业和金融机构之间存在信息不对称，三是中小企业融资过程中的代理人问题可能更为严重。从实践看，各国监管机构主要通过政府政策和资金支持引导、推动金融机构运用中小企业大数据更准确评价中小企业信用资质、创设结构性货币政策工具以及创新金融产品的方式，破解中小企业融资难、融资贵问题。

上具有竞争优势、保持与客户紧密联系、融入全球化等特征。而根据我国工信部的定义，专精特新“小巨人”企业是“专精特新”企业中的佼佼者，是专注于细分市场、创新能力强、市场占有率高、掌握关键核心技术、质量效益优的排头兵企业。不难发现“隐形冠军”与专精特新“小巨人”企业的特征类似。

支持中小企业科技创新国际上有哪些科技支持政策？

☆从境外主要经济体经验来看，为了更好激发中小企业的创新活力，各类政府机构一般推出多渠道资金补助、合作研发牵线搭桥、政府订单倾斜、财政税收优惠、构建完备风险投资体系等多方面的支持政策，在提升中小企业科技研发能力的同时，解决好科技成果转化投产、规模化生产的堵点问题。

全球化新阶段我国中小企业有哪些挑战和机遇？

☆在当前国际新格局之下，“全球化”遭遇了一定的发展瓶颈，并逐步向“区域化”发展。不少区域内的经济体之间签订了双边或多边区域自由贸易协定，同时为了确保跨国产业链的韧性，更多企业开始在邻近区域重新布局，从而造成全球价值链、供应链的重构。在此环境之下，我国开展跨国贸易的中小企业一方面将面临境外经济体产业链转出的

Q&A

如何界定中小企业？

☆为了准确界定中小企业范畴，各经济体都根据其自身特性设计了中小企业的划型标准。一般而言，各经济体会根据不同行业分类，按照企业营业收入或净利润、雇员数、总资产等指标对企业进行划型。各经济体会基于经济体系变动、通货膨胀等因素定期调整划型标准，从而更为准确地界定中小企业。从境外实践来看，为了避免中小企业在划型变化后遭遇支持政策“断崖”，监管部门还会引入划型稳定机制。

我国中小企业主要在哪些行业和区域？

☆从行业分布上来看，我国中小企业集中分布于批发和零售业，住宿和餐饮业，制造业，交通运输、仓储和邮政业，居民服务、修理和其他服务业。从区域分布上来看，我国东部省份中小企业及个体工商户法人数及从业人员相对更多，不过值得注意的是，河南、四川、重庆、广西、山西、云南等中西部省份也有为数众多的中小企业分布。

“隐形冠军”的定义与我国的“专精特新”小巨人分别有何特点？

☆“隐形冠军”概念由德国管理学者赫尔曼·西蒙首先提出，根据其研究，“隐形冠军”企业具有聚焦主业、保持较高研发投入、在细分市场

“隐形冠军”长成之路

核心观点

☆中小企业是经济体系中不可或缺的组成部分，不仅具有强大的活力和创新能力，同时还能吸收大量就业，有效贡献税收。

☆从境外实践来看，在中小企业的发展过程中，出现了深耕细分领域、在全球特定细分市场享有优势的“隐形冠军”中小企业。从特征来看，我国的“专精特新”企业与之类似，并有在未来成为“隐形冠军”的潜质。

☆为了支持中小企业高质量发展，成长为“专精特新”小巨人乃至“隐形冠军”，各经济体都对中小企业设置了相应的税收、科技、贸易等一系列支持政策。

☆从产业集聚的角度来看，由于外部经济、竞争优势等多方面因素，中小企业分布往往呈现出产业集聚的情况，构建好产业园区将有助于中小企业集聚发展。

☆破解中小企业融资难、融资贵的问题不仅需要金融机构久久为功，还需要监管部门的有效支持。

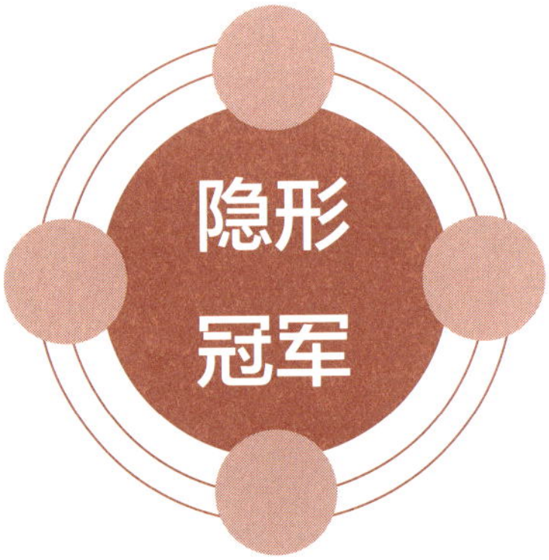

“隐形冠军”长成之路

鲁政委　陈　昊　张文达◎著

人民日报出版社
北　京

图书在版编目（CIP）数据

“隐形冠军”长成之路 / 鲁政委, 陈昊, 张文达著
. — 北京：人民日报出版社，2023.1
ISBN 978-7-5115-7612-5

Ⅰ.①隐… Ⅱ.①鲁… ②陈… ③张… Ⅲ.①中小企
业—企业发展—研究—中国 Ⅳ.①F279.263

中国版本图书馆CIP数据核字（2022）第232452号

书　　名：“隐形冠军”长成之路
“YINXING GUANJUN” ZHANGCHENG ZHILU
著　　者：鲁政委　陈　昊　张文达

出 版 人：刘华新
责任编辑：蒋菊平　李　安
版式设计：九章文化

出版发行：人民日报出版社
社　　址：北京金台西路2号
邮政编码：100733
发行热线：（010）65369509　65369527　65369846　65369512
邮购热线：（010）65369530　65363527
编辑热线：（010）65369528
网　　址：www.peopledailypress.com
经　　销：新华书店
印　　刷：大厂回族自治县彩虹印刷有限公司
法律顾问：北京科宇律师事务所　（010）83622312

开　　本：710mm×1000mm　1/16
字　　数：274千字
印　　张：23
版次印次：2023年7月第1版　　2025年9月第2次印刷

书　　号：ISBN 978-7-5115-7612-5
定　　价：58.00元

中国金融四十人论坛书系
CHINA FINANCE 40 FORUM BOOKS

"中国金融四十人论坛书系"专注宏观经济和金融领域，着力金融政策研究，力图引领金融理念突破与创新，打造高端、权威，兼具学术品质与政策价值的智库书系品牌。

中国金融四十人论坛是一家非营利性金融专业智库平台，专注经济金融领域的政策研究与交流。论坛正式成员由40位40岁上下的金融精锐组成。论坛致力于以前瞻视野和探索精神，夯实中国金融学术基础，研究金融领域前沿课题，推动中国金融业改革与发展。

自2009年以来，"中国金融四十人论坛书系"及旗下"新金融书系""浦山书系"已出版180余本专著。凭借深入、严谨、前沿的研究成果，该书系已经在金融业内积累了良好口碑，并形成了广泛的影响力。

目录
CONTENTS

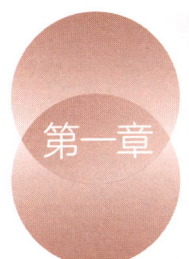

第六章 为有源头活水来
——中小企业与金融

第一章 总论

在一个完整、健康、富有活力的生态系统中，不仅应有醒目的苍天大树，也应有数目众多、种类繁多的小型动植物、微生物，甚至从生物链的角度来看，这些小型动植物、微生物才是苍天大树茁壮成长、生态系统兴旺发达的基础。与之相似，一个健康、富有活力的经济体系不仅应有数量引人注目的跨国大型企业，更应该有万千中小企业呈现出千帆竞渡、百舸争流的场景。

古往今来，全球各主要经济体的发展实践过程，不断印证了中小企业具有强大活力、创新能力以及吸纳就业能力的观点，我国也并非例外。改革开放后，党中央逐步将支持中小企业发展作为经济工作的重点之一。党的十一届三中全会前，大量的非公有制小微企业未能在经济中起到举足轻重的作用，随着改革春风的吹拂、开放蓝图的铺就，数量庞大的个体户等小微企业雏形在各地如雨后春笋般出现。经过一段时间的发展之后，这些以非公有制属性为主的个体户和小微企业主体逐渐成长壮大，成为我国经济中不可或缺的组成部分。

在国际上，各主要经济体也在发展中逐步意识到中小企业在经济体系中的重要地位。为了进一步促进中小企业在经济体系中发挥更重要的作用，推进经济整体健康发展，不同经济体乃至国际组织也进行了多项研究，并施行了一系列针对性政策解决企业在发展过程中遇到的难点、痛点和堵点。**在政策研究方面，**世界银行（WB）、国际货币基金组织（IMF）、世界经济论坛（WEF）等国际性全球治理组织和全球性智库都将助力小微企业发展作为研究重点。例如，经合组织（OECD）早在多年以前就将促进和支持小微企业发展作为研究重点，并成立了创业、小微企业、区域和城市研究中心（Centre for Entrepreneurship，SMEs，Regions and Cities），投入了大量精力研究各经济体支持和鼓励中小企业发展政策的经验教训。**在政府支持方面，**各个经济体出台了各类法案和支持政策通过财税、补助、科技政策、监管政策等全方位支持中小企业发展。例如，美国在1953年正式出台了《小企业法案》（Small Business Act），并根据该法案成立了小企业局（Small Business Administration，SBA），专门统筹联邦政府层面对于小微企业的各类支持政策，设置了多个针对小微企业的专项贷款计划，从而能够有针对性地缓解小微企业融资难、融资贵现象。又如，在兼顾风险的同时，为了激励各国银行等金融机构向小微企业提供充足、低价的信贷支持，国际清算银行（BIS）下属的巴塞尔银行监管委员会（BCBS）在制定《巴塞尔协议II》时就将主要面向小微企业、个体工商户的符合零售要求的小额企业贷款风险权重调降至75%，而与之相对应，绝大多数一般企业的贷款风险权重则为100%。在2017年底发布的《巴塞尔协议III（最终版）》中，BCBS进一步将所有一般中小企业债权的风险权重由100%调降至85%。除此之外，不同经济体根据客观情况和中小企业的具体需求，设置了税收减免、财政补助、优化科研成果收益分配机制等一系列政策，进一步支持小微企业发展。

经济转型发展时期，我国小微企业不仅承担了吸纳就业、开展创新、推动增长、贡献税收等职责，更是引领、支持我国迈向高质量发展的关键所在。随着我国由高速发展换挡为高质量发展，我国经济的主要动力也将由房地产、旧基建等领域，逐步转移到科技创新、新基建等方向。党的十八大以来，习近平总书记也高度关注我国中小企业的发展。2018年11月，习近平总书记在民营企业座谈会上指出："要优先解决民营企业，特别是中小微企业融资难甚至融不到资问题，同时逐步降低融资成本。"2020年3月29日至4月1日，习近平总书记在浙江考察时强调："我国中小企业有灵气、有活力，善于迎难而上、自强不息，在党和政府以及社会各方面支持下，一定能够渡过难关，迎来更好发展。……党中央特别考虑到了中小企业，出台一系列措施支持和帮助中小企业渡过难关。"2021年9月2日，习近平总书记在2021年中国国际服务贸易交易会全球服务贸易峰会上致辞时指出："我们将继续支持中小企业创新发展。"这些论述和表态寄托了党和国家领导人对中小微企业高质量发展的关心和关注。

以史为鉴，可以知兴衰。为了促进我国中小企业在高质量发展的新阶段能够百尺竿头、更进一步，推动我国经济和社会更好地实现第二个百年奋斗目标，我们在本书中梳理了我国中小企业的发展优势、特征和情况，并总结了全球各个经济体中小企业发展支持政策的经验教训，以供参考。

需要说明的是，由于在中小企业的划型、统计和发展支持政策中，部分针对所有中型、小型和微型企业，部分仅针对小型和微型企业，因此本书在表述中以"中小企业"指代所有中型、小型和微型企业，以"小微企业"指代所有小型和微型企业。

第二章　中小企业在何方？

第一节　谁是中小企业？

要对中小企业开展研究，首先需要明确，哪些企业属于中小企业。因此，在开篇之初，我们首先对中小企业划型标准这一界定中小企业最重要的概念展开探讨。由于中小企业对各经济体的经济总量、就业、技术创新等举足轻重，为了助力中小企业的高质量发展，各主要经济体都针对中小企业制定了财税、金融等一系列配套支持政策。为了让这些支持政策精准“滴灌”，对于中小企业进行准确划型也具有重要的意义。本节就我国中小企业划型标准的演进进行了梳理，总结了美国和欧盟的中小企业划型经验，同时，对我国未来中小企业划型标准的修订提出了相应建议。

一、我国中小企业划型标准的演进及运用

2002年6月，全国人大常委会表决通过了《中华人民共和国中小企

业促进法》(以下简称《中小企业促进法》),以法律形式确立了全方位支持中小企业健康发展的系列政策要求,为了引导这些支持政策精准对接各类中小企业,我国开始尝试明确中小企业的划型标准。

(一)我国的中小企业划型标准及演进

2003年以来,我国出台了两版中小企业划型标准,并就最新版修订开展了征求意见,目前最新版的中小企业划型标准拟将所有企业分为16类,按照营收、雇员数、总资产等指标对企业进行划型分类。

改革开放后,我国曾在1988年出台《大中小型工业企业划分标准》,其中按照工业企业的产能、固定资产价值等对工业企业进行划型,制定这一标准目的主要在于方便开展宏观调控。不过,这一标准的适用范围仅局限于工业企业,并未将众多服务业和农林牧渔业纳入划型范围,而且该划型标准主要参考企业的产能和固定资产价值,难以精准、动态地衡量企业规模。因此,在2002年《中小企业促进法》发布之后,国务院相关部门便开始着手参考国际经验,制定适用于所有行业企业的划型标准。

表2-1 我国中小企业划型标准演进

时间	文件名	主要内容
1988/4/5	《大中小型工业企业划分标准》	将工业企业分为有色金属、煤炭、石油、石化等多个细分行业,分别根据企业的产能和固定资产价值对工业企业进行划型分类。
2003/2/19	《中小企业标准暂行规定》(国经贸中小企〔2003〕143号)	明确了工业、建筑业、批发业、零售业、交通运输和邮政业、住宿和餐饮业六大类企业划型标准,主要评判依据为职工人数、销售额和资产总额。

续表

时间	文件名	主要内容
2011/6/18	《中小企业划型标准规定》（工信部联企业〔2011〕300号）	增加了农林牧渔业、仓储业、信息传输业、软件和信息技术服务业、房地产开发经营业、物业管理业、租赁和商务服务业等7个行业；并将交通运输和邮政业、住宿和餐饮业细化为批发业、零售业、交通运输业、邮政业、住宿业、餐饮业，综合其他未列明行业，将所有企业分为16类进行划型。评判标准为从业人员数、营业收入及资产总额，并根据经济发展调整了评判的阈值。
2021/4/27	《中小企业划型标准规定（修订征求意见稿）》	一是根据经济发展，调整了部分行业认定为中小企业的从业人员数、营业收入、资产总额阈值标准。 二是增加了中小企业划型的定性标准。 三是明确中小企业划型标准每5年进行评估修改的要求。

资料来源：工信部，兴业研究

2003年2月，由原国家经贸委牵头制定的《中小企业标准暂行规定》（国经贸中小企〔2003〕143号，以下简称《暂行规定》）发布，《暂行规定》明确了工业、建筑业、批发业、零售业、交通运输和邮政业、住宿和餐饮业等六大类企业的划型标准，以职工人数、销售总额和资产总额作为划型的依据。其中，工业包括了采矿业、制造业、电力、燃气以及水的生产和供应业。虽然《暂行规定》指出“本标准以外其他行业的中小企业标准另行制定”，但此后较长一段时间这一另行制定的标准并未公开出台。

从2010年开始，为了更好地开展中小企业划型，从而精准落地中小企业支持政策，工信部牵头开始了对于中小企业划型标准的修订。2011年6月，工信部发布《中小企业划型标准规定》（工信部联企业〔2011〕

300号，以下简称2011年版《标准规定》），截至2022年2月28日，该标准仍然有效。即使是统计局2017年根据新划分的《国民经济行业分类》（GB/T 4754–2017）发布的《统计上大中小微型企业划分标准（2017）》也基本参照了2011年版《标准规定》。

相较于2003年的《暂行规定》，2011年版《标准规定》主要进行了以下几个方面的修改。

一是拓展了划型标准适用企业范围，提升了划型标准的可用性范围。如前所述，2003年出台的《暂行规定》仅对工业、建筑业、批发业、零售业、交通运输和邮政业、住宿和餐饮业等六大类企业的划型标准予以了明确。这一划型范畴在国民经济行业分类中不仅未能涵盖第一产业的农林牧渔业，而且并未将众多新兴发展的第三产业（如信息传输业、软件和信息技术服务业等）纳入考量范围。因此2011年版《标准规定》大幅拓展了适用范围，除了金融业、教育、卫生、公共管理和社会组织、国际组织之外，涵盖了国民经济行业分类中的其他行业，涉及84个行业大类，362个行业中类和859个行业小类。

二是在小型企业范畴下细分了微型企业的标准。在此前中型和小型企业划分的基础上，2011年版《标准规定》进一步细化了微型企业的标准。从国际上来看，绝大多数国家在开展中小企业划型时，都将其分为中型、小型和微型企业三类。因此，对于微型企业的进一步划分也是我国中小企业划型标准与国际标准的统一。

除此之外，2011年版《标准规定》调整了部分划型指标的门槛，并将个体工商户纳入了划型之中，从而能更为精准地识别中小企业。

表2-2　2003年《暂行规定》与2011年《标准规定》对比

单位：元，人

	2003年《暂行规定》			2011年《标准规定》		
	行业	基本要求	细则	行业	基本要求	细则
1	—	—	—	农林牧渔业	营业收入＜2亿	中型企业：500万≤营业收入＜2亿。小型企业：50万≤营业收入＜500万。微型企业：营业收入＜50万。
2	工业	职工人数＜2000；或销售额＜3亿；或资产总额＜4亿	中型企业：300≤职工人数＜2000；且0.3亿≤销售额＜3亿；且0.4亿≤资产总额＜4亿。小型企业：职工人数＜300；或销售额＜0.3亿；或资产总额＜0.4亿。	工业	从业人员＜1000；或营业收入＜4亿	中型企业：300≤从业人员＜1000；且0.2亿≤营业收入＜4亿。小型企业：20≤从业人员＜300；且0.02亿≤营业收入＜0.3亿。微型企业：从业人员＜20；或营业收入＜0.02亿。
3	建筑业	职工人数＜3000；或销售额＜3亿；或资产总额＜4亿	中型企业：600≤职工人数＜3000；且0.3亿≤销售额＜3亿；且0.4亿≤资产总额＜4亿。小型企业：职工人数＜600；或销售额＜0.3亿；或资产总额＜0.4亿。	建筑业	营业收入＜3亿；或总资产＜8亿	中型企业：0.6亿≤营业收入＜3亿；且0.5亿≤总资产＜8亿。小型企业：0.03亿≤营业收入＜0.6亿；且0.03亿≤总资产＜0.5亿。微型企业：营业收入＜0.03亿；或总资产＜0.03亿。

续表

	2003年《暂行规定》			2011年《标准规定》		
	行业	基本要求	细则	行业	基本要求	细则
4	批发业	职工人数＜200；或销售额＜3亿	中型企业：100≤职工人数＜200；且0.3亿≤销售额＜3亿。 小型企业：职工人数＜100；或销售额＜0.3亿。	批发业	从业人员＜200；或营业收入＜4亿	中型企业：20≤从业人员＜200；且0.5亿≤营业收入＜4亿。 小型企业：5≤从业人员＜20；且0.1亿≤营业收入＜0.5亿。 微型企业：从业人员＜5；或营业收入＜0.1亿。
5	零售业	职工人数＜500；或销售额＜1.5亿	中型企业：100≤职工人数＜500；且0.1亿≤销售额＜1.5亿。 小型企业：职工人数＜100；或销售额＜0.1亿。	零售业	从业人员＜300；或营业收入＜2亿	中型企业：50≤从业人员＜300；且0.05亿≤营业收入＜2亿。 小型企业：10≤从业人员＜50；且0.01亿≤营业收入＜0.05亿。 微型企业：从业人员＜10；或营业收入＜0.05亿。
6	交通运输业	职工人数＜3000；或销售额＜3亿	中型企业：500≤职工人数＜3000；且0.3亿≤销售额＜3亿。 小型企业：职工人数＜500；或销售额＜0.3亿。	交通运输业	从业人员＜1000；或营业收入＜3亿	中型企业：300≤从业人员＜1000；且0.3亿≤营业收入＜3亿。 小型企业：20≤从业人员＜300；且0.02亿≤营业收入＜0.3亿。 微型企业：从业人员＜20；或营业收入＜0.02亿。

续表

	2003年《暂行规定》			2011年《标准规定》		
	行业	基本要求	细则	行业	基本要求	细则
7	邮政业	职工人数＜1000；或销售额＜3亿	中型企业：400≤职工人数＜1000；且0.3亿≤销售额＜3亿。小型企业：职工人数＜400；或销售额＜0.3亿。	邮政业	从业人员＜1000；或营业收入＜3亿	中型企业：300≤从业人员＜1000；且0.2亿≤营业收入＜3亿。小型企业：20≤从业人员＜300；且0.01亿≤营业收入＜0.2亿。微型企业：从业人员＜20；或营业收入＜0.01亿。
8	住宿和餐饮业	职工人数＜800；或销售额＜1.5亿	中型企业：400≤职工人数＜800；且0.3亿≤销售额＜1.5亿。小型企业：职工人数＜400；或销售额＜0.3亿。	住宿业	从业人员＜300；或营业收入＜1亿	中型企业：100≤从业人员＜300；且0.2亿≤营业收入＜1亿。小型企业：10≤从业人员＜100；且0.01亿≤营业收入＜0.2亿。微型企业：从业人员＜10；或营业收入＜0.01亿。
				餐饮业	从业人员＜300；或营业收入＜1亿	中型企业：100≤从业人员＜300；且0.2亿≤营业收入＜1亿。小型企业：10≤从业人员＜100；且0.01亿≤营业收入＜0.2亿。微型企业：从业人员＜10；或营业收入＜0.01亿。

续表

	2003年《暂行规定》			2011年《标准规定》		
	行业	基本要求	细则	行业	基本要求	细则
9	—	—	—	仓储业	从业人员＜200；或营业收入＜3亿	中型企业：100≤从业人员＜200；且0.1亿≤营业收入＜3亿。小型企业：20≤从业人员＜100；且0.01亿≤营业收入＜0.1亿。微型企业：从业人员＜20；或营业收入＜0.01亿。
10	—			信息传输业	从业人员＜2000；或营业收入＜10亿	中型企业：100≤从业人员＜2000；且0.1亿≤营业收入＜10亿。小型企业：10≤从业人员＜100；且0.01亿≤营业收入＜0.1亿。微型企业：从业人员＜10；或营业收入＜0.01亿。
11	—			软件和信息技术服务业	从业人员＜300；或营业收入＜1亿	中型企业：100≤从业人员＜300；且0.1亿≤营业收入＜1亿。小型企业：10≤从业人员＜100；且0.005亿≤营业收入＜0.1亿。微型企业：从业人员＜10；或营业收入＜0.005亿。

续表

	2003年《暂行规定》			2011年《标准规定》		
	行业	基本要求	细则	行业	基本要求	细则
12	—			房地产开发经营	营业收入＜20亿；或总资产＜1亿	中型企业：0.6亿≤营业收入＜3亿；且0.5亿≤总资产＜8亿。小型企业：0.01亿≤营业收入＜0.6亿；且0.2亿≤总资产＜0.5亿。微型企业：营业收入＜0.01亿；或总资产＜0.2亿。
13	—			物业管理	从业人员＜1000；或营业收入＜0.5亿	中型企业：300≤从业人员＜1000；且0.1亿≤营业收入＜0.5亿。小型企业：100≤从业人员＜300；且0.05亿≤营业收入＜0.1亿。微型企业：从业人员＜100；或营业收入＜0.05亿。
14	—			租赁和商务服务业	从业人员＜1000；或总资产＜12亿	中型企业：100≤从业人员＜1000；且0.8亿≤总资产＜12亿。小型企业：10≤从业人员＜100；且0.01亿≤总资产＜0.8亿。微型企业：从业人员＜10；或总资产＜0.01亿。

续表

	2003年《暂行规定》			2011年《标准规定》		
	行业	基本要求	细则	行业	基本要求	细则
15	—			其他未列明行业	从业人员＜300	中型企业：100≤从业人员＜300。小型企业：10≤从业人员＜100。微型企业：从业人员＜10。

资料来源：工信部，兴业研究

值得注意的是，虽然2011年版《标准规定》中曾要求“本规定由工业和信息化部、国家统计局会同有关部门根据《国民经济行业分类》修订情况和企业发展变化情况适时修订”，然而此后并未修改，相关划型方法已难以匹配我国经济和社会发展的客观情况。因此，2021年4月，工信部就《中小企业划型标准规定（修订征求意见稿）》（以下简称2021年版《标准规定》）公开征求意见，着手更新中小企业划型标准。

相较于2011年版《标准规定》，2021年版《标准规定》不仅调整了部分行业划分并将定量的划型阈值指标进行了变更，同时还将部分定性因素纳入了划型标准的考量范围，具体来看，2021年版《标准规定》修改的主要内容包括以下几部分。

一是合并部分行业，并将适用范围拓展纳入教育、卫生和文体娱乐行业。具体来看，2021年版《标准规定》将工业、交通运输业、邮政业和仓储业简并为一个划型标准；将住宿业和餐饮业简并为一个划型标准；将信息传输业、软件和信息技术服务业简并为一个划型标准；将物业管理、租赁和商务服务业以及其他未列明的行业简并为一个划型标准，并在其中新纳入教育、卫生和文体娱乐行业。

二是调整入选条件，只有同时满足人员、营收、总资产标准才能纳入中小企业。在此之前，无论是2003年发布的《暂行规定》，还是2011年版《标准规定》，只要企业符合员工人数、营业收入（或销售额）、资产总额中的任意一项标准，企业就可以被纳入中小企业的范畴。随着经济发展、计算机技术的运用和新业态的出现，不少企业即使雇佣人员较少，也能够达到较高的营收和总资产水平，导致了部分资本密集型大企业也被归入了中小企业的范畴。因此，2021年版《标准规定》要求企业只有同时满足人员、营收和总资产相关的标准，才能被纳入中小企业的范畴。

三是增加定性考量要素，避免大企业“化整为零”享受中小企业优惠政策。2021年版《标准规定》明确将符合中小企业划型标准，但满足以下三种情况中任意一种情况的企业直接列为大型企业：第一，“单个大型企业或大型企业全资子公司直接控股超过50%的企业”；第二，“两个以上大型企业或大型企业全资子公司直接控股超过50%的企业”；第三，“与大型企业或大型企业全资子公司的法定代表人为同一人的企业”。如此一来，就能有效避免大型企业通过设立多家子公司“化整为零”的方式“变身”为中小企业，从而享受优惠政策支持的情况。

四是明确划型标准将每5年评估调整，避免划型标准与经济社会发展相脱节。2021年版《标准规定》明确要求“本规定由国务院负责中小企业促进工作综合管理部门、国家统计部门会同有关部门根据经济社会发展情况，每5年定期评估，根据评估情况适时修订”。这一规定参考了国际通行的经验，将有效缓解此前中小企业划型标准长达10年未变更的窘境。

具体来看，在定量上，2021年版《标准规定》将我国绝大部分行业分为9个类别并分别设置划型标准。划型标准考量的要素为营业收入、从业人员及总资产3个指标中的1个或2个，在9类行业中，有6类行业采用从业人员数量和年营业收入额来进行划型，有2类行业采用年营业收入额和资产总额来进行划型，有1类行业仅采用年营业收入来进行划型。从纳入中小企业范畴的边界来看，所采用的年营业收入标准分为2亿元、4亿元、5亿元、8亿元、10亿元共五档，所采用的从业人员标准分为200人、300人、500人、1000人共四档，所采用的总资产标准分为5亿元、10亿元共两档。一般而言，从年营业收入的指标来看，小型企业和微型企业的门槛一般为中型企业门槛的10%和1%左右。

在定性上，一方面，明确将大型企业控股或者共享同一法定代表人的企业排除出中小企业的范畴；另一方面，中小企业还需要对自身的划型数据真实性作出自我声明。

表2-3　2021年《中小企业划型标准规定（修订征求意见稿）》的划型要求

单位：元，人

	行业	基本要求	细则
1	农林牧渔业	营业收入＜2亿元	中型企业：0.3万元≤营业收入＜2亿元。 小型企业：0.03万元≤营业收入＜0.3万元。 微型企业：营业收入＜0.03万。
2	工业（采矿业，制造业，电力、热力、燃气及水生产和供应业），交通运输、仓储和邮政业	从业人员＜1000；且营业收入＜20亿元	中型企业：300≤从业人员＜1000；且2亿元≤营业收入＜20亿元。 小型企业：20≤从业人员＜300；且0.2亿元≤营业收入＜2亿元。 微型企业：从业人员＜20；或营业收入＜0.2亿元。

续表

	行业	基本要求	细则
3	建筑业	营业收入＜8亿元；且总资产＜10亿元	中型企业：0.8亿元≤营业收入＜8亿元；且1亿元≤总资产＜10亿元。 小型企业：0.08亿≤营业收入＜0.8亿；且0.1亿≤总资产＜1亿。 微型企业：营业收入＜0.08亿；或总资产＜0.1亿。
4	批发业	从业人员＜200；且营业收入＜20亿元	中型企业：20≤从业人员＜200；且2亿元≤营业收入＜20亿元。 小型企业：5≤从业人员＜20；且0.2亿元≤营业收入＜2亿元。 微型企业：从业人员＜5；或营业收入＜0.2亿元。
5	零售业	从业人员＜300；且营业收入＜5亿元	中型企业：50≤从业人员＜300；且0.5亿元≤营业收入＜5亿元。 小型企业：10≤从业人员＜50；且0.01亿元≤营业收入＜0.05亿元。 微型企业：从业人员＜10；或营业收入＜0.05亿元。
6	住宿和餐饮业	从业人员＜300；且营业收入＜4亿元	中型企业：100≤从业人员＜300；且0.4亿元≤营业收入＜4亿元。 小型企业：10≤从业人员＜100；且0.02亿元≤营业收入＜0.4亿元。 微型企业：从业人员＜10；或营业收入＜0.02亿元。
7	信息传输、软件和信息技术服务业	从业人员＜500；且营业收入＜10亿元	中型企业：100≤从业人员＜500；且1亿元≤营业收入＜10亿元。 小型企业：10≤从业人员＜100；且0.1亿元≤营业收入＜1亿元。 微型企业：从业人员＜10；或营业收入＜0.1亿元。

续表

	行业	基本要求	细则
8	房地产开发经营	营业收入＜10亿元；且总资产＜50亿元	中型企业：1亿元≤营业收入＜10亿元；且5亿≤总资产＜50亿。 小型企业：0.1亿元≤营业收入＜1亿元；且0.5亿≤总资产＜5亿。 微型企业：营业收入＜0.1亿元；或总资产＜0.5亿。
9	房地产业（不含房地产开发经营），租赁和商务服务业（不含组织管理服务），科学研究和技术服务业，水利、环境和公共设施管理业，居民服务、修理和其他服务业，教育，卫生和社会工作，文化、体育和娱乐业	从业人员＜300；且营业收入＜5亿元	中型企业：100≤从业人员＜300；且0.5亿元≤营业收入＜5亿元。 小型企业：10≤从业人员＜100；且0.05亿元≤营业收入＜0.5亿元。 微型企业：从业人员＜10；或营业收入＜0.05亿元。

资料来源：工信部，兴业研究

表2-4　2011年《标准规定》与2021年《标准规定》对比

单位：元，人

	2011年《标准规定》			2021年《标准规定》		
	行业	基本要求	细则	行业	基本要求	细则
1	农林牧渔业	营业收入＜2亿	中型企业：0.05万≤营业收入＜2亿。 小型企业：0.005万≤营业收入＜0.05万。 微型企业：营业收入＜0.005万	农林牧渔业	营业收入＜2亿	中型企业：0.3万≤营业收入＜2亿。 小型企业：0.03万≤营业收入＜0.3万。 微型企业：营业收入＜0.03万

续表

	2011年《标准规定》			2021年《标准规定》		
	行业	基本要求	细则	行业	基本要求	细则
2	工业	从业人员＜1000；或营业收入＜4亿	中型企业：300≤从业人员＜1000；且0.2亿≤营业收入＜4亿。 小型企业：20≤从业人员＜300；且0.02亿≤营业收入＜0.3亿。 微型企业：从业人员＜20；或营业收入＜0.02亿。	工业（采矿业，制造业，电力、热力、燃气及水生产和供应业），交通运输、仓储和邮政业	从业人员＜1000；且营业收入＜20亿	中型企业：300≤从业人员＜1000；且2亿≤营业收入＜20亿。 小型企业：20≤从业人员＜300；且0.2亿≤营业收入＜2亿。 微型企业：从业人员＜20；或营业收入＜0.2亿。
3	交通运输业	从业人员＜1000；或营业收入＜3亿	中型企业：300≤从业人员＜1000；且0.3亿≤营业收入＜3亿。 小型企业：20≤从业人员＜300；且0.02亿≤营业收入＜0.3亿。 微型企业：从业人员＜20；或营业收入＜0.02亿。			
4	邮政业	从业人员＜1000；或营业收入＜3亿	中型企业：300≤从业人员＜1000；且0.2亿≤营业收入＜3亿。 小型企业：20≤从业人员＜300；且0.01亿≤营业收入＜0.2亿。 微型企业：从业人员＜20；或营业收入＜0.01亿。			

续表

	2011年《标准规定》			2021年《标准规定》		
	行业	基本要求	细则	行业	基本要求	细则
5	仓储业	从业人员＜200；或营业收入＜3亿	中型企业：100≤从业人员＜200；且0.1亿≤营业收入＜3亿。 小型企业：20≤从业人员＜100；且0.01亿≤营业收入＜0.1亿。 微型企业：从业人员＜20；或营业收入＜0.01亿。			
6	建筑业	营业收入＜3亿；或总资产＜8亿	中型企业：0.6亿≤营业收入＜3亿；且0.5亿≤总资产＜8亿。 小型企业：0.03亿≤营业收入＜0.6亿；且0.03亿≤总资产＜0.5亿。 微型企业：营业收入＜0.03亿；或总资产＜0.03亿。	建筑业	营业收入＜8亿；且总资产＜10亿	中型企业：0.8亿≤营业收入＜8亿；且1亿≤总资产＜10亿。 小型企业：0.08亿≤营业收入＜0.8亿；且0.1亿≤总资产＜1亿。 微型企业：营业收入＜0.08亿；或总资产＜0.1亿。
7	批发业	从业人员＜200；或营业收入＜4亿	中型企业：20≤从业人员＜200；且0.5亿≤营业收入＜4亿。 小型企业：5≤从业人员＜20；且0.1亿≤营业收入＜0.5亿。 微型企业：从业人员＜5；或营业收入＜0.1亿。	批发业	从业人员＜200；且营业收入＜20亿	中型企业：20≤从业人员＜200；且2亿≤营业收入＜20亿。 小型企业：5≤从业人员＜20；且0.2亿≤营业收入＜2亿。 微型企业：从业人员＜5；或营业收入＜0.2亿。

续表

<table>
<tr><th rowspan="2"></th><th colspan="3">2011年《标准规定》</th><th colspan="3">2021年《标准规定》</th></tr>
<tr><th>行业</th><th>基本要求</th><th>细则</th><th>行业</th><th>基本要求</th><th>细则</th></tr>
<tr><td>8</td><td>零售业</td><td>从业人员＜300；或营业收入＜2亿</td><td>中型企业：50≤从业人员＜300；且0.05亿≤营业收入＜2亿。
小型企业：10≤从业人员＜50；且0.01亿≤营业收入＜0.05亿。
微型企业：从业人员＜10；或营业收入＜0.05亿。</td><td>零售业</td><td>从业人员＜300；且营业收入＜5亿</td><td>中型企业：50≤从业人员＜300；且0.5亿≤营业收入＜5亿。
小型企业：10≤从业人员＜50；且0.01亿≤营业收入＜0.05亿。
微型企业：从业人员＜10；或营业收入＜0.05亿。</td></tr>
<tr><td>9</td><td>住宿业</td><td>从业人员＜300；或营业收入＜1亿</td><td>中型企业：100≤从业人员＜300；且0.2亿≤营业收入＜1亿。
小型企业：10≤从业人员＜100；且0.01亿≤营业收入＜0.2亿。
微型企业：从业人员＜10；或营业收入＜0.01亿。</td><td rowspan="2">住宿和餐饮业</td><td rowspan="2">从业人员＜300；且营业收入＜4亿</td><td rowspan="2">中型企业：100≤从业人员＜300；且0.4亿≤营业收入＜4亿。
小型企业：10≤从业人员＜100；且0.02亿≤营业收入＜0.4亿。
微型企业：从业人员＜10；或营业收入＜0.02亿。</td></tr>
<tr><td>10</td><td>餐饮业</td><td>从业人员＜300；或营业收入＜1亿</td><td>中型企业：100≤从业人员＜300；且0.2亿≤营业收入＜1亿。
小型企业：10≤从业人员＜100；且0.01亿≤营业收入＜0.2亿。
微型企业：从业人员＜10；或营业收入＜0.01亿。</td></tr>
</table>

续表

	2011年《标准规定》			2021年《标准规定》		
	行业	基本要求	细则	行业	基本要求	细则
11	信息传输业	从业人员<2000；或营业收入<10亿	中型企业：100≤从业人员<2000；且0.1亿≤营业收入<10亿。 小型企业：10≤从业人员<100；且0.01亿≤营业收入<0.1亿。 微型企业：从业人员<10；或营业收入<0.01亿。	信息传输、软件和信息技术服务业	从业人员<500；且营业收入<10亿	中型企业：100≤从业人员<500；且1亿≤营业收入<10亿。 小型企业：10≤从业人员<100；且0.1亿≤营业收入<1亿。 微型企业：从业人员<10；或营业收入<0.1亿。
12	软件和信息技术服务业	从业人员<300；或营业收入<1亿	中型企业：100≤从业人员<300；且0.1亿≤营业收入<1亿。 小型企业：10≤从业人员<100；且0.005亿≤营业收入<0.1亿。 微型企业：从业人员<10；或营业收入<0.005亿。	信息传输、软件和信息技术服务业	从业人员<500；且营业收入<10亿	中型企业：100≤从业人员<500；且1亿≤营业收入<10亿。 小型企业：10≤从业人员<100；且0.1亿≤营业收入<1亿。 微型企业：从业人员<10；或营业收入<0.1亿。
13	房地产开发经营	营业收入<20亿；或总资产<1亿	中型企业：0.6亿≤营业收入<3亿；且0.5亿≤总资产<8亿。 小型企业：0.01亿≤营业收入<0.6亿；且0.2亿≤总资产<0.5亿。 微型企业：营业收入<0.01亿；或总资产<0.2亿。	房地产开发经营	营业收入<10亿；且总资产<50亿	中型企业：1亿≤营业收入<10亿；且5亿≤总资产<50亿。 小型企业：0.1亿≤营业收入<1亿；且0.5亿≤总资产<5亿。 微型企业：营业收入<0.1亿；或总资产<0.5亿。

续表

<table>
<tr><th rowspan="2"></th><th colspan="3">2011年《标准规定》</th><th colspan="3">2021年《标准规定》</th></tr>
<tr><th>行业</th><th>基本要求</th><th>细则</th><th>行业</th><th>基本要求</th><th>细则</th></tr>
<tr><td>14</td><td>物业管理</td><td>从业人员＜1000；或营业收入＜0.5亿</td><td>中型企业：300≤从业人员＜1000；且0.1亿≤营业收入＜0.5亿。
小型企业：100≤从业人员＜300；且0.05亿≤营业收入＜0.1亿。
微型企业：从业人员＜100；或营业收入＜0.05亿。</td><td rowspan="3">房地产业（不含房地产开发经营），租赁和商务服务业（不含组织管理服务），科学研究和技术服务业，水利、环境和公共设施管理业，居民服务、修理和其他服务业，教育，卫生和社会工作，文化、体育和娱乐业</td><td rowspan="3">从业人员＜300；且营业收入＜5亿</td><td rowspan="3">中型企业：100≤从业人员＜300；且0.5亿≤营业收入＜5亿。
小型企业：10≤从业人员＜100；且0.05亿≤营业收入＜0.5亿。
微型企业：从业人员＜10；或营业收入＜0.05亿。</td></tr>
<tr><td>15</td><td>租赁和商务服务业</td><td>从业人员＜1000；或总资产＜12亿</td><td>中型企业：100≤从业人员＜1000；且0.8亿≤总资产＜12亿。
小型企业：10≤从业人员＜100；且0.01亿≤总资产＜0.8亿。
微型企业：从业人员＜10；或总资产＜0.01亿。</td></tr>
<tr><td>16</td><td>其他未列明行业</td><td>从业人员＜300</td><td>中型企业：100≤从业人员＜300。
小型企业：10≤从业人员＜100。
微型企业：从业人员＜10。</td></tr>
</table>

资料来源：工信部，兴业研究

（二）中小企业划型标准在优惠支持政策中的运用

中小企业划型标准的演进和变化并不仅体现了经济社会发展的变化，其实也体现了我国中小企业扶持政策的演进。

工信部开展中小微企业划型标准制定工作的基础来自《中小企业促进法》中“中型企业、小型企业和微型企业划分标准由国务院负责中小企业促进工作综合管理的部门会同国务院有关部门，根据企业从业人员、营业收入、资产总额等指标，结合行业特点制定”的条款。而《中小企业促进法》制定的目的在于“对中小企业特别是其中的小型微型企业实行积极扶持、加强引导、完善服务、依法规范、保障权益的方针，为中小企业创立和发展创造有利的环境”。**因此，从本质上来看，制定中小企业划型标准并开展中小企业划型工作，其最终目的在于让中小企业的各项扶持政策能够准确地“有的放矢”。**

事实上，这也是我国各版本中小微企业划型规定未涵盖所有行业的原因之一。除了不纳入部分行业，根据对于不同行业的扶持力度，工信部也会动态调整特定行业的划型标准。例如，在2021年版《标准规定》配发的说明中，工信部明确指出：“将不属于中小企业扶持重点领域的‘组织管理服务’（属于租赁和商务服务业门类，主要包括‘企业总部管理’‘投资与资产管理’‘资源与产权交易服务’等资产密集型行业小类）采用建筑业指标划型，降低其小微企业占比。”

从我国的实践来看，根据《中小企业促进法》，各部门对于中小企业的支持政策包括财税支持、融资促进、市场开拓、创业扶持、创新支持、权益保护等方面。具体而言，参照中小企业划型标准所执行的中小企业支持政策主要包括以下四个方面。

第一，财税优惠及支持政策。在财税政策方面，参照中小企业划型标准，我国财税部门的主要支持政策在于相关贷款税费的减免以及针对特定行业中小企业的扶助。首先，为了推动普惠金融发展，参照工信部的中小企业划型标准，针对金融机构发放的涉及中小企业的相关贷款，财税部门设置了相应的税收和会计政策。由此，可以更好地激励金融企业以更低的价格向广大中小企业提供更多的融资。其次，部分地方政府为了更好地支持产业中小企业的发展，为部分中小企业提供了相应的补贴。例如，被纳入专精特新“小巨人”的中小企业以及面向“卡脖子”技术的中小企业，往往能够通过地方专项扶持政策获得地方政府补贴。**值得注意的是，对于中小企业最为直接的增值税、企业所得税税收减免政策以及各类地方税费和政府性基金的减免政策，财税部门往往采用自己的划型标准，并未采用工信部的中小企业划型标准。**例如，对于小规模纳税人免征增值税的政策，其适用对象为月销售额不超过15万元（或季销售额不超过45万元）的企业。又如，减免企业所得税的小型微利企业标准为应同时符合纳税所得额不超过300万元、从业人数不超过300人、资产总额不超过5000万元三个标准的企业。

第二，金融融资支持政策。近年来，为了引导金融机构向小微企业提供更充足的融资支持，人民银行、银保监会分别建立了普惠小微贷款的统计口径，并施加了“两增两控”等一系列考核指标。虽然在统计口径的细项上，人民银行和银保监会存在些许差异，不过二者都将工信部小微企业划型标准作为了重要依据。以银保监会的普惠型小微企业贷款口径为例，其主要评判标准为单户授信总额及企业划型，而企业划型所采用的标准正是工信部的中小企业划型标准。由于近年来再贷款增加、“两增两控”要求落实、不良容忍度提高等政策的实施，2019年下半年以来，银保监会口径的小微企业贷款余额始终保持10%以上的同比增速。

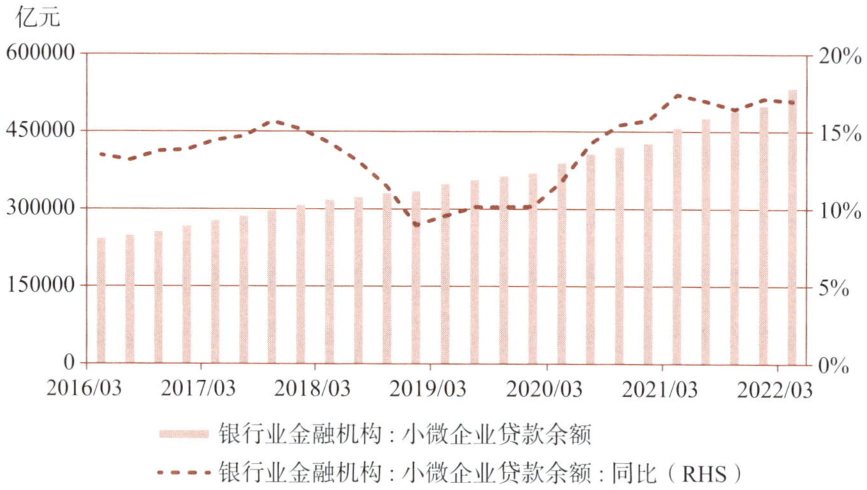

图2-1　小微企业贷款余额

资料来源：WIND，兴业研究

第三，政府采购的倾向性政策。《中小企业促进法》要求，国务院有关部门要“提高中小企业在政府采购中的份额”，具体应“向中小企业预留的采购份额应当占本部门年度政府采购项目预算总额的百分之三十以上；其中，预留给小型微型企业的比例不低于百分之六十”。财政部也发布了《政府采购促进中小企业发展管理办法》，其中明确把工信部中小企业的划型规定作为政府采购支持的标准。在实践中，从全国政府采购金额的口径来看，政府采购总额来自中小企业的比例常年维持在75%以上，有力地支持了中小企业的发展。

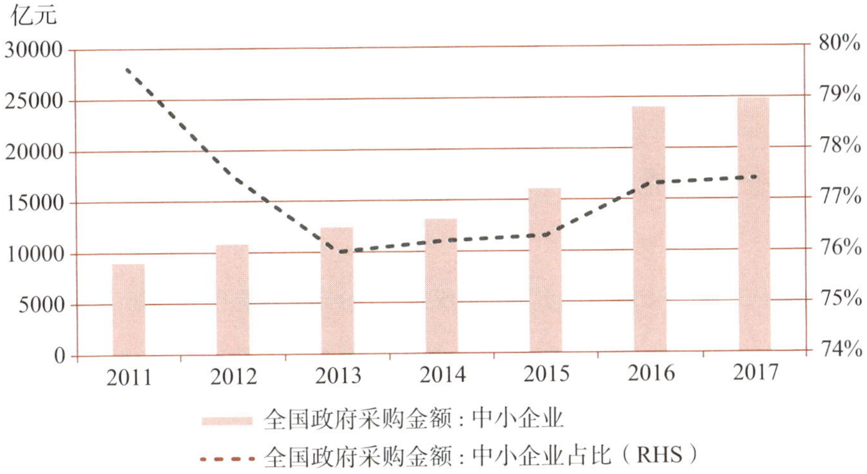

图2-2　政府采购中中小企业总额和占比

资料来源：WIND，兴业研究

第四，其他配套和服务措施。若企业按照划型标准被列入中小企业，特别是小微企业的范畴，除了享受上述财税、金融、政府采购等支持政策外，参照《中小企业促进法》还能享受其他的配套和服务措施。例如，为了鼓励中小企业技术进步，“中小企业的固定资产由于技术进步等原因，确需加速折旧的，可以依法缩短折旧年限或者采取加速折旧方法”；为了激励中小企业开展技术研发，“国家完善中小企业研究开发费用加计扣除政策”。除此之外，相关政府部门还以中小企业划型标准为基础，设置了人才培养、权益保护等一系列支持政策。

二、中小企业划型标准的国际经验

从国际经验来看，对中小企业进行划型，是对中小企业开展研究和落实相应支持政策的基础，因此，各个国家和地区高度重视中小企业的划型规定。

（一）美国对于中小企业的划型标准及逻辑

当前，美国对于中小企业最为权威的划型标准由小企业局（Small Business Administration，SBA）[①]所制定，准确来说其划型规定只针对小企业（Small Business）。SBA所制定的标准被美国财税、金融、国防部等相关部门所广泛采纳，用于对小企业实施税收减免、贷款融资和政府采购等支持政策。

从定量的指标来看，小企业划型标准的定量指标主要采用两种方法：行业细分规模的标准（Industry-specific size standards）和替代性规模的标准（Alternative Size Standards）。

从行业细分规模的标准（Industry-specific size standards）来看，SBA的这一划型标准按照2017年北美行业分类系统（North American Industry Classification System，NAICS）所列的23个行业的1037个子行业进行分类，分别根据雇员数、年营业收入（Gross Receipts）、总资产的多寡来设定定量划型标准。值得注意的是，绝大多数子行业的划型只考虑一个要素（527个子行业所考虑的要素为年营业收入、505个子行业所考虑的要素为雇员数、5个子行业所考虑的要素为总资产），仅有1个子行业（炼油行业，Petroleum Refineries）需要考虑雇员数和日炼油产能两个要素。虽然SBA将分类标准细化到了1037个子行业，不过为了避免划型系统过于烦琐，SBA对于每种划型要素设置了有限的阈值，只有

---

① 美国小企业局（Small Business Administration，SBA）是美国联邦政府设立的独立政府机构，其职责为小企业提供救助、咨询、帮助和保护，确保市场自由竞争并提升全国经济的繁荣程度。

企业相应要素指标低于阈值，才能被划为小企业。其中雇员数的阈值有9个（100–1500人），营业收入的阈值有16个（100万–4.15亿美元），总资产的阈值仅有1个（6亿美元）。

而替代性规模标准（Alternative Size Standard）则仅用于确定美国小企业局7（a）贷款项目以及CDC/504贷款项目中[①]的贷款发放对象。目前生效的小企业标准评判要素主要包括两项：**一是有形资产净值**（Tangible net worth）不得超过1500亿美元；**二是税后平均净利润**（Average net income after federal taxes）在递交申请前的两个连续完整会计年度不得超过500万美元。企业只有同时满足这两项标准，才会被认定符合7（a）和CDC/504贷款项目发放标准的小企业。在2008年金融危机之前，7（a）贷款项目以及CDC/504贷款项目适用的小企业标准即为前文行业细分规模标准。为了促进金融危机后的经济复苏，美国在《2009年美国恢复与再投资法案》（American Recovery and Reinvestment Act of 2009）要求小企业局（SBA）拓宽7（a）和CDC/504贷款项目的适用范畴，从而帮助更多小企业能够接收政策性贷款，以更好地促进经济复苏。由此，SBA设置了替代性规模标准。

值得注意的是，评判小企业标准的量化要素来自美国国税局（Internal Revenue Services，IRS）的相关数据，在提升了数据可得性的同时，也防范了企业偷漏税。判定小企业所需的年营业收入可直接采用企业在税务报表上的数字。例如，公司制企业的年营业收入采用的是1120报表（Form 1120）上的数字，合伙制企业采用的是1065报表（Form 1065）上的数字等。只有对未填写联邦税务报表的企业（例如新成立的企业等），

① 这两个贷款项目主要通过政策优惠的方式支持中小企业融资。

SBA才会采用其他信息（例如经过审计的财务报表）来评判该企业的年营业收入。而且，相较于雇员数这一指标，由于税收信息和经过审计财务报表的可靠性，SBA更偏好选择营业收入等指标作为划型标准。

与此同时，为了避免企业通过灵活用工等方式规避雇佣人数的限制，SBA指出，除了不领取任何形式报酬的志愿者（Volunteers），其他所有全职、兼职或其他形式被企业雇佣的人员，都应当按照实质重于形式的原则被认定为企业雇员。

从定性的指标上来看，根据《1953年小企业法案》（*Small Business ACT of 1953*）的规定，若相关企业需要被认定为小企业（Small Business）并享受相应优惠政策，除了满足定量的划型标准之外，还需要符合以下标准。

一是该企业应以营利为目的（organized for profit）。由此，将非营利性的组织和企业等排除在外。

二是应在美国境内有营业地点，同时必须主要在美国境内展业或通过支付税收，使用美国产品、材料或工人对美国经济有贡献。该条款将境外的小微企业排除在外。

三是应独立拥有和运营（independently owned and operated）。从而避免将大型企业的子公司或者受大型企业控制的公司列入小企业的范畴，防止小企业扶持政策“跑冒滴漏”。应当指出的是，除了传统的股权、实控人等认定方法外，SBA还将小企业是否经济依存（Economic dependence）于其他企业作为小企业是否独立拥有和运营的评判标准。根据SBA的标准，若某个小企业在前三个年度的销售额中有70%以上的订单来自同一个企业，那么该小企业将不能被认定为独立拥有和运营。

四是该企业不得在全国范围内居主导地位（dominant in its field on a national basis）。

定性指标的获得除了企业相关财务数据和股权结构之外，主要来自企业自身声明。SBA要求企业在申请被认定为小企业并享受相应优惠政策时，签署相关声明，明确自身并未通过虚假陈述的方式谋取小企业划型的认可。若企业在事后被发现存在虚假陈述的情况，那么不仅要追罚企业及其负责人的民事责任，企业责任人甚至还可能被追究刑事责任。

美国对于小企业的统一划型开始于20世纪50年代，划型标准及逻辑也经历了多次改变。早在20世纪初，美国就已经意识到了小企业在国民经济中的关键作用，从而对小企业施行税收等一系列优惠政策，此时各类优惠政策所采用的小企业划分标准较为散乱，为了更好地统一标准、简化操作，1953年美国颁布了《1953年小企业法案》（*Small Business Act of 1953*），授权小企业局（SBA）统筹设置小企业的划型标准，并将其普适于各类税收优惠政策、政府采购倾斜和金融支持。在小企业划型标准刚刚开始时，SBA曾制定过两套小企业划型标准，分别适用于政府采购倾斜（Federal Procurement Preference）以及贷款、管理能力训练计划。从1980年开始，SBA着手将两套标准予以统一，并最终在1984年正式"合二为一"。

在SBA明确小企业划型标准的历史上，一方面曾经面临过业界希望扩大小企业范畴的压力，另一方面也曾经遭遇过美国审计署（GAO）等机构要求缩小小企业范畴的质疑。为了更系统、科学、有效率地对小企业开展划型，SBA逐步形成了一套划型的方法论。

在划型要素的选取上，如上文所述，SBA的划型要素主要包括雇员数和年营业收入两个要素，除此之外只有少数的金融企业会通过总资产来进行划型。划型要素选取的主要考量在于哪种要素更真实地反映企业运营的实际规模，因此SBA对于传统制造业企业更偏好采用雇员数来进行划型，对于传统服务业企业更偏好采用年营业收入来进行划型。不过随着经济的发展，划型要素的选取也会根据实际情况进行调整。

表2-5　SBA决定划型要素的主要考量

行业要素	雇员数	年营业收入	原因
资本密集型的公司（如通信等）	√		因为生产能力取决于雇员数量，同时一些雇员较少的公司也可能获得高额的营收，所以雇员数是更好的划型标准。
运营成本相较于营收较低的公司	√		因为企业可以通过较低的人员投入就获取较高的营收，所以雇员数是更好的划型标准。
人员密集型公司		√	因为产出更多由雇员操作情况决定（例如更长的工作时间或更多全职员工），同时营业收入易于确认。
容易找到替代品的公司		√	因为通过调整不同的劳动要素和资本要素可以获得相同的产出，所以营业收入相较于雇员数是更好的划型标准。
存在分包情况的公司		√	因为具有较高营业额的大型企业可以通过外包来降低公司直接雇员数，所以营业收入是更好的划型指标。
雇工有较高比例为兼职或季节性的公司		√	因为不同的雇佣情况所造成的产出最后可能是一致的，所以营业收入能更好地对企业进行划型。
跨多个行业运营的公司		√	因为相较于雇员数量，营业收入是一个更同质、可比的衡量要素。

资料来源：SBA，兴业研究

在划型门槛的设定上，SBA曾经采用过锚方法（“anchor” approach）与百分比方法（“percentile” approach）。**锚方法**会设置一个通用的划型标准“锚”（例如，雇佣人数的划型标准锚为500人），然后根据特定行业的考量特点（characteristic）与基准行业的差异，来对该特定行业的划型标准进行相应调降或调增（例如，雇佣人数的划型标准为100–1500人共9档）。在锚方法中，SBA还需要判断每个企业的考量特点，这包括了平均企业规模、创业成本与进入障碍、行业竞争程度、该行业不同规模企业分布情况、该行业政府采购中小企业占比情况等。**百分比方法**则将所有采用相同划型要素（如雇员人数）的行业按照该行业要素值（如平均每家企业雇员人数）得分予以排列，并根据排列先后情况将其划入不同的划型档位（如雇佣人数，则划入100–1500人共9档）。不过百分比方法也会相应考量行业特点及相关要素。以上两种方法初步确定划型标准后还会通过量化验证、公众征求意见等方式来进一步校准划型标准。值得注意的是，由于数据可得性问题，SBA在划型测算时一般难以获取每个细分行业的真实数据，而是采用美国统计局的相关数据予以替代。

为了确保小企业划型标准能够与时俱进，美国议会还明确要求SBA定期更新划型标准。一是要求每18个月对至少三分之一行业的划型标准进行重新审查，评估经济的发展和市场的变化是否需要调整划型标准，评估之后需要向议会进行汇报。**二是**任何一个子行业应至少每5年对划型标准进行审查。从实践中来看，SBA更改小企业划型标准最为普遍的原因在于通货膨胀等。

（二）欧盟对于中小企业的划型标准

欧盟由于经济一体化的时间较晚，因此欧盟的中小企业划型标准出台时间也相对较晚。1996年，欧盟开始制定普适于全体成员国的中小企业划型标准，经过2003年的修订，基本形成了当前欧盟对于中小企业的划型规范。

相较于美国对于不同行业细化小企业划型标准，欧盟对于所有行业普适同一套考量雇员人数、年营业收入及总资产的划型标准。具体来看，**欧盟中型企业应满足以下两个标准中的一个：**一是雇佣人数小于250人但大于等于50人，且年营业收入不超过5000万欧元；二是雇佣人数小于250人但大于等于50人，且总资产不超过4300万欧元。**欧盟小型企业应满足以下两个标准中的一个：**一是雇佣人数小于50人但大于等于10人，且年营业收入不超过1000万欧元；二是雇佣人数小于50人但大于等于10人，且总资产不超过1000万欧元。**欧盟微型企业应满足以下两个标准中的一个：**一是雇佣人数小于10人，且年营业收入不超过200万欧元；二是雇佣人数小于10人，且总资产不超过200万欧元。

表2-6　欧盟中小企业划型要素

行业要素	必须要求	两项要求中至少满足一项	
	雇员数	营业收入	总资产
中型企业	[50，250)	(1000万欧元，5000万欧元]	(1000万欧元，4300万欧元]
小型企业	[10，50)	(200万欧元，1000万欧元]	(200万欧元，1000万欧元]
微型企业	[1，10)	(0，200万欧元]	(0，200万欧元]

资料来源：EC，兴业研究

不同于美国直接一刀切将所有非独立运行的企业划出小企业范畴的做法，欧盟将所有企业分为了自主企业（Autonomous Enterprise）、互有合作的企业（Partner Enterprise）以及关联企业（Linked Enterprise）三种类型，分别用不同方法计算企业的雇员人数、年营业收入及总资产，进而评判该企业的划型。

根据欧盟的定义，**自主企业（Autonomous Enterprise）包括三种企业：一是**完全独立的公司，即该企业股权中并无其他公司，且并未参股投资其他公司；**二是**该企业对其他一个或多个公司投资持有的股权（或拥有的投票权）均未超过25%，或其他公司对该企业持有的股权（或拥有的投票权）未超过25%；**三是**按照实质重于形式的原则，不会通过自然人关系与其他企业保持关联企业（Linked Enterprise）关系。

互有合作的企业（Partner Enterprise）则需要满足以下两项标准：**一是**该企业对其他一个或多个公司持有的股权（或拥有的投票权）大于等于25%，或者其他公司持有的该企业股权（或拥有的投票权）大于等于25%；**二是**该企业与其他公司并未形成关联关系，即该企业持有其他公司的股权（或拥有的投票权）未超过50%，且该企业被其他公司持有的股权（或拥有的投票权）亦未超过50%。

关联企业（Linked Enterprise）指的是两家或多家企业存在以下管辖的情况：**一是**一家企业拥有其他企业多数（超过50%）股权或投票权的情况；**二是**一家企业能够任命或者免职其他企业大多数管理层人员的情况；**三是**企业之间拥有协议或备忘录，从而使得一家企业能够对另一家企业行使主导影响（Dominant influence）；**四是**一家企业可以通过协议的方式独立对其他企业的多数股权或投票权实施控制（Control）。

应当指出的是，大学、地方政府等公共实体（Public Bodies）持股其他企业的情况可以被纳入豁免范畴，例如若某大学持股了某公司40%的股权，那么该大学将不会被认为是该公司的互有合作企业。

自主企业在划型考量其雇员人数、年营业收入以及总资产时，只需要考虑自身数据。**互有合作的企业**则需要按比例将其合作方的雇员人数、年营业收入以及总资产加总进其自身的相关数据，并根据加总所得数字衡量其划型标准。例如，若A公司分别持有B企业40%的股权和C企业30%的股权，同时被D企业持有25%的股权，且D企业拥有公司控制权。那么A企业在计算雇员人数时，需要加上B企业40%的雇员人数、C企业30%的雇员人数以及D企业25%的雇员人数，A企业在计算其年营业收入和总资产时也需要同理进行数据处理。**关联企业**则需要将所有关联企业的雇员人数、年营业收入和总资产进行加总，再将加总后的数据用于考量划型标准。

值得注意的是，欧盟为了保证中小企业支持政策的连续性及稳定性，还设立了划型稳定机制，从而确保在标准边界附近的企业不会由于规模的细微变化而导致支持政策“断崖”。具体来看，企业最终的划型不仅将参考当年数据划型的结果，还会考虑此前两年根据彼时数据的划型结果。这主要是由于贷款支持、政府采购支持或者相关培训支持计划等的实施往往要有一定的时长，甚至会跨年。划型稳定机制可以确保某企业一旦被正式划分为中小企业，至少2年划型不会发生改变，防止支持政策出现“断崖”。

表2-7　欧盟划型稳定机制对划型最终结果的影响

第N年划型结果	第N-1年划型结果	第N-2年划型结果	最终划型结果
属于中小企业	不属于中小企业	不属于中小企业	不属于中小企业
属于中小企业	属于中小企业	不属于中小企业	属于中小企业
属于中小企业	属于中小企业	属于中小企业	属于中小企业
属于中小企业	不属于中小企业	属于中小企业	属于中小企业
不属于中小企业	属于中小企业	属于中小企业	属于中小企业
不属于中小企业	不属于中小企业	属于中小企业	不属于中小企业
不属于中小企业	属于中小企业	不属于中小企业	不属于中小企业
不属于中小企业	不属于中小企业	不属于中小企业	不属于中小企业

资料来源：EC，兴业研究

三、参考欧美经验对我国中小企业划型标准的建议

总体上看，欧美等发达经济体对于中小企业的支持措施已经施行了较长时间，其划型体系和标准也经过了长时间的演进。虽然由于各个国家和经济体经济发展、行业特征等情况的差异，中小企业的划型标准也存在一定的差异，不过其他经济体的中小企业划型标准仍有一些内容值得我国参考借鉴。

一是将税务信息与划型数据获取相结合，并在各类支持政策中统一采用工信部划型标准，避免多种标准并存。从美国的经验来看，若能将企业的缴税（包括企业层面和员工层面）信息和企业的划型标准有机地结合，既可以更为准确地了解企业的实际运行统计数据，精准地开展税收征缴工作；同时还能够最大限度地避免企业通过虚假陈述或虚假申报，伪装为中小微企业以获取政策支持。当前，我国中小微企业划型过程中，主要采用企业自身申报结合企业财务报表的形式来获取企业相关数据并进行划型，数据客观性有待进一步提升。随着未来我国金税四期工程的逐步建立和完善，我国财税机构将更为精确地收集、统计中小微企业的相关信息。除此之外，当前中国人民银行和银保监会落实普惠型小微企业贷款等金融支持政策时，其惠及对象除了参考小微企业划型标准，还附加了“单户授信小于1000万元”的要求。未来如果能通过精确数据进一步对小微企业进行准确划型，那么金融监管部门的货币信贷支持政策也将有机会采用相关划型标准。

二是在划型标准中引入划型稳定机制，防止划型标准边缘的企业遭遇支持政策“断崖”。在欧盟的中小微企业划型实践中，为了避免在划型边界的中小微企业改变划型从而骤然丧失优惠政策支持，欧盟专门设置

了划型稳定机制。对于此前属于中小微企业的企业，只有其在最近3年中有2年被划型为非中小微企业时，才会最终被认定为非中小微企业。在我国的实践中，中小微企业划型标准也被广泛用于融资支持政策中，若某家企业由于多种原因突然脱离中小微企业的划型范畴，那么不仅金融机构对其提供低息贷款的激励可能有所下降，财税部门的相应融资配套支持政策也会消失。在此背景下，该企业的贷款融资成本就可能会突然提升。为了更好地平滑划型情况对中小微支持政策的影响，我国也可参照欧盟，设置相应划型稳定机制，来平滑划型情况变化对中小微企业的影响。

三是设置定期和不定期的划型审核机制，避免通胀和经济发展等因素扭曲划型标准。此前，我国中小微企业的划型标准曾超过10年未经改变，划型标准难以与经济发展和行业变迁情况相匹配，从而使得部分中小企业难以享受优惠政策。虽然2021年版《标准规定》提出了要对划型标准进行“每5年定期评估”的要求，但在数字经济大发展的时代，行业变迁和企业模式的变化日新月异，或许需要更为灵活地设置一些不定期的评估或者考察，避免划型标准落后于经济发展实际。例如，上文中美国议会就要求SBA至少每18个月对三分之一行业的划型标准进行考核和调整。

四是进一步细化存在关联关系企业的划型标准，进一步防止大型企业控制的公司误划为中小企业。虽然在2021年版《标准规定》中，工信部将由大型企业控股的或与大型企业拥有同一法定代表人的中小微企业排除出了中小微企业的范畴，但是并未将大型企业实际控制或经济依存于大型企业的中小微企业排除出中小微企业的范畴。在当前会计实践中，会计并表的范围即以“控制”而非“控股”为基础来进行明确。《企业会计准则第33号——合并财务报表》指出：“控制，是指投资方拥有对被投资方的权力，通过参与被投资方的相关活动而享有可变回报，并且有能力运用对被投资方的权力影响其回报金额。”若未来能按照实质重于形式的理念将大型企业控制的企业也排除出中小企业的范围，或将更精准地施加中小企业支持政策。除此之外，美国SBA还将存在经济依存的企业（连续三年70%订单来自同一企业）排除出中小企业的范畴，我国此后是否需要将此种情况的企业排除出中小企业的范围。

第二节　小微企业在哪里？
——小微企业的行业与区域分布

在中小企业之中，各经济体关注的重点在于小型和微型企业，因此包括我国在内的大部分经济体在开展中小企业统计和支持政策时更为关注小型和微型企业以及各类个体工商户。2018年以来，我国监管部门对银行明确提出了单户授信总额1000万元以下（含）的小微企业贷款（包括小微企业贷款+个体工商户贷款+小微企业主贷款）“两增两控”的要求，“两增”的要求中包括“贷款户数不低于上年同期水平”的目标。因此，更准确地了解小微企业行业和区域分布情况，不仅有利于政府部门采取多种举措精准支持小微企业，也可以帮助银行等金融机构更好开展普惠金融业务。

一、我国境内小微企业的分布情况

我国幅员辽阔、行业众多，由于各地区资源禀赋与经济发展水平的差异性，小微企业在不同区域和行业间的分布也存在较大的差别。为更好地考察我国境内小微企业区域和行业分布特征，我们采用了我国第四次全国经济普查得到的相关数据进行研究分析，此次普查的标准时点为2018年12月31日，普查时期资料为2018年年度数据。其中，分析行业分布情况所使用的数据绝大多数既包括小微企业，也包括个体工商户；而限于数据可得性，区域分布情况所使用的数据只包括小微企业，而未包括个体工商户。

（一）我国小微企业的行业分布情况

从行业分布情况来看，我国小微企业及个体工商户集中分布于批发和零售业，住宿和餐饮业，制造业，交通运输、仓储和邮政业，居民服务、修理和其他服务业；此外，在建筑业，租赁和商务服务业亦有不少小微企业及个体工商户。

截至2018年年底，**若以法人数量衡量**，我国小微企业法人总数为1796万家，个体工商户为6295.9万家，小微企业及个体工商户占到所有企业法人和个体户数量的99.25%，其中小微企业和个体工商户法人数量最多的行业分别为批发和零售业（47.26%），住宿和餐饮业（9.94%），制造业（9.53%），交通运输、仓储和邮政业（7.9%）以及居民服务、修理和其他服务业（7.38%）；此外建筑业（5.05%），租赁和商务服务业（4.43%）小微企业和个体工商户法人数量也较多。

在上述小微企业和个体工商户较为集聚的行业中，除了租赁和商务服务业个体工商户法人数量不及小微企业法人数量，制造业个体工商户法人数量和小微企业法人数量大体相当之外，其他行业个体工商户法人数量都显著多于小微企业法人数量。

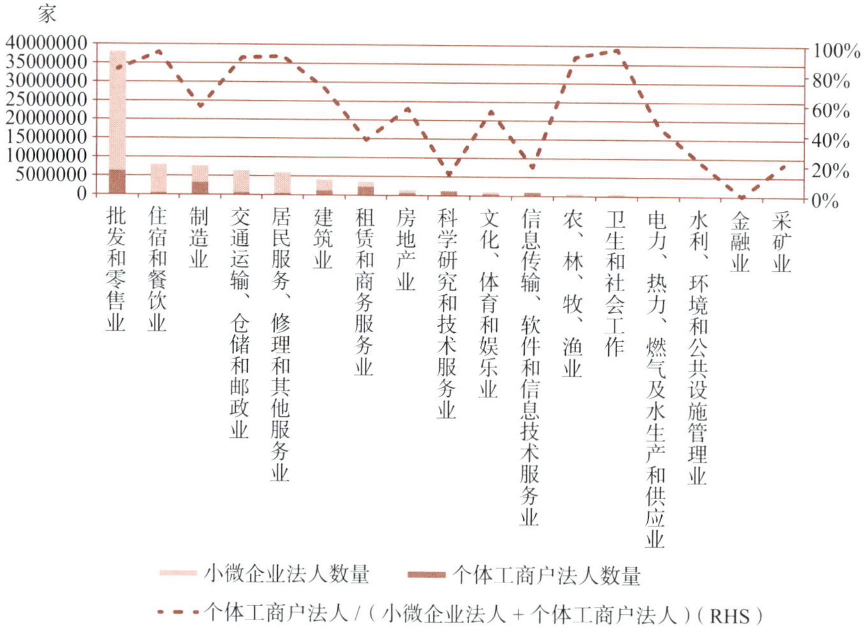

图2-3　小微企业及个体工商户行业分布情况（按法人数量衡量）

资料来源：国家统计局，兴业研究

若以从业人员数量衡量，我国小微企业和个体工商户从业人员总数为3.14亿人，占所有企业法人单位和个体工商户从业人员总数的70.25%，其中小微企业和个体工商户从业人员数最多的行业分别为批发和零售业（29.39%）、制造业（24.42%）、建筑业（9.17%）、住宿和餐饮业（8.53%）；此外，租赁和商务服务业（6.6%），交通运输、仓储和邮政业（5.86%）也是小微企业和个体工商户从业人员较多的行业。

在上述小微企业和个体工商户从业人员较多的行业中，批发和零售业，住宿和餐饮业以及交通运输、仓储和邮政业的个体工商户从业人数高于小微企业从业人数；制造业、建筑业、租赁和商务服务业的个体工商户从业人数少于小微企业从业人数。

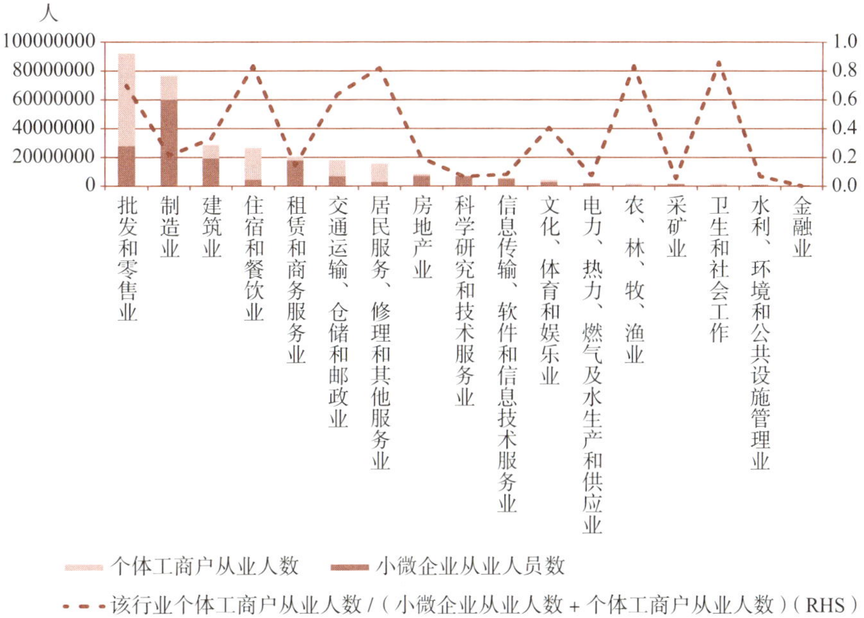

图2-4　小微企业及个体工商户从业人数分布情况（按从业人数衡量）

资料来源：国家统计局，兴业研究

从各个行业之内，小微企业和个体工商户法人占比来看，绝大多数行业小微企业和个体工商户法人数量占到了该行业法人总数的99%以上，只有房地产业（91.67%），卫生和社会工作业（91.76%），水利、环境和公共设施管理业（97.67%），采矿业（97.41%）等行业的小微企业和个体工商户法人数量占比不及99%。

从小微企业及个体工商户从业人员占比来看，居民服务、修理和其他服务业（92.71%）以及住宿和餐饮业（91.16%）小微企业及个体工商户从业人数占比超过90%；批发和零售业（89.22%），文化、体育和娱乐业（88.66%），农林牧渔业（85.61%）以及租赁和商务服务业（85.41%）小微企业及个体工商户的从业人数占比在80%–90%。

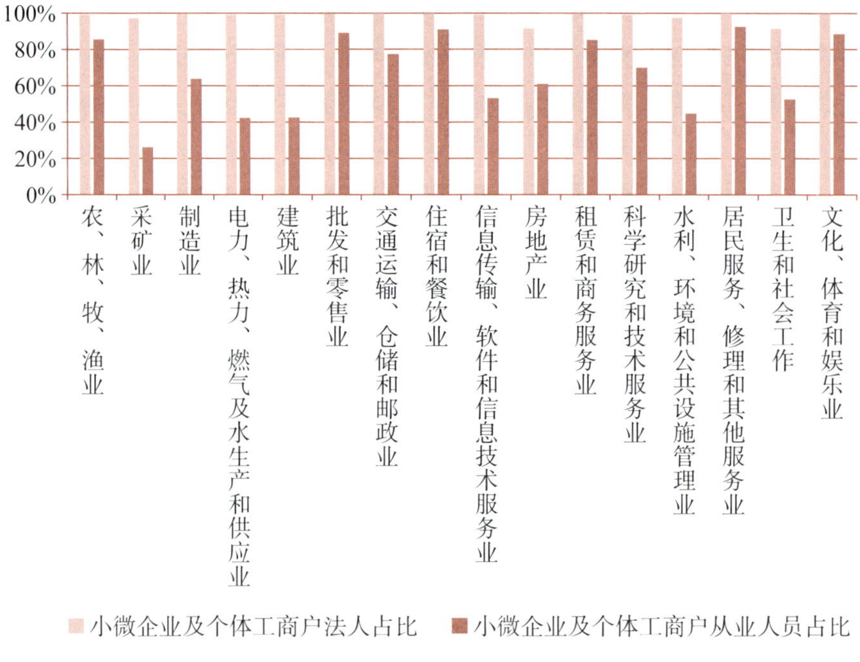

图2–5　不同行业小微企业及个体工商户法人和从业人员占比

资料来源：国家统计局，兴业研究

在第四次全国经济普查中，对于工业（包括采矿业，制造业，电力、热力、燃气及水生产和供应业）小微企业（不包括个体工商户）的行业分布有更为细致的统计。考虑到工业企业包括了除建筑业之外的其他第二产业行业，而其中的制造业是近年来政策支持的重点，因此，我们对工业企业细分行业的小微企业通过法人数量和营业收入额进行进一步分析。应当指出的是，限于数据可得性，工业企业的细分统计中并未包括个体工商户的数据。

从所有工业企业内小微企业法人的集中度来看，通用设备制造业（9.75%）、金属制品业（9.63%）、非金属矿物制品业（7.64%），专用设备制造业（6.71%），橡胶和塑料制品业（5.64%），电气机械和器材制造业（5.53%），纺织服装、服饰业（5.15%），纺织业（4.16%）的小微企业较多，占比超过4%。

从所有工业企业小微企业的营业收入分布来看，非金属矿物制品业（9.12%）、化学原料和化学制品制造业（7.23%）、农副食品加工业（6.78%）、金属制品业（6.41%）、通用设备制造业（6.22%）、电气机械和器材制造业（5.85%）、专用设备制造业（4.62%）、橡胶和塑料制品业（4.37%）、计算机通信和其他电子设备制造业（4.09%）、纺织业（4.07%）的营业收入占比较大，均超过了4%。

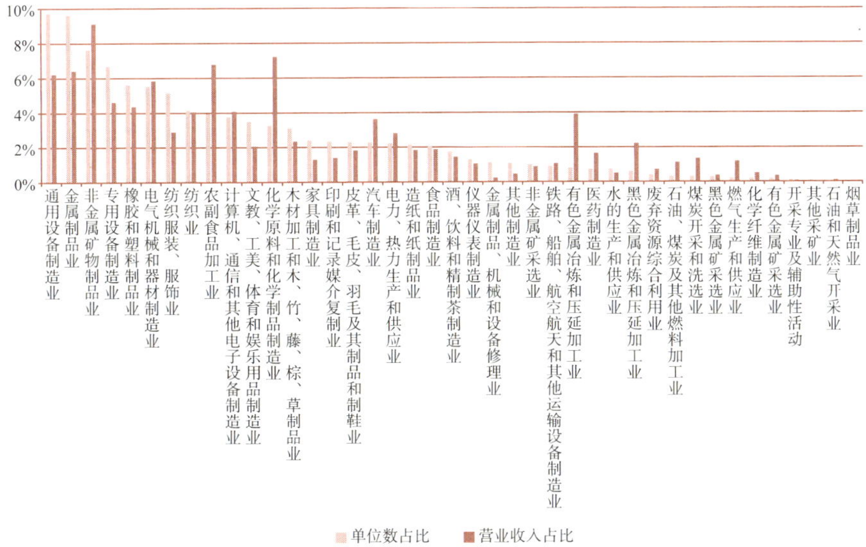

图2-6　工业企业内小微企业的行业分布（单位数及营业收入视角）

资料来源：国家统计局，兴业研究

因此，综合来看，通用设备制造业、金属制品业、非金属矿物制品业、专用设备制造业、橡胶和塑料制品业、电气机械和器材制造业、纺织业的法人数量占比和营业收入总额占比均超过4%。对于银行来说，无论是拓展小微企业客户数量，还是扩大普惠小微贷款规模都可以面向这些重点行业进行发力。

（二）我国小微企业的区域分布情况

从小微企业（不包括个体工商户）的区域分布情况看，我国小微企业主要集中于广东、江苏、山东、浙江、福建等沿海省份，以及河南、河北、安徽、湖北、四川等中部省份。

从小微企业法人数量的省域分布来看，所有全国小微企业法人中，占比超过3%的省级行政单位包括：广东（15.28%）、江苏（10.05%）、山东（8.4%）、浙江（7.43%）、河南（5.62%）、河北（5.52%）、北京（5.06%）、安徽（3.77%）、湖北（3.70%）、福建（3.25%）、四川（3.03%）。小微企业从业人员数量的分布也基本和法人数量的省域分布相类似。值得注意的是，北京亦在这些省级行政单位之中，这可能是由于此前小微企业划型标准中并未将大型企业控股的小微企业排除在外，故而有不少注册在北京的央企或大型国企子公司也被纳入了小微企业的范畴。从所有小微企业区域分布来看，若全国性银行希望进一步拓展小微企业“首贷户”数量，或增加普惠小微贷款的投放量，应当特别重点关注这些小微企业法人数量较多的省级行政区域。

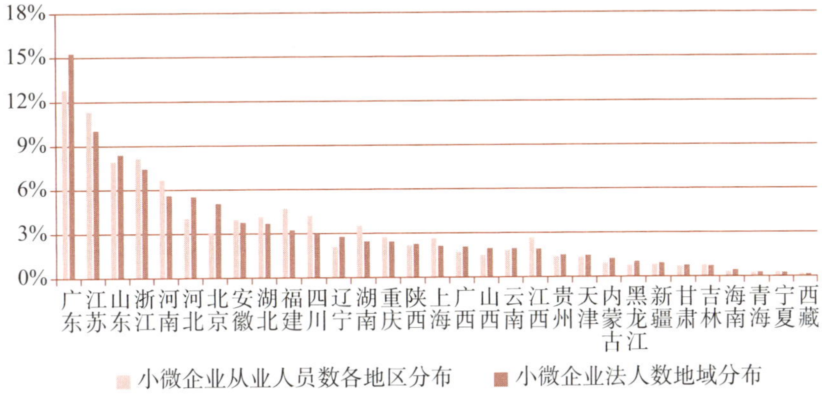

图2-7　我国小微企业法人数及从业人员数各省份分布

注：统计区域并未包括中国香港、中国澳门和中国台湾地区。

资料来源：国家统计局，兴业研究

从每个省级行政单位所有企业法人中的小微企业占比来看，河北（98.37%）、山东（97.45%）、河南（97.26%）、江苏（97.08%）、辽宁（96.88%）、广西（96.87%）、安徽（96.86%）、广东（96.84%）、云南（96.84%）、黑龙江（96.82%）、青海（96.78%）、陕西（96.73%）的小微企业法人占比超过了全国的平均水平（96.72%）。

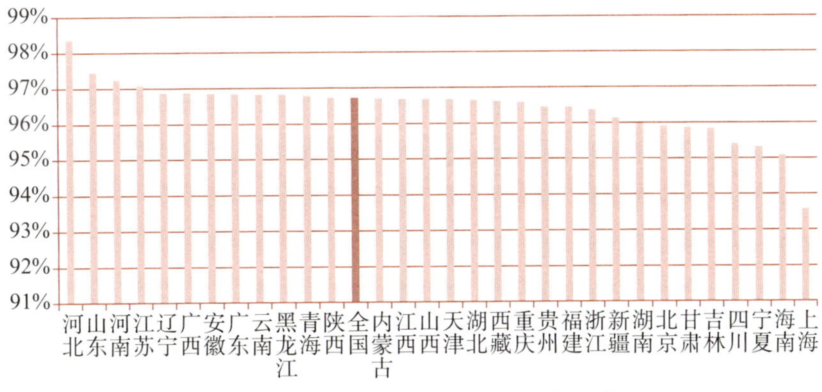

图2-8　各省份企业法人之中小微企业占比

注：统计区域并未包括中国香港、中国澳门和中国台湾地区。

资料来源：国家统计局，兴业研究

从每个省级行政单位所有企业从业人员中的小微企业从业人员占比来看， 西藏（70.34%）、河北（64.16%）、云南（62.03%）、河南（61.55%）、安徽（60.83%）、山东（60.7%）、湖南（60.2%）、青海（59.98%）、贵州（59.62%）、江西（58.8%）、湖北（58.2%）、陕西（56.54%）、重庆（56.12%）、辽宁（56.07%）、广东（55.69%）的小微企业从业人员占比超过了全国的平均水平（55.68%）。由此可见，在这些省份，小微企业在解决就业方面起到了更为重要的作用。

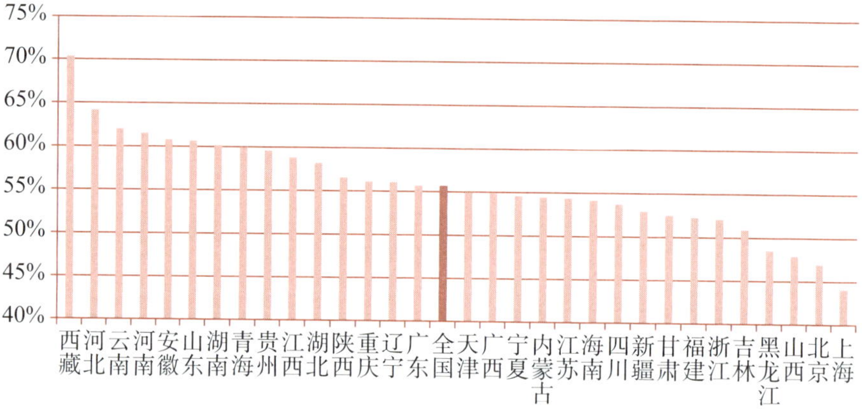

图2-9　各省份企业从业人员中服务于小微企业的人员占比

注：统计区域并未包括中国香港、中国澳门和中国台湾地区。
资料来源：国家统计局，兴业研究

若进一步细分来看，第一产业（农林牧渔业） 的涉农小微企业法人主要集中于河南（11.39%，法人数量全国占比，下同）、湖南（8.93%）、山东（7.52%）、湖北（7.23%）、安徽（6.42%）、河北（5.08%）、广东（5.07%）、广西（4.35%）和江苏（4.32%）。

第二产业（采矿业，制造业，电力、热力、燃气及水生产和供应业） 的小微企业法人主要集中于广东（15.12%）、江苏（13.77%）、浙江（10.4%）、山东（9.58%）、河北（6.91%）、河南（4.81%）、安徽（3.9%）、湖北（3.34%）、福建（3.31%）。

第三产业（批发和零售业等其他行业）的小微企业法人主要集中于广东（15.38%）、江苏（8.8%）、山东（7.99%）、浙江（6.43%）、北京（6.36%）、河南（5.87%）、河北（5.05%）、湖北（3.82%）、安徽（3.72%）、福建（3.23%）、四川（3.2%）。

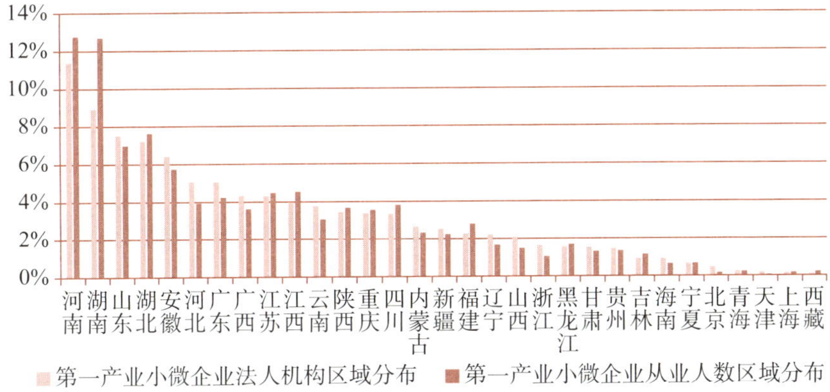

图2-10　第一产业小微企业区域分布

资料来源：国家统计局，兴业研究

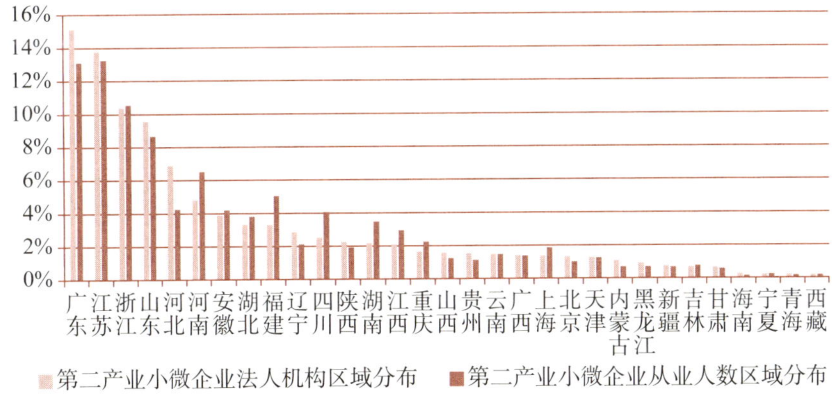

图2-11　第二产业小微企业区域分布

资料来源：国家统计局，兴业研究

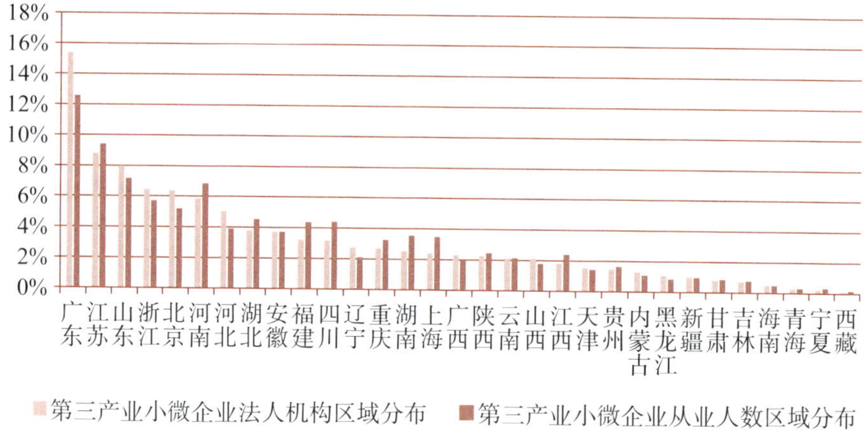

图2-12　第三产业小微企业区域分布

资料来源：国家统计局，兴业研究

参考前文的统计（图1-3），若不考虑个体工商户法人，小微企业法人较为集中的行业主要为：批发和零售业（34.74%），制造业（17.84%），租赁和商务服务业（12.59%），建筑业（6.59%），科学研究和技术服务业（6.31%），信息传输、软件和信息技术服务业（5.03%），房地产业（3.39%）和交通运输、仓储和邮政业（3.13%）。

除此之外，居民服务、修理和其他服务业以及住宿和餐饮业虽然个体工商户法人数量较多，但是小微企业的数量相对较少，由于第四次全国经济普查并未对个体工商户的区域分布进行详细披露，因此对于个体工商户情况本节暂不进行区域分布的分析。

批发和零售业小微企业法人总数在所有行业中位居第一，占到了所有小微企业的34.74%。在区域上，批发和零售业小微企业法人主要集中分布在广东（15.26%）、江苏（9.54%）、山东（9.05%）、浙江（7.23%）、河南（6.34%）、河北（5.62%）、北京（4.30%）、安徽（3.69%）、福建（3.66%）、湖北（3.62%）。

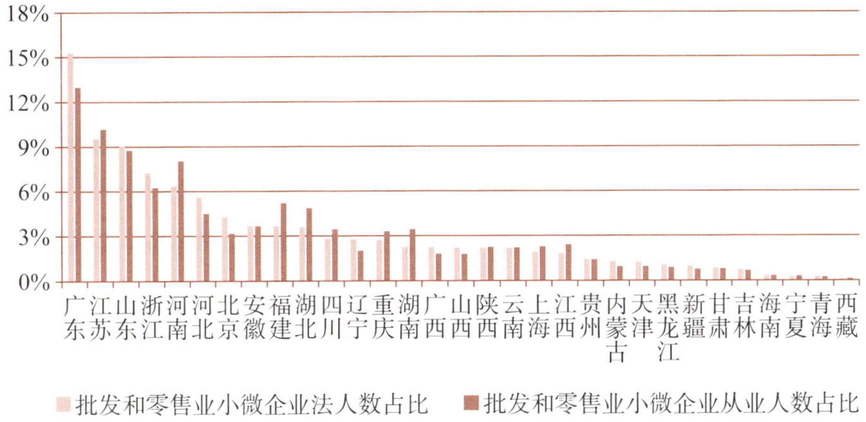

图2-13　批发和零售业小微企业区域分布

资料来源：国家统计局，兴业研究

制造业小微企业法人总数在所有行业中位居第二，占到了所有小微企业法人数量的17.84%。在区域上，制造业小微企业法人主要集中分布于广东（17.57%）、江苏（15.83%）、浙江（13.09%）、山东（9.56%）、河北（6.76%）、河南（4.21%）、福建（3.5%）、安徽（3.44%）。

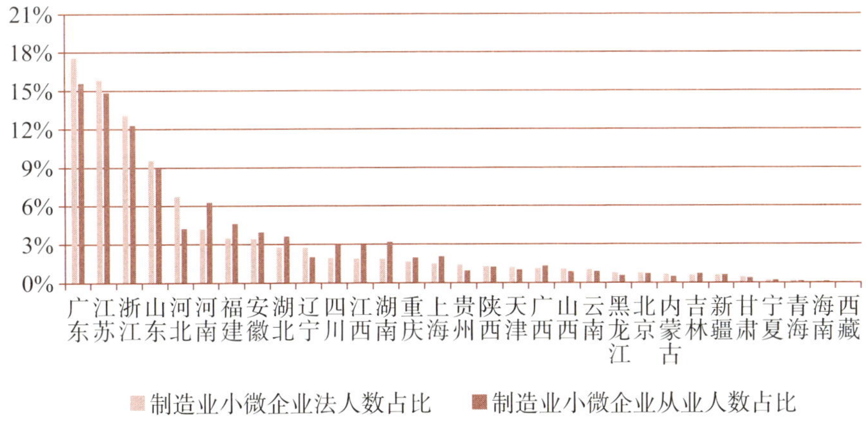

图2-14　制造业小微企业区域分布

资料来源：国家统计局，兴业研究

租赁和商务服务业小微企业法人总数在所有行业中位居第三，占到了所有小微企业法人数量的12.59%。在区域上，租赁和商务服务业小微企业法人主要集中分布于广东（16.68%）、北京（7.75%）、江苏（7.68%）、山东（6.93%）、浙江（5.6%）、河南（5.28%）、河北（4.24%）、湖北（3.89%）、安徽（3.86%）、四川（3.73%）。

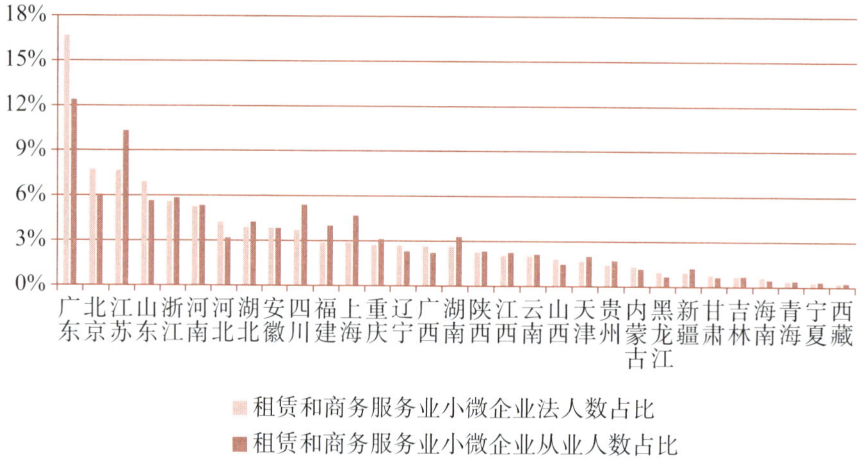

图2-15 租赁和商务服务业小微企业区域分布

资料来源：国家统计局，兴业研究

建筑业小微企业法人总数在所有行业中位居第四，占到了所有小微企业法人数量的6.59%。在区域上，建筑业小微企业法人主要集中分布于山东（10.33%）、江苏（9.75%）、广东（9.69%）、河北（7.48%）、河南（6.44%）、安徽（5.17%）、陕西（4.75%）、湖北（4.71%）、浙江（4.14%）、四川（3.69%）、辽宁（3.04%）。

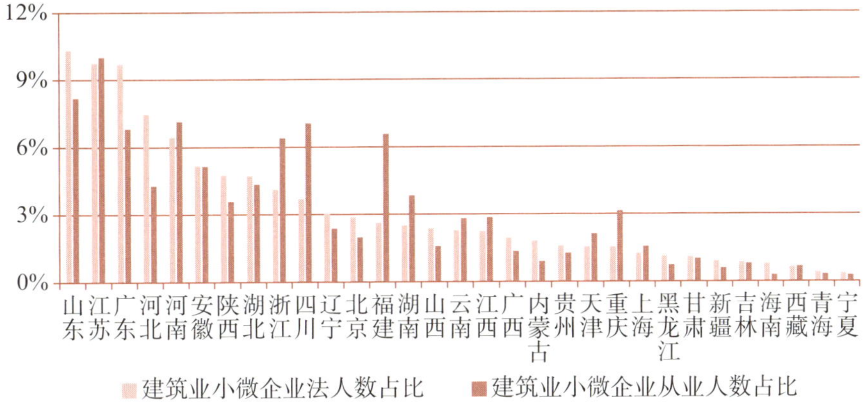

图2-16　建筑业小微企业区域分布

资料来源：国家统计局，兴业研究

科学研究和技术服务业小微企业法人总数在所有行业中位居第五，占到了所有小微企业法人数量的6.31%。在区域上，建筑业小微企业法人主要集中分布于广东（16.55%）、北京（13.3%）、江苏（10.52%）、山东（7.43%）、河南（5.34%）、浙江（5.07%）、河北（4.2%）、湖北（3.93%）、安徽（3.31%）。

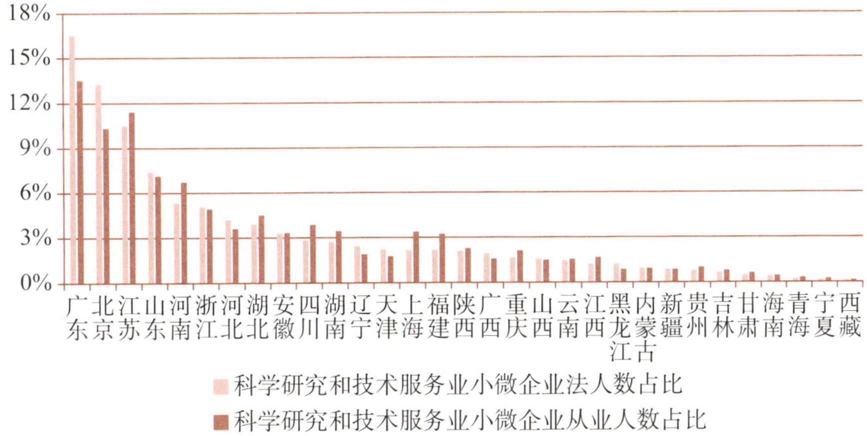

图2-17　科学研究和技术服务业小微企业区域分布

资料来源：国家统计局，兴业研究

信息传输、软件和信息技术服务业小微企业法人总数在所有行业中位居第六，占到了所有小微企业法人数量的5.03%。在区域上，信息传输、软件和信息技术服务业小微企业法人主要集中分布于广东（18.12%）、北京（8.33%）、江苏（7.9%）、山东（6.41%）、河南（6.14%）、浙江（5.98%）、河北（4.3%）、湖北（4.28%）、福建（3.57%）、四川（3.4%）、安徽（3.32%）和辽宁（3.14%）。

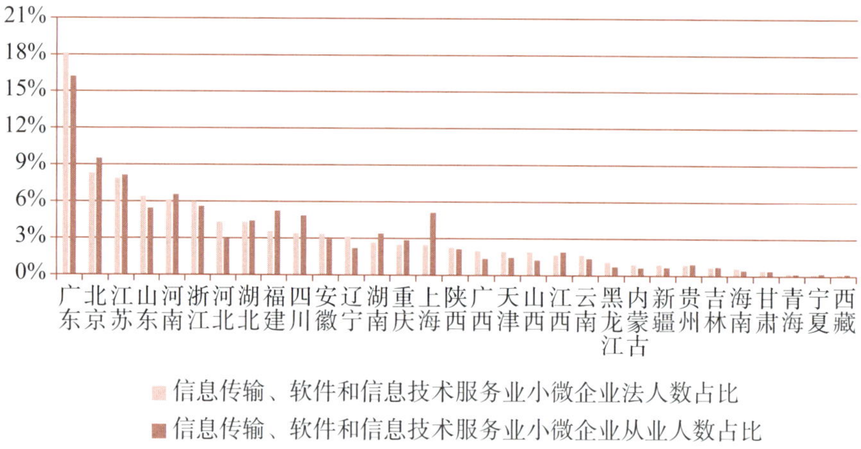

图2–18　信息传输、软件和信息技术服务业小微企业区域分布

资料来源：国家统计局，兴业研究

除了以上几个行业，**交通运输、仓储和邮政业**小微企业法人数量在所有行业小微企业法人总数中的占比也超过了3%，达到了3.13%。在区域上，交通运输、仓储和邮政业小微企业法人主要集中分布于广东（12.76%）、江苏（10.35%）、山东（9.23%）、浙江（5.61%）、河北（5.36%）、河南（4.55%）、安徽（4.28%）、湖北（3.89%）、辽宁（3.83%）、北京（3.37%）、四川（3.19%）、江西（3.01%）。

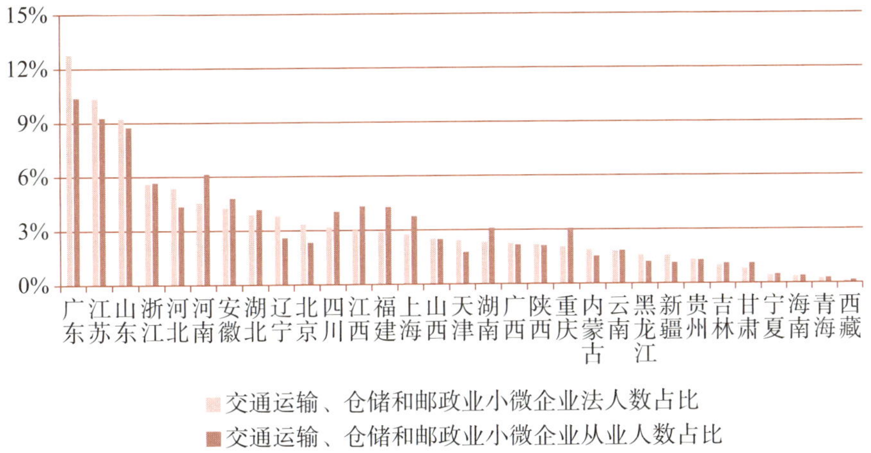

图2-19 交通运输、仓储和邮政业小微企业区域分布

资料来源：国家统计局，兴业研究

（三）银行小微贷款的潜在发力方向

从2018年开始，人民银行等监管部门着力提升银行对小微企业的服务强度，一方面，要求银行增加小微企业或个体工商户首贷户数量；另一方面要求银行增加普惠小微贷款的总体投放量。而且，监管部门还将相关要求固化为了管理办法及考核体系，并设置了相应的奖惩措施，从而使得银行普惠小微金融业务面临着严峻的达标压力。其实，对于银行自身而言，随着我国经济转型为高质量发展，传统基建和地产的融资需求也将有所减弱，银行也需要寻找新的资产投放方向，而拓展小微企业信贷服务不仅有利于银行解决“资产荒”，还可以帮助银行前瞻对接服务未来的“专精特新”企业。

从2019年年底我国银行业对企业的人民币企业贷款余额整体分布情况来看，若排除对金融业企业的贷款，相关贷款主要集中于制造业（15.64%），交通运输、仓储和邮政业（14.72%），租赁和商务服务业（13.71%），房地产业（10.45%），水利、环境和公共设施管理业（10.06%），批发和零售业（9.94%），电力、燃气及水的生产和供应业（7.06%），建筑业（5.33%）。

应当指出的是，以上贷款数据仅包括企业贷款而并未包括零售贷款，且考虑到这些贷款涵盖了银行对大型企业、中型企业和小微企业的贷款，特别是部分行业的大企业吸收了大量贷款，因此贷款规模的分布对于小微企业信贷投放仅有较为有限的参考意义。

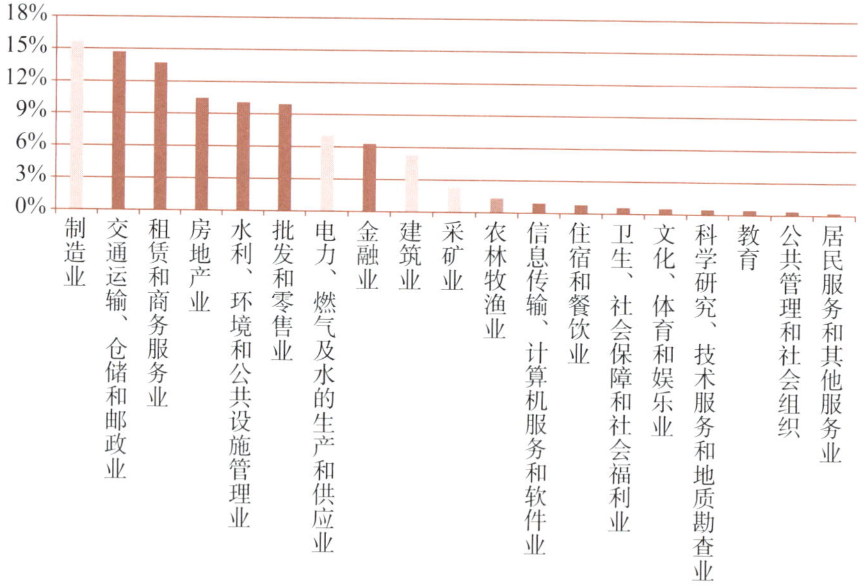

图 2-20　我国银行业金融机构公司类人民币贷款余额行业分布（2019 年年底）

资料来源：WIND，兴业研究

不过，结合前文小微企业及个体工商户的行业分布情况（按法人数量和从业人数衡量），可以发现，从金融支持小微企业的角度来看，除银行业金融机构已投放了不少贷款的制造业，批发和零售业，交通运输、仓储和邮政业，建筑业，租赁和商务服务业之外；银行未来或可以考虑对住宿和餐饮业，居民服务、修理和其他服务业，科学研究和技术服务业，文化、体育和娱乐业等其他小微企业较多的行业增加信贷投放。

关于住宿和餐饮业，该行业的小微企业及个体工商户法人数占到所有行业小微企业及个体工商户法人数的9.94%，该行业小微企业及个体工商户从业人员占到所有行业小微企业及个体工商户从业人员数的8.53%，但银行业金融机构对住宿和餐饮业的企业贷款仅占所有人民币贷款余额的0.82%。

关于居民服务、修理和其他服务业，该行业的小微企业及个体工商户法人数占到所有行业小微企业及个体工商户法人数的7.38%，该行业小微企业及个体工商户从业人员占到所有行业小微企业及个体工商户从业人员数的5.06%，但银行业金融机构对居民服务、修理和其他服务业的企业贷款仅占所有人民币贷款余额的0.24%。

关于科学研究和技术服务业，该行业的小微企业及个体工商户法人数占到所有行业小微企业及个体工商户法人数的1.63%，该行业小微企业及个体工商户从业人员占到所有行业小微企业及个体工商户从业人员数的2.32%，但银行业金融机构对科学研究和技术服务业的企业贷款仅占所有人民币贷款余额的0.49%。

关于文化、体育和娱乐业，该行业的小微企业及个体工商户法人数占到所有行业小微企业及个体工商户法人数的1.4%，该行业小微企业及个体工商户从业人员占到所有行业小微企业及个体工商户从业人员数的1.41%，但银行业金融机构对文化、体育和娱乐业的企业贷款仅占所有人民币贷款余额的0.55%。

以上四个行业均属于第三产业，且具有缺乏固定资产抵押物的特点，这或许是银行投放贷款相对较少的原因。以上四个行业中住宿和餐饮业，居民服务、修理和其他服务业这两个行业的个体工商户数量显著多于小微企业，小微企业法人数占小微企业及个体工商户法人总数的比例为5.27%和7.92%；而科学研究和技术服务业，文化、体育和娱乐业这两个行业小微企业法人数占小微企业及个体工商户法人总数的比例更高，分别为43.9%和86.1%。对于住宿和餐饮业，居民服务、修理和其他服务业这两个行业，银行可以主要面向个体企业主增加信贷投放；对于科学研究和技术服务业，文化、体育和娱乐业，银行则可以主要围绕企业和产业链增加信贷投放。

二、欧美小微企业的行业分布特征

随着经济的逐步发展，我国经济结构和模式也可能发生改变，特别是在国民生产总值和收入水平提升之后，第三产业也将得到更为充分的发展。在此背景下，为了观察未来我国小微企业行业分布的变化趋势，我们选取了美国和欧洲，将其小微企业行业分布特征与我国进行了比较。

（一）欧洲小微企业的行业分布特征

由于数据有限，我们采用了欧盟统计局（Eurostat）所公布的欧盟27国雇员数少于50人企业的数据①，来考察欧盟小微企业的行业分布情况。欧盟统计局对企业开展统计时所采用的标准为欧盟经济活动统计分类修订第二版（NACE Rev.2），与我国的国民经济行业分类标准有着一定的统计口径差异。为尽可能保证欧盟数据与我国数据的可比性，我们对欧盟和我国的小微企业相关数据做了一定处理。对于欧盟，仅

① 根据欧盟中小微企业划型标准，若企业希望被列为小微企业，除了雇员数必须低于50人之外，还需要满足营收额不高于1000万欧元或总资产不高于1000万欧元的条件。

保留了采矿业，制造业，电力、热力、燃气和水生产和供应业，批发和零售业，交通运输、仓储和邮政业，住宿和餐饮业，信息传输、软件和信息技术服务业，房地产业作为细分行业，其他所有的行业均归为其他服务业；对于我国，由于欧盟在统计中纳入了个体工商户，因此我们选取了我国小微企业和个体工商户的整体行业分布情况来与欧盟进行对比。

经比较发现，相较于我国2018年小微企业（包含小微企业及个体工商户，下同）的行业分布，欧盟2019年小微企业中批发和零售业（欧盟为29.44%，我国为47.33%）以及交通运输、仓储和邮政业（欧盟为6.39%，我国为7.91%）的小微企业法人相对较少，而信息传输、软件和信息技术服务业（欧盟为5.74%，我国为1.38%）以及其他服务业小微企业的分布相对更多。除此之外，在欧盟所有小微企业之中，制造业小微企业的占比（10.22%）略高于我国（9.55%）。若进一步深究，可以发现欧盟27国其他服务业中小微企业显著多于我国的原因主要在于专业、科学与技术服务业（Professional Scientific and Technical Activities），属于该行业的小微企业占到了欧盟27国所有小微企业22.89%。

在这些数据中，欧盟27国制造业小微企业数量相对更多的原因或在于欧洲部分经济体有着发展制造业“隐形冠军”的传统；而欧盟27国信息传输、软件和信息技术服务业，以及专业、科学与技术服务业小微企业相对更多的原因或许在于，随着经济的发展，各类专业性较高的服务行业将蓬勃发展，其中也将孕育出更多的小微企业。

若进一步考察欧盟27国小微企业行业分布的时间序列数据，可以发现相较于2007年，2019年欧盟小微企业逐步由批发和零售业、制造业向其他服务业，信息传输、软件和信息技术服务业转移。这也与前文“随着经济发展各类专业性较高的服务行业将蓬勃发展，这些行业中将出现更多有发展潜力的小微企业”的观点相一致。

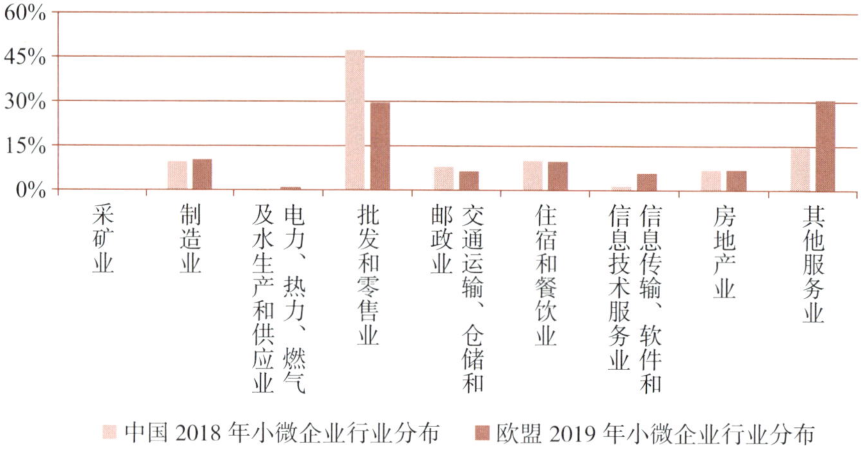

图2-21　我国与欧盟27国小微企业行业分布情况（按法人数量）对比

资料来源：国家统计局，Eurostat，兴业研究

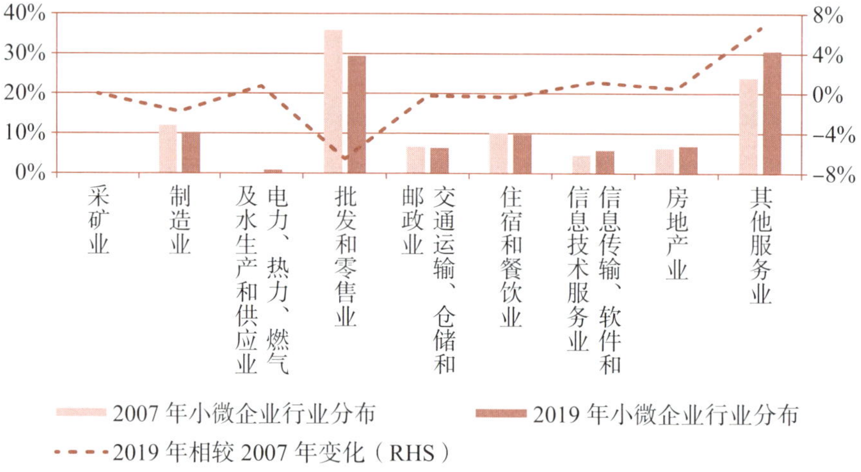

图2-22　欧盟27国小微企业行业分布情况（按法人数量）及变化

资料来源：Eurostat，兴业研究

（二）美国小微企业的行业分布特征

相较于欧盟，美国小企业局（Small Business Administration，SBA）所开展的小微企业统计，采用的是北美行业分类系统（North American Industry Classification System，NAICS）的分类口径。总体来看，相较于欧盟所采用的NACE Rev.2分类方法，NAICS的统计口径虽然与我国国民经济分类仍有部分差异，但整体差异性较小，因此通过我国与美国的小微企业行业分布情况不同，可以更细微地观察小微企业行业分布的可能趋势。由于SBA统计小微企业时将个体工商户纳入其中，因此我国的小微企业法人数据也纳入小微企业和个体工商户。

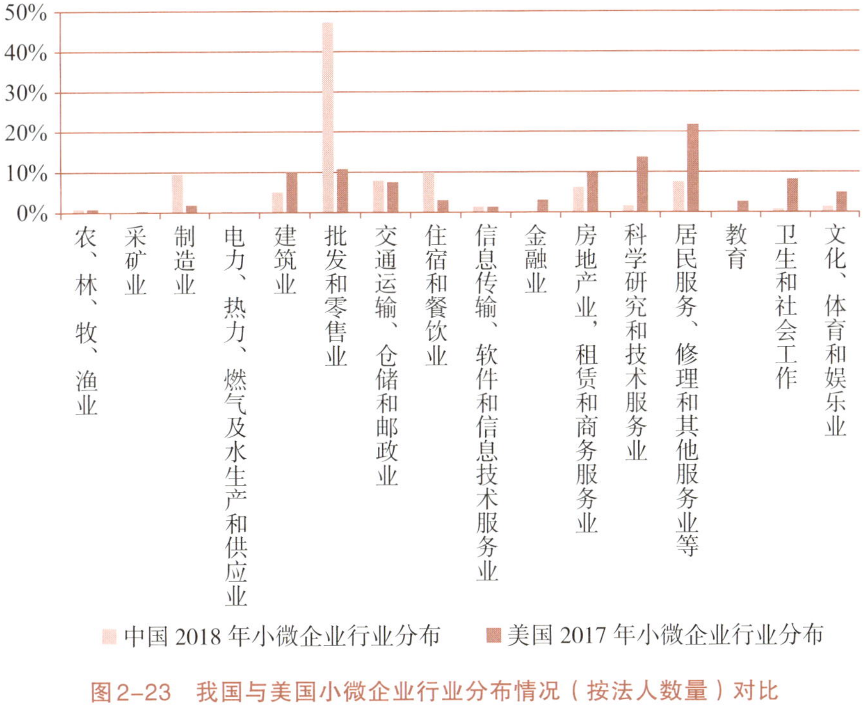

图2-23　我国与美国小微企业行业分布情况（按法人数量）对比

资料来源：国家统计局，SBA，兴业研究

相较于我国2018年小微企业的行业分布情况，2017年美国小微企业中的制造业，批发和零售业以及住宿和餐饮业的占比均显著不及我国；而在科学研究和技术服务业，居民服务、修理和其他服务业等，卫生和社会工作，建筑业，文化、体育和娱乐业的占比显著高于我国。

美国制造业小微企业占比较少，或是由于全球产业链分工后，美国制造业外迁的缘故。美国批发和零售业小微企业占比较少或是美国人口更为分散，因此居民更偏好去大型连锁商超采购，美国住宿和餐饮业小微企业占比较少或也是因为同样的原因。

与欧盟情况相类似，美国的科学研究和技术服务业小微企业分布也显著多于我国，这也进一步印证了专业服务业将随着经济发展而蓬勃向上，其中小微企业数量也会有所增多的观点。除此之外，值得注意的是，美国的文化、体育和娱乐业的小微企业分布显著多于我国，这可能是因为居民收入提高后，对于文化娱乐需求也有所提升的原因。从这个角度来看，随着我国居民收入的提高，乃至“共同富裕”目标的逐步实现，未来我国文化娱乐相关的小微企业也将有较好的发展前景。

第三章 新发展格局里的新征程——中小企业与高质量发展

第一节 从“专精特新”到“隐形冠军”——未来我国中小企业的专业化发展

第二节 中小企业科创支持：补助、税收与融资

第一节　从“专精特新”到“隐形冠军”——未来我国中小企业的专业化发展

2021年8月底，工信部共认定了三批共4428家“专精特新”企业，由此使得市场对“专精特新”企业群体的关注热度骤然上升。事实上，我国工信部2011年就提出了中小企业的“专精特新”发展原则，并在2018年明确了“专精特新”企业的定义。我们发现，我国的“专精特新”企业与海外的“隐形冠军”企业概念颇多异曲同工之处。为此，本节对海外“隐形冠军”企业进行考察，以期为我国“专精特新”企业成为全球性或区域性“隐形冠军”提供借鉴。

一、境外“隐形冠军”的发展特点

由于境外发达经济体较早地参与工业革命的进程，因此其中小企业也更早地体验到了全球化所带来的挑战和机遇。在全球化浪潮下，境外逐渐出现了深耕细分领域，在全球特定细分市场享有优势的“隐形冠军”中小企业。

（一）“隐形冠军”在何处

“隐形冠军”的概念由德国管理学者赫尔曼·西蒙（Hermann Simon）首先提出，指的是在全球特定细分市场上拥有领先地位的中小企业。1974年，英国经济学家舒马赫（E. F. Schumacher）发表了《小的是美好的》（*Small is Beautiful*）。在《小的是美好的》一书中，舒马赫挑战了此前企业“大就是好”的观点，首次指出小企业相较于大企业具有一定的竞争优势，具体为小企业具有更强的灵活性、员工向心力更强更容易形成合力等。1990年赫尔曼·西蒙在德国的企业管理学期刊《商业经济学》（*Journal of Business economics*，德语为Zeitschrift für Betriebswirtschaft）上首次提出了“隐形冠军”的概念，指那些在细分市场上占有全球领先地位的中小企业。

2019年，赫尔曼·西蒙在《隐形冠军：未来全球化的先锋》[①]一书中进一步将“隐形冠军”细化为满足三个条件的企业。

一是在细分市场上位居世界前三强或者在某个大洲中位居第一。这一指标一般通过企业在某个细分市场的市场份额来确定，不过对于细分市场的定义存在一定的主观因素。

二是年营业收入低于50亿欧元。在此前的2005年，赫尔曼·西蒙曾将这一标准定为30亿欧元，此后考虑通货膨胀以及“隐形冠军”的业绩增长等因素，赫尔曼·西蒙定期对隐形冠军的营业额门槛进行了动态调整。

---

① 资料来源：赫尔曼·西蒙，隐形冠军：未来全球化的先锋，张帆、吴君、刘惠宇、刘银远译，机械工业出版社，2021年5月。

三是不为外界所熟知。这一标准主要是为了契合“隐形”的概念。

据统计，德国的“隐形冠军”在绝对数量和相对数量方面均领先全球其他经济体，而从相对数量来看，西欧德语区及北欧地区的每百万人“隐形冠军”数量均位居前列。按照赫尔曼·西蒙《隐形冠军：未来全球化的先锋》一书中的调研统计，“隐形冠军”绝对数量位列前五的国家分别为德国、美国、日本、奥地利和瑞士，其分别拥有的“隐形冠军”绝对数量为1307家、366家、220家、116家和110家。在每百万人拥有“隐形冠军”的相对数量统计上，位列前五的国家分别为德国、瑞士、奥地利、瑞典、丹麦，每百万人拥有的“隐形冠军”企业数量分别为16.0家、13.9家、13.8家、5.4家、3.4家，这些国家主要来自于西欧德语区和北欧地区。与此同时，我国所拥有的“隐形冠军”绝对数量为68家，位居全球第8，高于部分发达经济体。然而，我国每百万人拥有的“隐形冠军”企业数量仅为0.1家，离大部分发达经济体仍有较大的差距。

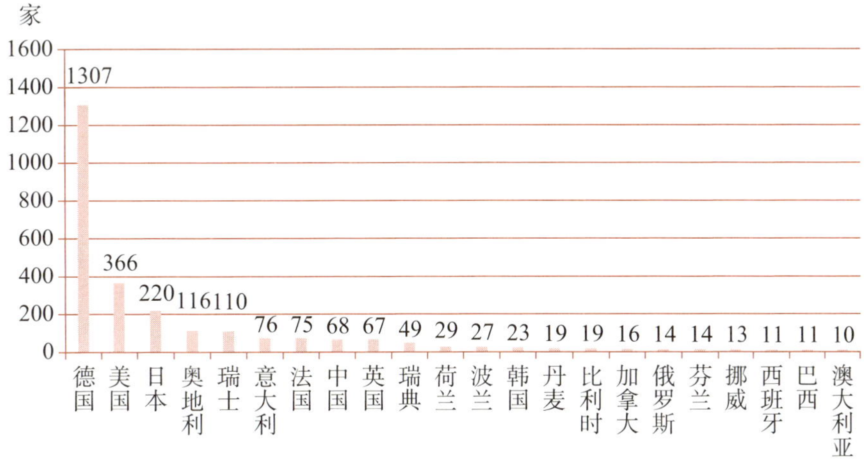

图3-1　不同国家“隐形冠军”绝对数量

资料来源：《隐形冠军：未来全球化的先锋》，兴业研究

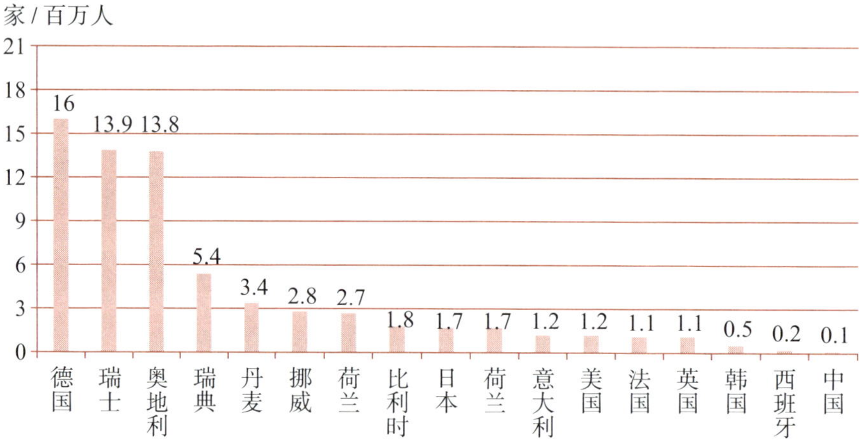

图3-2　不同国家每百万自然人拥有“隐形冠军”企业的数量

资料来源：《隐形冠军：未来全球化的先锋》，兴业研究

（二）德国的“隐形冠军”如何炼成

德国“隐形冠军”的数量冠绝全球，这不仅有企业自身的努力，也离不开相应的政策支持和环境孕育。赫尔曼·西蒙在《隐形冠军：未来全球化的先锋》一书中总结了企业层面的经验，在《哈佛商业研究》（Harvard Business Review）中总结了德国在政策和环境层面助力“隐形冠军”成长的经验。

在企业层面，赫尔曼·西蒙在《隐形冠军：未来全球化的先锋》[①]一书中提出，企业应当首先具有“实现持续增长和获取世界范围内的市场领导者地位”的野心，这是由于持续增长相比于爆发性的间歇增长更具有稳定性和持续性。在建立了相应野心之后，赫尔曼·西蒙还总结了德

① 资料来源：赫尔曼·西蒙，隐形冠军：未来全球化的先锋，张帆、吴君、刘惠宇、刘银远译，机械工业出版社，2021年5月。

国“隐形冠军”企业的相应经验：

一是聚焦主业，融入全球化。虽然业务聚焦一定程度上会限制市场规模，但叠加拥抱全球化却可以使企业在单一市场上拥有更大的市场潜力。因此，聚焦主业和融入全球化是企业成为“隐形冠军”的基础。

二是始终保持与客户的紧密联系。“隐形冠军”企业贴近客户的程度比大企业高出5倍，其高层管理者参与业务积极度高，亲自聆听客户的声音。

三是对研发持续保持较高的投入。根据赫尔曼·西蒙统计，德国“隐形冠军”对研发的投入是一般工业企业的2倍多。员工的平均专利数量相当于大公司的5倍，技术的研发和客户需求对驱动企业创新发挥着同等重要的作用。这也是“隐形冠军”为了确保在细分市场上保持优势地位和市场壁垒的重要举措。

四是在细分市场上展现了相应的竞争优势。这些竞争优势中最为重要的因素在于产品质量。除此之外，伴随着“工业4.0”的到来，隐形冠军在咨询和系统集成方面也建立了新的、难以模仿的竞争优势，从而提高了行业的进入壁垒。

五是将企业塑造为高绩效组织。“隐形冠军”往往也是高绩效组织，这些企业尽力消灭人浮于事的情况，并且在员工的培训和能力提升方面投入巨大，致力于提高员工素质。这也使得“隐形冠军”的员工离职率和缺勤率都很低。

在国家和政策层面，赫尔曼·西蒙在《哈佛商业研究》(*Harvard Business* Review)发表了《为何德国仍有大量中型企业工作机会？》(Why Germany Still Has So Many Middle-Class Manufacturing

Jobs）[①]总结了德国“隐形冠军”数量众多的环境和政策原因。

一是德国历史上相对割裂，使德国企业有跨境经营的传统和经验。从历史上来看，德国过去是一些相对独立的小型城邦（States），甚至在1918年十一月革命发生时，德国境内还有着三个共和国和多个君主国。因此，为了应对相对割裂的环境，德国的企业在很早就开始尝试跨越其原有的城邦进行经营。

二是科研能力强，技术转化率较高。总体上来看，德国的大学科研能力较强，同时保持着技术向企业转化的通道。例如，依托哥廷根大学（Göttingen university）数学科学师资力量，在哥廷根大学旧址附近形成了30余家测绘企业的产业集群。

三是对于员工培训的关注。德国所特有的双重学徒制体系（Dual System of Apprenticeship）使得毕业的工作人员能够同时接受理论和实践的训练。赫尔曼·西蒙指出，在德国双重学徒体系的优势基础上，“隐形冠军”对于员工的职业培训课程强度还要高出德国普通企业50%以上。

四是低财产税和遗产税对资本形成的助力。相较于其他国家，较低的财产税和遗产税使得德国的中小型家族企业能够更为持久地积累资本。而与之相比较，法国对于财产所征收的税收较高，美国对于遗产所得也征收了较高的税收。

五是德国在国际化开放化方面具有优势。相较于其他大型经济体，德国人在思想上对于国际化开放化更接受，这一情况不仅体现

① 资料来源：Hermann Simon，Why Germany Still has So Many Middle-Class Manufacturing Jobs［EB/OL］.（2017/05）［2021/08/30］，https://hbr.org/2017/05/why-germany-still-has-so-many-middle-class-manufacturing-jobs.

在语言的竞争力上，也体现在学生国际交换和大学国际交流等多个方面。

应当指出的是，除了赫尔曼·西蒙所指出的上述要素，德国金融体系对德国中小企业所提供的稳定长期融资在助推“隐形冠军”长期发展方面也起到了重要的作用。张晓朴等在2021年出版的《金融的谜题：德国金融体系比较研究》[①]一书中，指出：“过去20多年，尽管在德国企业贷款中，中小企业长期贷款份额呈下滑态势，但均明显高于50%，2017年年底为59.6%。从这个意义上讲，德国银行业是中小企业友好型银行业。”值得注意的是，张晓朴等同时指出了德国“50%以上的贷款由坚持区域经营原则的小银行提供”。

（三）其他国家和地区如何促进“隐形冠军”发展

除了德国之外，奥地利、瑞士等经济体每百万人所拥有的“隐形冠军”数量也非常可观。

对于奥地利，根据Jakob Cencic在“投资奥地利”网站[②]上所发表的《隐形冠军：奥地利的全球市场隐秘领先者们》（Hidden Champions：Austria’s Secret Global Market Leaders）[③]一文中总结，除了深耕细分领域以及专注于全球市场这些基本要素之外，奥地利“隐形冠军”获得成功的重要原因还包括：家族企业相对稳定的管理架构，及该架构之下形成

---

① 资料来源：张晓朴、朱鸿鸣等，金融的谜题：德国金融体系比较研究，中信出版社，2021年6月，219-234。

② 该网站由奥地利政府支持，旨在吸引外资投资奥地利。

③ 资料来源：Jakob Cencic，Hidden Champions：Austria’s Secret Global Market Leaders［EB/OL］.（2020-12）［2021-8-31］. https://investinaustria.at/en/blog/2019/12/hidden-champions-in-austria.php.

的较好的员工稳定性；对于产品质量的长期高要求；关注深入研究新技术，对于研发投入占比较高等一系列特点。

对于瑞士，其“隐形冠军”的显著特点在于，除了精密仪器等货物贸易出口的“隐形冠军”之外，瑞士具有数量不少的服务贸易“隐形冠军”。其中最为典型的案例，就是瑞士的商贸服务提供商以及IT服务提供商。根据Patricia Feubli在《瑞士的“隐形冠军”：规模虽小，品质却是世界级的》（The Hidden Swiss Champions：Small but World Class）①一文中的总结，瑞士的商贸服务和IT服务之所以能够产生数量颇多的“隐形冠军”，一方面是由于瑞士位于“欧洲之心”的区位优势，另一方面也是由于瑞士在苏黎世和伯尔尼大力吸引IBM、GOOGLE等国际化公司构建相应的产业集群。

（四）“隐形冠军”的优势和劣势

相较于其他中小企业，“隐形冠军”在细分市场上的深耕有其独特的优势。

首先，“隐形冠军”具有技术优势，因此可以通过技术壁垒实现较高利润率。由于“隐形冠军”深耕特定细分领域市场，在专业领域拥有长久的研发投入积累，因此其在技术、品质和生产率方面领先于细分市场的其他参与者，可以在细分市场形成强大的客户黏性，从而在产品的定价策略方面占有优势，享受更高的利润率。而更高的利润率和经营报酬使得“隐形冠军”可以拥有更多的资源并投入研发，形成相应的正向

① 资料来源：Feubli，P.，and Emilie G，The Hidden Swiss Champions：Small but World Class［EB/OL］.（2015-09）［2021-8-31］. https://www.credit-suisse.com/about-us-news/en/articles/news-and-expertise/the-hidden-swiss-champions-small-but-world-class-201506.html.

循环。

其次，“隐形冠军”在单一市场份额占比较大，可以通过自己的市场影响力来引领和重构细分市场的发展。由于“隐形冠军”在细分市场上占有率较高，可以接触到更多的客户，与客户形成长期的交流与合作关系，不仅可以更快地了解到客户的需求变化，还能够通过自己的市场影响力对整个细分市场的发展起到引领的作用，从而保证其在细分市场上保持长期优势。

最后，“隐形冠军”长期保持较低成长率，使得企业的整体稳定性较强。在企业的发展过程中，高速的成长往往伴随着企业组织架构快速重构，从而使得企业的组织架构面临着较高的不稳定性。而“隐形冠军”较低成长率的特征则使得企业组织架构较为稳定，从而形成稳定的制度框架，且员工保持相对稳定的预期，有助于提高企业的稳定性和向心力。

然而，“隐形冠军”在享受相应优势的同时，也面临着潜在的劣势和弱点。

首先，由于“隐形冠军”深耕特定市场，可能在技术变革时代容易遭受淘汰。近代以来，人类技术革命的步伐不断加快，产业升级甚至迭代屡见不鲜。在这一过程中，服务于被淘汰产业链的中小企业极易遭受淘汰。而“隐形冠军”由于在细分市场中具有优势，容易形成惯性，若不能及时转型，更容易在产业迭代时被淘汰。

其次，相较于大型企业，“隐形冠军”的体量也会对自身发展形成制约。中小企业相较于大型企业天然具有规模较小、资金有限的特点。在需要面对更激烈竞争环境（例如产业链上其他大企业进军该细分领域）以及更大研发支出时也将面临自身的劣势。张晓朴等在2021年出版的《金融的谜题：德国金融体系比较研究》[①]一书中也指出：“在‘新工业革命或工业4.0’不断推进和国际竞争日趋激烈的背景下，高利润率和低成长性也意味着中小企业战略投入或对未来的投入不足，可能会影响德国‘隐形冠军’未来的竞争力和盈利能力，从而侵蚀企业自立性的根基。”

事实上，“隐形冠军”发展为大型企业的案例并不鲜见。这些曾经的“隐形冠军”通过自身在原有细分领域的稳扎稳打，逐步沿着产业链和自身特长扩大企业规模，最终成为大型企业。**这或许也意味着“隐形冠军”是不少中小企业成长为大型企业的必经之路。**

二、我国专精特新“小巨人”如何迈向“隐形冠军”

2021年7月30日，中共中央政治局会议新闻稿中提出了“发展专精特新中小企业”的要求。在此之前，工信部在2013年就发布了《关于促进中小企业“专精特新”发展的指导意见》，并逐步开展专精特新“小巨人”的遴选和支持工作。未来我国的专精特新“小巨人”可以结合我国实际、借鉴境外经验，抓住全球化的机遇进一步发展为“隐形冠军”。

（一）我国对于专精特新“小巨人”企业的定义

工信部自2011年开始提出中小企业“专精特新”发展的要求，并于2018年明确专精特新“小巨人”的具体定义，开始名单制认定和专

① 资料来源：张晓朴、朱鸿鸣等，金融的谜题：德国金融体系比较研究，中信出版社，2021年6月，219–234。

项扶持。

2011年，工信部在《“十二五”中小企业成长规划》（以下简称《规划》）中首次提出了“专精特新”这一概念。《规划》中明确的“十二五”时期促进中小企业成长的基本原则中包括“坚持‘专精特新’”的原则，要求“将‘专精特新’发展方向作为中小企业转型升级、转变发展方式的重要途径，引导中小企业优化生产要素配置，促进中小企业集聚发展，形成一批‘小而优’、‘小而强’的企业，推动中小企业和大企业协调发展”。

2018年11月，工信部发布《关于开展专精特新“小巨人”企业培育工作的通知》（工信厅企业函〔2018〕381号，以下简称《2018年通知》）要求认定和培育一批专精特新“小巨人”企业。2021年4月工信部出台《关于开展第三批专精特新“小巨人”企业培育工作的通知》（工信厅企业函〔2021〕79号，以下简称《2021年通知》）。《2021年通知》相较于《2018年通知》对于专精特新“小巨人”企业的定义进行了略微的调整，相应放宽了部分限制性条件。不过，从总体上仍然围绕着几个主要特点来对企业进行筛选。具体来看，企业应当满足的指标条件主要包括以下几点。

一是企业属于中小企业。《2018年通知》和《2021年通知》均将是否属于中小企业参照的具体认定标准定为工信部2011年发布的《中小企业划型标准规定》（工信部联企业〔2011〕300号）。

二是经济效益较强，且资产负债率合理。《2018年通知》要求，企业应当满足“上年度企业营业收入在1亿元至4亿元之间，近2年主营业务收入或净利润的平均增长率达到10%以上，企业资产负债率不高于70%”的条件。《2021年通知》则放宽了企业营收标准以及主营业务或净利润的增长率要求，企业只需满足“截至上年末的近2年主营业务收入或净利润的平均增长率达到5%以上，企业资产负债率不高于70%”的标准即可。

三是专注主营业务，细分市场的市场占有率较高。在该类指标上，《2018年通知》和《2021年通知》的要求大体相同。从数量指标来看，企业的主营业务收入应占本企业收入的70%以上并应从事特定细分市场达到3年。从市场占有率情况来看，企业则应当在“细分市场占有率在全国名列前茅或全省前3位”。

四是创新能力较高。《2018年通知》要求，企业从事研发的科技人员应占企业职工总数的15%以上，并且企业应当有5项与主要产品相关专利或15项以上的实用新型专利。而《2021年通知》则相应调降了专利数量的要求，企业只需满足“拥有有效发明专利（含集成电路布图设计专有权）2项或实用新型专利、外观设计专利、软件著作权5项及以上”。并且《2021年通知》根据企业营业收入进一步细化了研发支出和研发人员的占比要求，具体来看，对于上年营业收入在1亿元及以上的，企业应满足“近2年研发经费支出占营业收入比重不低于3%”的条件；对于上年营业收入在5000万元至1亿元的，企业应满足“近2年研发经费支出占营业收入比重不低于6%”的条件；对于上年营业收入不足5000万元的，除了研发人员占企业职工总数50%的条件，还需满足“近2年内新增股权融资额（实缴）8000万元（含）以上，且研发投入经费3000万元（含）以上”等条件。

五是所属行业属于国家鼓励发展的重点行业。在这方面的要求上，《2018年通知》与《2021年通知》基本相同，具体要求为：“专精特新‘小巨人’企业的主导产品应符合《工业‘四基’发展目录》所列重点领域，从事细分产品市场属于制造业核心基础零部件、先进基础工艺和关键基础材料；或符合制造强国战略明确的十大重点产业领域，属于重点领域技术路线图中有关产品；或属于国家和省份重点鼓励发展的支柱和优势产业。”

表3-1　“专精特新”中小企业主要政策

时间	部门	文件	主要内容
2011/9/23	工信部	《“十二五”中小企业成长规划》	提出了坚持“专精特新”的原则。将“专精特新”发展方向作为中小企业转型升级、转变发展方式的重要途径，引导中小企业优化生产要素配置，促进中小企业集聚发展，形成一批“小而优”、“小而强”的企业，推动中小企业和大企业协调发展。
2013/7/16	工信部	《关于促进中小企业“专精特新”发展的指导意见》（工信部企业〔2013〕264号）	就如何促进中小企业发展，加强对“专精特新”中小企业的培育和支持，促进中小企业走专业化、精细化、特色化、新颖化发展之路，不断提高发展质量和水平，增强核心竞争作出了相关指导，并对重点任务和具体推进措施进行了细化、明确。
2018/11/26	工信部	《关于开展专精特新“小巨人”企业培育工作的通知》（工信厅企业函〔2018〕381号）	工信部决定在各省级中小企业主管部门认定的“专精特新”中小企业及产品基础上，培育一批专精特新“小巨人”企业。《通知》中进一步明确了专精特新“小巨人”应当符合的基本条件、专项指标条件等一系列条件。
2019/5/21	工信部	《第一批专精特新“小巨人”企业名单公示》	确定了首批248家专精特新“小巨人”企业，并将企业名单对外予以公示。

续表

时间	部门	文件	主要内容
2020/11/13	工信部	《关于第二批专精特新“小巨人”企业名单的公示》	确定了第二批1759家专精特新“小巨人”企业，并将企业名单对外予以公示。
2021/1/23	财政部、工信部	《关于支持“专精特新”中小企业高质量发展的通知》（财建〔2021〕2号）	明确2021–2025年，中央财政累计安排100亿元以上奖补资金，引导地方完善扶持政策和公共服务体系，分三批重点支持1000余家国家级专精特新“小巨人”企业高质量发展，并带动1万家左右中小企业成长为国家级专精特新“小巨人”企业。
2021/4/19	工信部	《关于开展第三批专精特新“小巨人”企业培育工作的通知》（工信厅企业函〔2021〕79号）	要求各省组织培育、申报第三批专精特新“小巨人”企业。此后，确定了第三批共2421家专精特新“小巨人”企业，并将企业名单对外予以公示。

资料来源：工信部，财政部，兴业研究

（二）我国“专精特新”企业与境外“隐形冠军”的比较

从定义和特征上来看，我国“专精特新”企业与境外的“隐形冠军”的主要差异在以下几个方面。

一是我国“专精特新”企业更关注国内市场占有率，而非全球市场占有率。我国“专精特新”企业的一大标准在于“细分市场占有率在全国名列前茅或全省前3位”，而“隐形冠军”的标准是“在细分市场上位居世界前三强或者某个大洲中位居第一”。这或许是由于德国或欧洲其他国家相较于我国经济体量较小，企业若要在细分市场上取得市场地位，需要向外拓展欧洲市场和全球市场。而我国幅员辽阔、市场深度大，不需要过分拓展本大洲或海外市场就可以获得较好的营业额。随着我国经济近年来的高速发展，当前我国的GDP不仅已远超德国，而且也超过了欧元区国家的GDP之和，并接近欧盟所有国家的GDP总和。由此可见，我国当前市场规模已与欧盟基本相当。若观察德国与我国对本大洲的出口在所有出口额中的比重，德国维持在70%左右，我国则长期处于50%。从我国市场深度的角度来看，我国"专精特新"企业，无须在全球市场中占有领先地位，即可成为"隐形冠军"。不过，随着未来我国货物及服务出口额占全球总额比重的上升，我国"专精特新"企业也可以进一步重视海外市场的开拓。

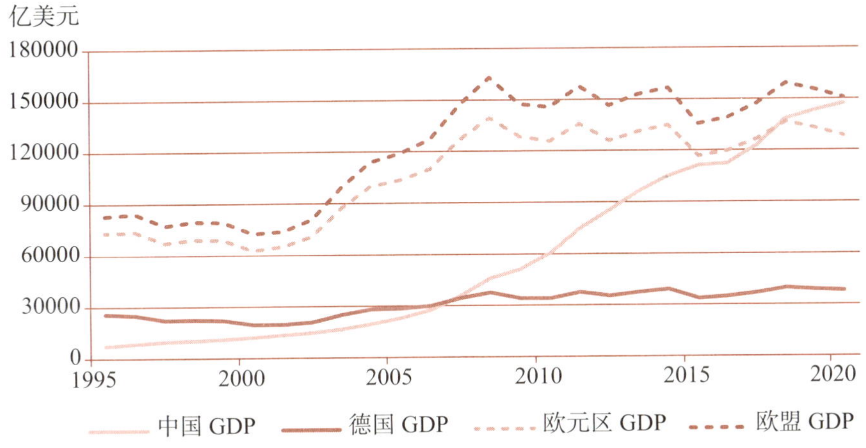

图3–3　我国与德国、欧元区、欧盟GDP比较

资料来源：WIND，兴业研究

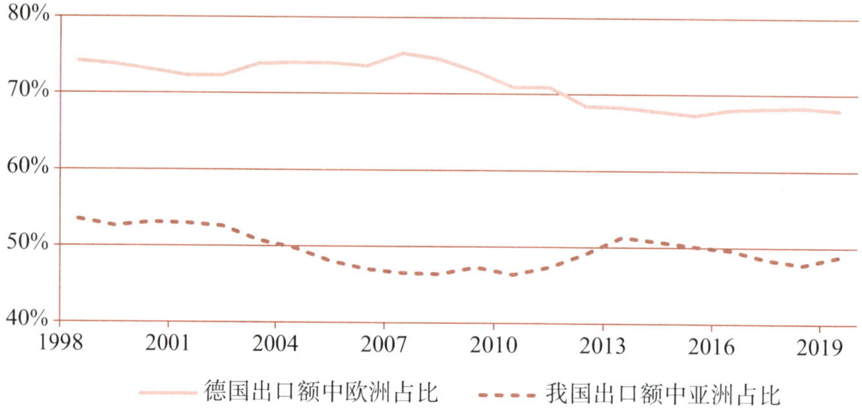

图3-4 德国与我国对本大洲出口比重比较

资料来源：WIND，德国统计局，兴业研究

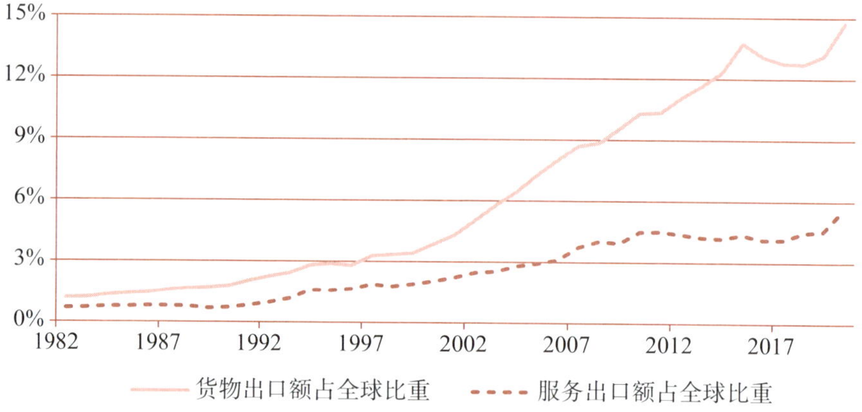

图3-5 我国货物及服务出口额占全球货物及服务出口总额的比重

注：2014年之后商务部不再公布我国服务出口额占全球服务出口额的比重，因此2014年之前，我国服务出口额占全球比重数据采用的是商务部数据，此后我国服务出口额占全球比重的数据采用WTO相关数据。

资料来源：WIND，WTO，兴业研究

二是我国在“专精特新”门槛中强制设置了企业资产负债率的标准。我国“专精特新”企业的入选标准包括“企业资产负债率不高于

70%”，这或许是因为我国非金融企业部门的杠杆率整体较高。而非金融企业杠杆率的高企会对企业造成严重的财务压力，进而影响到企业长期可持续发展的能力。从数据上来看，德国非金融企业部门的杠杆率长期稳定在80%以下，而我国非金融企业杠杆率则持续高企，近年来达到了160%。

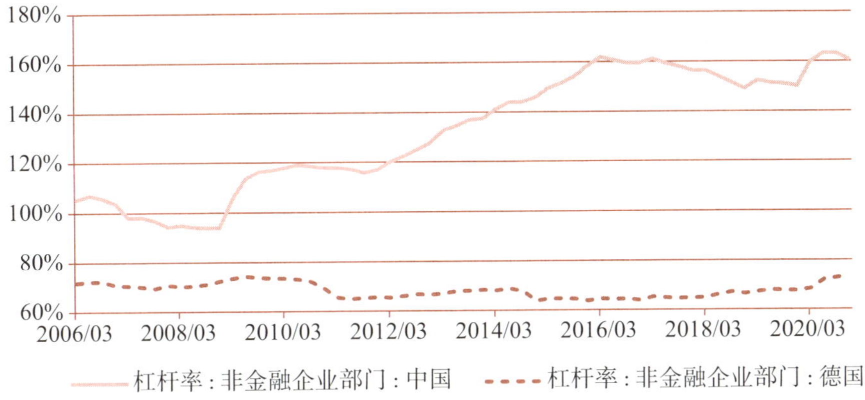

图3-6　我国与德国非金融企业部门杠杆率

资料来源：WIND，兴业研究

三是我国“专精特新”企业的主营业务和产品应符合产业政策导向。这主要是由于“专精特新”企业的认定与财政支持需与一系列政策相协调和适配。我国“专精特新”企业的主导产品应当属于国家明确的重点产业或优势产业等方面。

（三）当前我国“专精特新”企业的整体分布情况

截至2021年8月底，工信部认定了三批共4428家专精特新“小巨人”企业，从地域分布上来看，呈现东部沿海集聚、中部地区丰富的特点。工信部自2018年开始专精特新“小巨人”企业的认定工作，分别在2019

年5月、2020年11月和2021年7月公布了三批，认定了248家、1759家、2421家专精特新“小巨人”企业。从省域分布特征来看，专精特新“小巨人”企业数量名列前十的省份（或直辖市、自治区）为浙江、广东、山东、江苏、北京、上海、湖南、安徽、福建、辽宁，分别拥有的企业数量为475家、433家、368家、289家、264家、262家、241家、235家、227家和227家。在地域分布上来看，呈现出了东部沿海集聚的特征。值得注意的是，在东北地区中，辽宁地区的专精特新“小巨人”显著多于黑龙江和吉林两省；在中西部地区中，湖南、安徽、四川和河南的专精特新“小巨人”相较于其他省份更多。

表3-2　我国认定的三批专精特新“小巨人”企业地域分布

地区	数量	地区	数量	地区	数量
浙江	475	河南	211	甘肃	49
广东	433	河北	210	新疆	48
山东	368	湖北	178	黑龙江	42
江苏	289	江西	151	吉林	38
北京	264	天津	134	宁夏	37
上海	262	重庆	124	内蒙古	27
湖南	241	陕西	114	海南	17
安徽	235	山西	113	青海	11
辽宁	227	广西	84	西藏	2
福建	227	云南	60		
四川	212	贵州	54		

资料来源：工信部，兴业研究

由于工信部在公布专精特新“小巨人”企业名单时并未披露单个企业相应的主营业务（除第一批披露该信息）、营业数据、研发人员占比等相关要素，因此，我们尝试使用《2021年通知》中企业划型标准、主营业务收入占比、营业收入和净利润增长情况、研发支出在营业收入中占比等限制性指标，筛选出截至2021年8月底所有A股上市公司及新三板挂牌公司中符合相关条件的潜在专精特新“小巨人”企业，并对其特点进行分析。限于数据可得性问题，在筛选过程中并未考虑细分市场占有率以及是否属于国家支持领域等限制性要求；同时，由于新三板并未披露研发人员占比、近两年股权融资等信息，因此新三板挂牌公司中仅考虑上年营业收入5000万元以上企业。尽管如此，仍可以大致归纳出我国专精特新“小巨人”的部分特性。**通过筛选，我们在A股全部4456家企业中筛选出了542家专精特新“小巨人”企业，在新三板4407家上年营业收入5000万元以上企业中筛选出1470家专精特新“小巨人”企业。由于新三板挂牌公司的部分信息未能披露，因此我们主要将A股上市公司中的“专精特新”企业与A股所有企业进行比较，发现了以下特点。**

一是专精特新“小巨人”集聚于制造业企业之中。专精特新“小巨人”企业中制造业企业的占比达到了92.99%，远远超过了全部A股上市公司中制造业企业占比64.60%的数据。不过值得注意的是，相较于全部A股上市公司中信息传输、软件和信息技术服务业企业占比8.10%的情况，专精特新“小巨人”中该类企业占比仅有3.87%。这或许是由于我国内地有不少该行业企业并未选择A股上市，而是在我国香港或美国等国家和地区上市的原因。而在新三板挂牌公司中，也出现了类似的情况，新三板“专精特新”企业中制造业占比达到了71.90%，远高于全部新三板企业中制造业55.30%的占比。

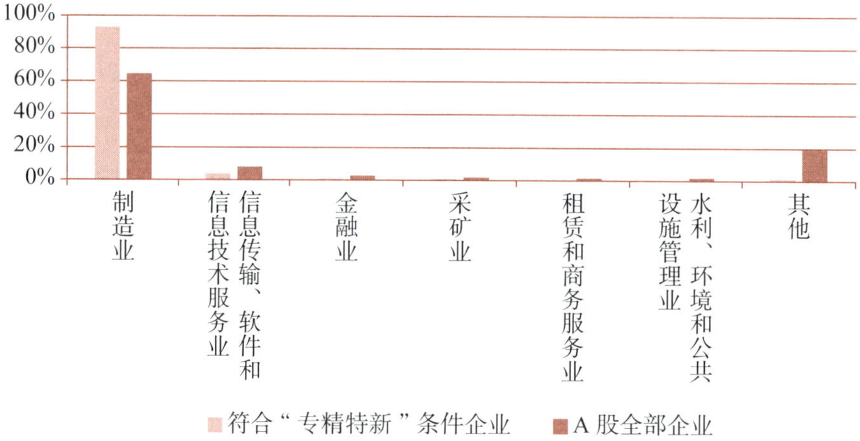

图3-7 A股中潜在专精特新“小巨人”行业分布与所有A股上市公司比较

资料来源：WIND，兴业研究

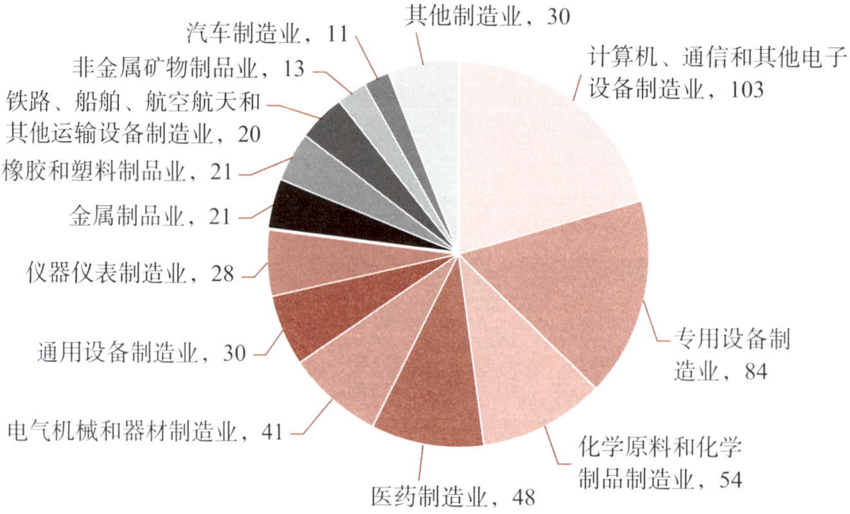

图3-8 A股中制造业“专精特新”企业的细分行业门类

资料来源：WIND，兴业研究

二是潜在专精特新“小巨人”企业中民营企业占比显著更高。若以所有A股的角度来看，中央国有企业、地方国有企业和民营企业的占比分别为9.20%、18.65%和61.89%。而我们筛选得到的潜在专精特新"小巨人"企业中三者的占比分别为3.32%、4.61%和82.47%。新三板中"专精特新"企业也出现了类似的现象。新三板"专精特新"企业中民营企业占比为90.48%，略高于所有新三板挂牌企业中民营企业86.20%的占比。这一现象可能有两个原因：首先，改革开放以来的多轮国企改革坚持了"抓大放小"的原则，从而使得目前各类国有企业的相对体量都更大，因此范围局限于中小企业的专精特新"小巨人"中占比较低；其次，民营企业相较于国有企业有着更为市场化和灵活的体制机制，能够集中力量深耕细分市场，从而产生相应竞争优势。

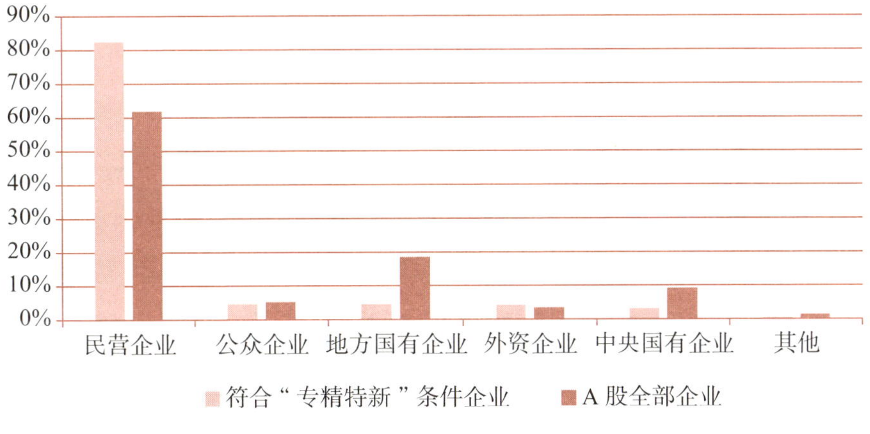

图3-9　A股中潜在专精特新"小巨人"企业属性与所有A股上市公司比较

资料来源：WIND，兴业研究

三是潜在专精特新"小巨人"海外营收仍有较大的提升空间。在潜在专精特新"小巨人"企业中，海外营业收入占比小于20%的企业达到了48.71%，显著低于所有A股上市公司中海外营业收入占比小于20%企业占比37.62%的情况。由于绝大多数新三板挂牌企业未披露海外营收，因此该项目对于新三板相关企业较不可比。由此可见，我国专精特新“小巨人”企业有待进一步开拓海外市场，海外营业收入占比仍有较大的提升空间。

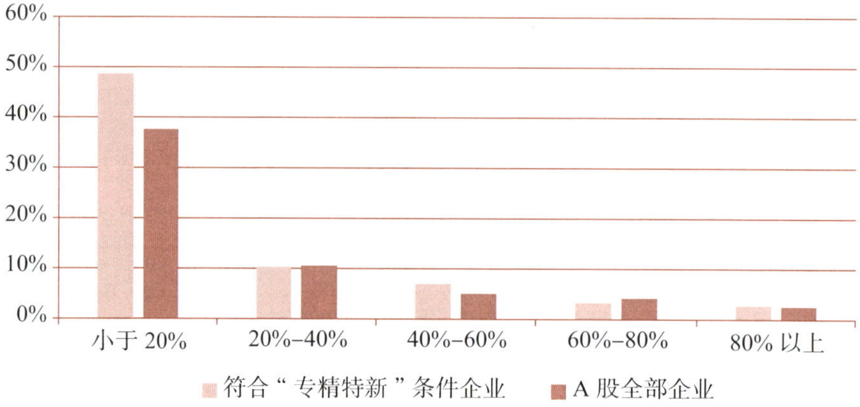

图3–10 A股中潜在专精特新“小巨人”海外营收占比与所有A股上市公司比较

注：以上统计排除了报表中未注明企业海外营业收入的企业。
资料来源：WIND，兴业研究

四是潜在专精特新“小巨人”企业研发人员占比更高。潜在专精特新“小巨人”中研发人员占比在20%以下的企业仅有50%，而所有A股上市公司中这一比例达到了62.94%；潜在专精特新“小巨人”中研发人员占比在20%–40%之间企业的比例为31.92%，而所有A股上市公司中这一比例为16.27%。在研发人员占比40%–60%、60%–80%以及80%以上几个区间段中，潜在专精特新“小巨人”企业的占比也显著高于所有A股上市公司的比例。由于绝大多数新三板挂牌企业未披露研发人员占比，因此该项目对于新三板相关企业较不可比。

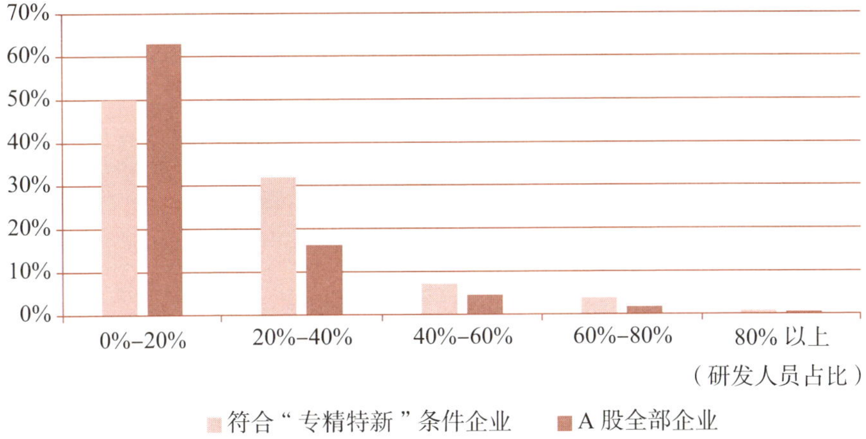

图3-11　A股中潜在专精特新“小巨人”研发人员占比与所有A股上市公司比较

注：以上统计排除了报表中未注明研发人员占比的企业。
资料来源：WIND，兴业研究

五是专精特新“小巨人”企业的成立时间较晚。在所有A股上市企业中，成立于1991年到2000年的企业占比为50.73%，成立于2001年到2010年企业的占比为40.40%。与之相比较，潜在专精特新“小巨人”企业成立于1991年到2000年的企业占比为26.38%，成立于2001年到2010年的企业占比达到了62.18%。新三板“专精特新”企业成立于2000年之后的企业占比为77.35%，而所有新三板挂牌企业中2000年之后成立的企业比例为73.77%。这一现象或许是由于我国改革开放时间仍然较短，因此民营的“专精特新”小企业尚未能炼成“百年老店”。

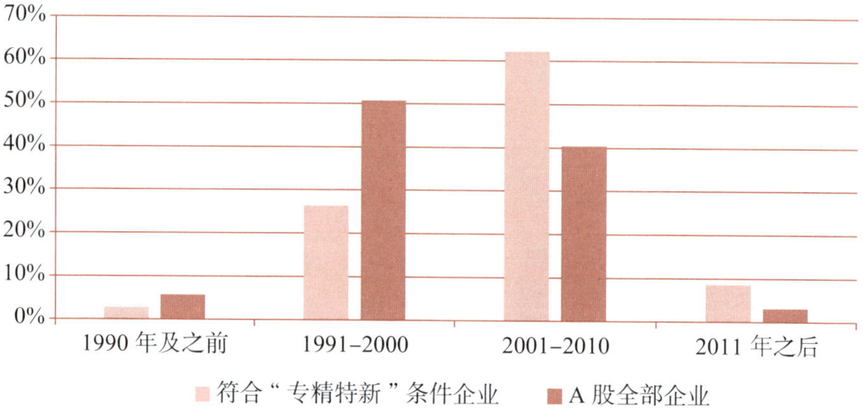

图 3-12　A股中潜在专精特新“小巨人”成立时间与所有A股上市公司比较

资料来源：WIND，兴业研究

三、“专精特新”如何向“隐形冠军”发展

未来在我国企业进一步融入全球化的进程中，伴随着第四次工业革命的到来，我国企业也将迎来更多的“隐形冠军”中小企业。而专精特新“小巨人”在向“隐形冠军”发展的历程中不仅需要借鉴境外“隐形冠军”成功经验，也需要结合我国的相应特点。

（一）持续开展技术研发，使自身技术水平达到并维持在世界先进水平

无论是德国、奥地利还是瑞士的“隐形冠军”企业，在其发展过程中都有研发投入大、研发人员占比高的显著特点。虽然“隐形冠军”已经在全球市场中占据了较大的市场份额，但是为了确保其在特定细分领域的持续性优势，他们并没有故步自封，而是通过持续的研发投

入挖深“护城河”。近年来，我国政府也在引导我国出口企业由“中国制造”转向“中国智造”，通过技术水平的领先夯实生产率领先优势，避免各方面成本上升之后的挑战。未来，我国“专精特新”在向“隐形冠军”发展的道路上，甚至在成为“隐形冠军”之后，应继承研发投入，从而确保自身技术达到并维持在世界先进水平。

（二）探索拓展全球渠道，扩大细分市场的海外占有率

从上文中对于我国A股上市公司中潜在专精特新“小巨人”的分析中不难发现，我国“专精特新”企业目前的海外营业收入占比仍然有较大的提升空间。前文也指出我国“专精特新”企业关注国内的原因可能在于我国幅员辽阔、深度较大。不过，随着我国持续对外开放，进一步融入国际贸易体系，我国“专精特新”中小企业也将迎来广阔的海外市场。

（三）深耕细分专门市场，并以此为切入点稳步探索沿产业链拓展业务

“隐形冠军”的一个重要特点就在于在特定细分市场的市场占有率达到世界前列。对于中小企业而言，其不具备大型企业强劲的财务资源，若要提高市场占有率，只能选择单一特定的细分市场。我国“专精特新”企业成长为“隐形冠军”后，若其有向显性的“跨国大型企业”发展的目标，则可以选择熟悉的业务，逐步沿产业链稳步审慎拓展业务。

（四）避免过急过快扩张，以股权和长期债权性融资支持企业稳定发展

相较于债权型融资渠道，股权型融资渠道可以降低企业的杠杆率，缓解企业短期财务压力，从而使其能够关注于长期发展目标。而相较于短期债权性融资，长期债权性融资可以降低企业的融资成本，避免企业出现资金链断裂。此前，我国部分中小企业过分增高企业杠杆，通过举债快速扩张规模，最后由于财务压力走向破产。而从国际经验来看，德国以“隐形冠军”为代表的中小企业其主要的融资也是长期性的债权性融资。未来，我国“专精特新”企业若希望通过融资稳步发展，其最优选择应当为股权性或长期债权性融资方式。

（五）稳定公司管理架构，减少内部摩擦成本并稳定员工队伍形成凝聚力

德国、奥地利和瑞士的“隐形冠军”公司管理架构相对稳定、员工凝聚力强、离职率低，甚至不少“隐形冠军”还存在以家族或地区社群为基础和依托的情况。依托家族或地区社群的基础，结合现代化的管理体系，西欧德语区的中小企业形成了完善的公司内部管理体系，提高了公司员工的凝聚力，使员工将公司视为长期稳定发展的“港湾”，从而达到提高生产率的目的。

第二节　中小企业科创支持：补助、税收与融资

我国产业结构的转型升级离不开科技实力的提升。作为我国经济的重要组成部分，中小企业数量多、吸纳就业人数多，科研潜力巨大。但是，中小企业规模小、资金实力不足，而科研门槛高、回报周期长。如何调和两者间的矛盾，是政策关心的重点所在。那么，发达国家有哪些相应的科技政策？我国现行科技政策如何？本节将就此展开讨论。

一、中小企业：科技重要动力源

尽管中小企业在科研创新方面，天然地面临着资金、技术、市场等方面的资源劣势，但其数量众多、机动灵活的特性，也使得其成为国家创新的重要源泉。这些均可以从相关国家的数据得到验证。

（一）美国中小企业表现

毋庸置疑，美国当前拥有着全球顶尖的科技实力，而美国中小企业无疑为美国的科技实力贡献了巨大力量。美国的中小企业在吸纳了大量就业的同时，也成为大量技术人才发挥科研实力、追逐科研成果的重要舞台。

得益于美国整体相对成熟的创投体系、相对包容的创业文化，大量技术人才选择自主创业或者进入初创企业中工作。美国人口普查的数据显示，美国高校学生、教职工离校后有超过38%的人前往小企业工作。其中，本科生前往小企业工作的人群占比更是达到47.3%。美国离校的高校学生、教职工有接近10%的人群前往初创企业工作。

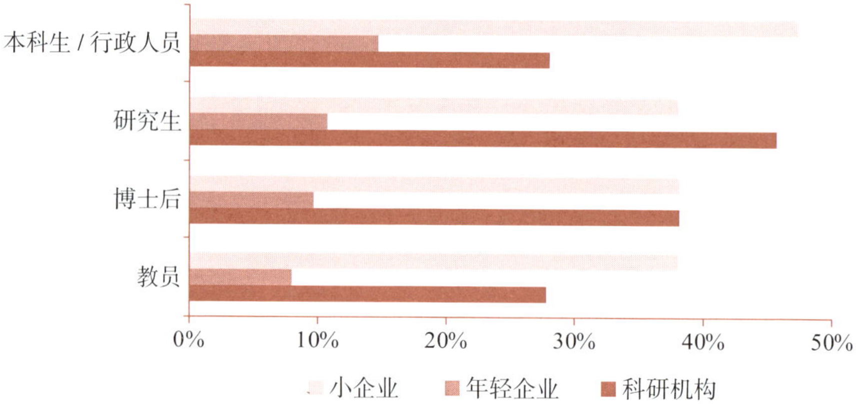

图3-13　美国高校人员离校后就业去向

注：小企业、年轻企业、科研机构口径存在重叠部分，不能直接加总。
资料来源：美国小企业局（SBA），兴业研究

此外，美国小企业局（SBA）披露的数据显示，2018年美国37%的高技术人才供职于职工人数规模不足500人的中小企业。其中，有15%

的高技术人才就职于职工人数不足50人的初创公司。科技型初创企业想在激烈的市场竞争中求生，要拥有更具独创性、更具市场价值的发明创新。中小企业成为美国科技创新的重要力量源泉。

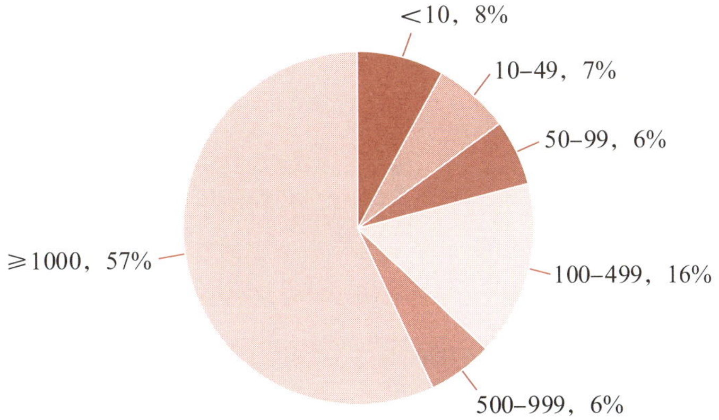

图3–14　2018年美国高技术人才在不同规模企业中的分布情况

注：企业规模以职工人数划分，例“＜10”表明企业职工总数少于10人。
资料来源：美国小企业局，兴业研究

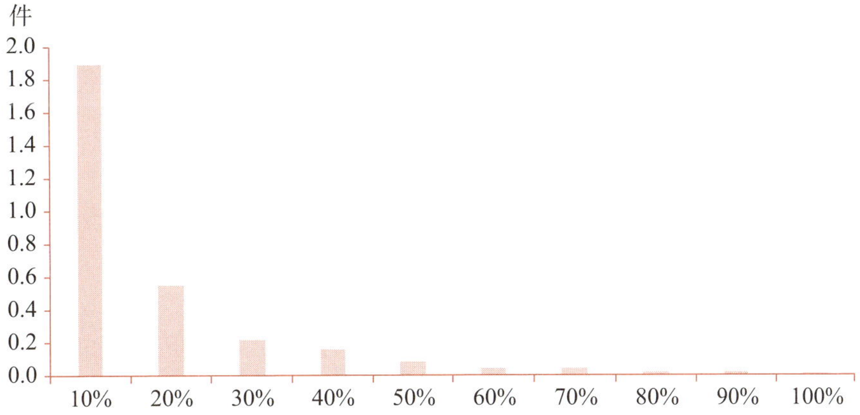

图3–15　按企业规模分不同分位数水平企业人均专利产出数量情况

注：横轴表示企业规模分位数，分位数越小，表示企业规模越小。
资料来源：美国小企业局，兴业研究

数量众多的中小企业在吸纳大量就业的同时，也为美国科技创新贡献了巨大力量。美国小企业局（SBA，2011）相关工作论文对2002–2006年专利授权数量超过15个的1293家企业进行了分析和梳理，其研究结果发现，企业规模越小，人均专利产出数量反而越高。

（二）日本中小企业表现

日本中小企业数量多，占比高。根据日本特许厅2021年数据，日本的中小企业约有358万家，占全企业总数的99.7%。不仅数量众多，日本中小企业中还存在许多隐形冠军，在推动日本科技创新领域起着重要作用。从日本中小企业的国内申请专利占比来看，2016–2020年，日本中小企业外观专利申请件数占全部企业的比例由37%升至41%；而科技含量更高的实用新型专利申请件数占比则稳定在50%以上。而从专利申请的数量来看，与大企业相比，中小企业无论是在外观设计专利还是实用新型专利方面，申请数量均较为稳定，实用新型专利申请数量的中枢甚至有明显抬升。

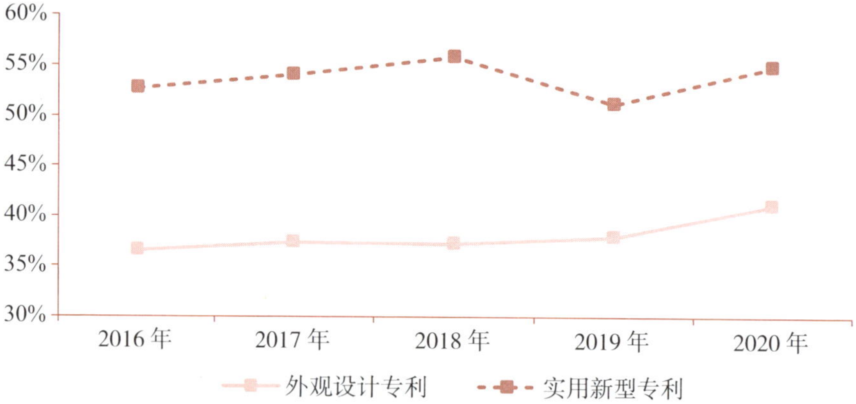

图3–16　日本中小企业在不同类型专利申请中的占比

资料来源：日本专利局，兴业研究

此外，日本中小企业专利质量在持续提升。在2020年发起PCT[①]专利国际申请的企业中，中小企业数量占比达到了56.6%。从PCT专利国际申请的数量来看，中小企业申请的专利数量占比尽管仅为10.4%，但自2016年以来保持稳步增长的趋势。同时，从中小企业海外申请专利占中小企业申请专利总数的比例来看，2019年这一比例达到了17.6%，较2015年提高了2.0个百分点，折射出日本中小企业的国际化意识和专利海外认可度的提升。

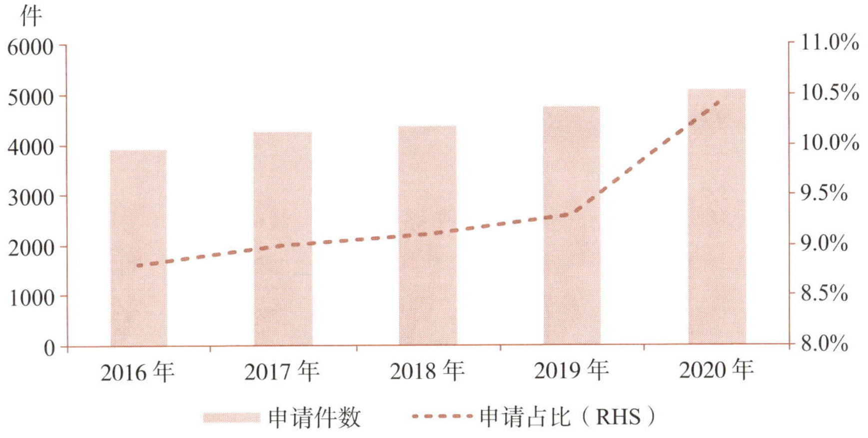

图3-17　日本PCT专利海外申请情况

资料来源：日本专利局，兴业研究

① 注：PCT是Patent Cooperation Treaty的英文简称，指专利合作条约，是在专利领域进行合作的国际性条约；通过PCT专利申请可以将一个发明创造同时向多个国家或地区申请专利时。

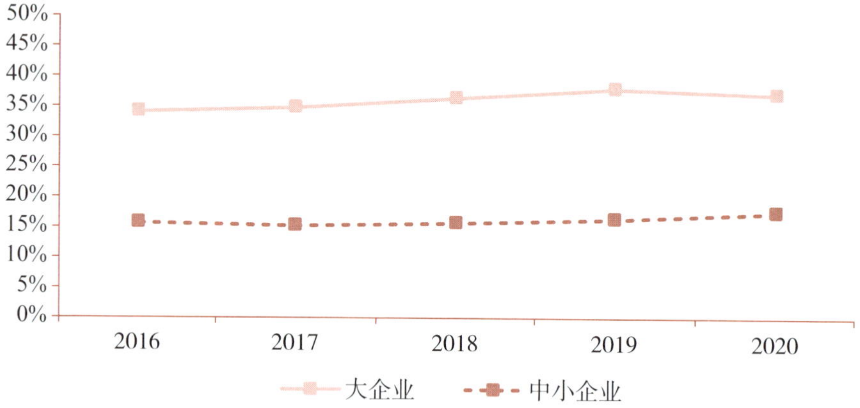

图3-18　日本大型企业和中小企业专利海外申请率

注：海外申请率越高意味着专利的国际认可度越高。
资料来源：日本专利局，兴业研究

二、海外中小企业科技支持政策

中小企业数量众多，运营灵活，是国家科技创新的重要力量。与此同时，中小企业也面临着市场渠道受限、资金实力薄弱、科技转化受限等问题。针对前述问题，主要发达国家有着相应的应对政策支持中小企业科技发展。

（一）美国科技支持政策

1. 资金补助

针对中小企业资金不足的问题，美国有着较为完善的资金补助以及风险投资计划，能够有效地为中小企业发展提供资金支撑。

（1）小企业创新研究资助（SBIR）计划[1]

SBIR计划最早起源于1982年，是《小企业创新发展法案》的重要组成部分。其作为高度竞争的项目，主要用于鼓励中小企业探索自身的科技潜力，并通过技术商业化落地来实现盈利。

SBIR计划的参与主体包括美国农业部、商务部、国防部、教育部等11个部门，美国小企业局则是作为主要的协调管理部门配合跟进。项目计划资金主要来自上述部门的研究开发预算。其要求年度外部研究开发预算超过1亿美元的部门，需将该部分预算的3.2%投向SBIR计划。政府部门每年投向SBIR计划的投资总额已经达到32亿美元。

SBIR计划对要求申请企业符合以下三个条件：

- 办公地点位于美国的盈利性企业
- 项目中美国公民的合计持股比例超过50%
- 公司总人数不超过500人

对于提交的项目申请，11个主体部门会根据企业资质、创新水平、技术创新特性以及市场潜能进行综合评估。**符合要求的小企业将得到项目资金支持，资助将分为三个阶段进行，只有通过上一阶段的考核，才有机会获得下一阶段的支持。**

第一阶段是初创阶段，资金补助为5万–25万美元不等，分6–12个月投入，这一资金主要用于技术特性的探索以及技术可行性研究；第一阶段的优胜者将获得第二阶段的资金补助。

第二阶段的补助一般为75万美元，资金发放周期约为2年。第二阶

① 注：小企业创新研究资助计划全称为Small Business Innovation Research Program，简称SBIR计划。

段的资金主要用于推进第一阶段的研究成果，支持第一阶段中具备技术潜力的项目进行R&D，并进一步评估项目商业化可能性。第二阶段的优胜者将进入第三阶段。

第三阶段的企业处于从实验室向市场转化的阶段。第三阶段并不发放实际的资金补助，更像是对企业项目潜力的表彰与认可。通过第三阶段的企业在寻求民间机构和非SBIR项目的政府机关的资金支持时，优势更为明显。

（2）小企业投资公司（SBIC）计划[①]

SBIC项目是指小企业局对申请参与该项目的私募基金进行审核和筛选，符合项目要求的私募基金可以获得小企业局的资金支持，利用自有资金以及小企业局提供的资金对小企业进行股权或债权投资。SBIC计划旨在通过美国政府的财政资金带动民间资本，为初创型企业提供融资支持。

申请该项目的SBIC，需要达到一定的要求。

- 成熟的管理团队：团队成员能力突出，经验丰富
- 可验证的投资策略：对企业过往投资项目进行追溯，检验投资能力（至少2名投资者在过往10年的投资经历中具备较为成功的经验）
- 完善的基金架构：SBIC的投资架构能够协调投资者与管理者的需求

符合要求的投资方，可以获得美国小企业局（SBA）的资金支持。在资金支持规模方面，对于通过审核的投资方，其作为有限合伙人（LP）每投资1美元，即可获得2美元的政府担保贷款，贷款规模最高可达1500

① 注：小企业投资公司计划英文全称Small Business Investment Company Program，简称SBIC计划。

万美元。充分发挥财政资金的杠杆作用，来撬动民间资本，加大对中小企业的支持力度。**在贷款条件方面，**标准条款下借款期限为10年，同时允许提前还款而无须缴纳罚息。利息为半年付息，利率在美国10年期国库券利率基础上加成溢价确定。**在监管方面，**对于银行资本参与SBIC投资的，其可以免除沃尔克规则下，银行投资对冲基金和私募基金的规模不超过一级资本3%的限制。给予了商业银行更多的投资空间。SBA担保的贷款成本较低，且不参与后续股权投资的利润分配，可以进一步提高这一政策的吸引力。

该项目对小企业投资公司的投资项目设定了具体要求。

首先，小企业投资公司75%的资本金需投资于中小企业，同时被投资的企业需要符合以下三个条件：

- 海外员工比例不超过49%
- 有形净资产（tangible net worth）规模低于1950万美元
- 前两年的平均税后净收入低于650万美元

其次，小企业投资公司至少25%的资本金需投资于规模更小的企业，对被投资企业的要求为：

- 海外员工比例不超过49%
- 有形净资产（tangible net worth）规模低于600万美元
- 前两年的平均税后净收入低于200万美元

最后，小企业投资公司存在一定的投资限制，不得投资于下述几类项目：

- 海外员工比例超过49%
- 房地产企业
- 项目融资

- 转贷者（Re-lenders）
- 对单一项目投入超过可投资资本的10%

2.合作研发机会

中小企业由于自身体量问题，与大学、科研机构的合作相对受限，无法充分发挥自身的研究潜能。有鉴于此，美国设计了小企业技术转移计划、导师-门徒计划来提高中小企业的研究能力。

（1）小企业技术转移（STTR）计划[①]

STTR计划是基于美国1992年《小企业技术转移法案》而成立的专项补贴计划。STTR计划与SBIR计划存在较多的相似之处，但是其更强调小企业与非营利性研究机构（公立大学或国家研究所）之间的合作关系。

STTR计划的参与主体包括美国国防部、能源部、卫生部、国家航空航天局、国家科学基金会5个部门，美国小企业局同样作为统筹管理的部门提供相关支持。项目计划资金来自上述部门的研究开发预算。其要求年度外部研究开发预算超过1亿美元的部门，需将该部分预算的0.45%投向STTR计划。目前，政府部门每年投向STTR计划资金规模达到4.5亿美元。

STTR计划要求申报企业必须与非营利性研究机构合作申报。小企业与研究机构需签订知识产权分配协议来明确后续知识产权的分配情况。对于申报STTR计划的企业，其资质要求与SBIR相同。此外，STTR计划还要求非营利性机构位于美国，并且是以下三类机构之一：公立大学、

① 注：小企业技术转移计划全称Small Business Technology Transfer Program，简称STTR计划。

国内非营利性研究机构或联邦资助国家研发中心。

STTR计划的补助同样分为三个阶段进行，只有通过上一阶段的考核，才有机会获得下一阶段的支持。各阶段的项目主要内容、补助规模与SBIR计划一致。不过由于涉及合作，STTR要求小企业的研发贡献要达到40%，而单家合作的研发机构研发贡献要达到30%。

（2）导师-门徒计划（MPP）[①]

MPP的目的是更好地提高小企业的生存和发展能力。一方面，小企业作为门徒可以从导师企业身上学到更多的经营管理方法；另一方面，小企业可以通过与导师企业的合作关系来获得政府订单。

门徒企业可以从导师身上学习拓展的内容包括以下方面。

- 企业内部管理体系指导：包括会计、营销、生产、战略规划等
- 财务支持：股权投资、贷款、债券发行等
- 业务拓展：战略协同、业务合作
- 政府订单获取：政府招标、政府采购流程指导

在门徒企业本身符合美国小企业定义标准的情况下，导师企业与门徒企业可以成立合资公司为小企业预留政府订单。

不过，美国小企业局要求导师企业与门徒企业要签订合作协议，且协议需自小企业局通过之日起持续6年以上。同时，美国小企业局会定期对导师-门徒的合作关系进行评估，考察导师对门徒不存在实质性的指导和帮助；确定门徒企业不是导师企业的子公司，以避免该项目成为大企业侵蚀政府为小企业预留订单的工具。

① 注：导师-门徒计划英文全称Mentor-Protégé program，简称MPP。

3.政府订单倾斜

中小企业往往难以获得政府订单。快速创新基金[①]（RIF计划）的出现既改善了这一问题，也帮助美国提升了自身国防军事实力。2011年，为了更好地提升科技创新在国防军事领域的应用，美国出台了快速创新项目，后来这一项目被重新授权，改为快速创新基金项目，并由国防部负责管理。

RIF计划有着较为成熟的招标流程，整体分为四个阶段。在阶段一，美国国防部基于自身的项目需求发布机构招标公告（Broad Agency Announcement，BAA），明确科研需求与科研目标。在阶段二，有意向的企业提交3页纸左右的白皮书，简要阐述自身技术的创新点、解决思路。在阶段三，阶段二中评分较高的项目将受邀提供详细的项目申请书，明确推进方案、资金规划等项目细节，参与进一步评选。在阶段四，阶段三中脱颖而出的项目将进行最后的协商与交流，并与美国政府签订合约。

RIF计划对于项目申请有着一定的要求。首先，单个项目资金补助规模不超过300万美元，一般在200万美元左右。其次，项目周期不超过2年，政府则会用1年左右的时间将新项目与现有技术进行融合。再次，项目启动时，要求技术成熟度[②]至少为等级5–6级的水平；在项目完成时技术成熟度需达到等级8级。最后，项目主要向中小企业倾斜。从过往数据来看，RIF计划80%–90%的项目归属于小企业，60%–70%的项目同

---

① 注：快速创新基金项目英文全称为Rapid Innovation Fund Program，简称RIF项目。

② 注：技术成熟度又称为Technology Readiness Level，简称TRL；是美国用于评估技术成熟水平的体系。项目等级分为9级，从基础理论发现到项目成功落地推广，等级越高，成熟度越高。

样得到过SBIR计划的支持[①]。

（二）德国科技支持政策

1.财政资金补贴

“EXIST计划”[②]始于1998年，是德国联邦经济和气候保护部（BMWK）的一项资助计划，旨在营造活跃、可持续的创业氛围。通过在教学、研究和行政等方面提供创业支持，来增加创新型企业的数量。“EXIST计划”由3个分项组成。

（1）EXIST潜力计划

EXIST潜力计划主要是为有创业意向的人员提供有效的交流平台，及咨询和辅导服务。其具体内容包括：

- 为有兴趣成立公司的人开发联络点
- 对潜在创始人进行培训和继续教育
- 为创始人提供广泛的咨询和辅导服务

（2）EXIST启动补助金

“EXIST启动补助金”主要针对以创新技术为导向的创业项目和基于科学知识的创新知识型服务项目，为初创团队提供创业启动补助资金，促进中小企业发展与技术进步。

EXIST启动补助金的资助对象主要包括：

- 来自大学、非营利性研究机构的科学家

① 注：美国海军研究所，《Department of the Navy（DoN）Rapid Innovation Fund（RIF）》，［2022-4-10］，https://www.onr.navy.mil/en/work-with-us/rapid-innovation-fund。

② 注：EXIST计划查于在德国相关政府官网，从官网以及相关网站披露的信息看，EXIST作为一个整体名词，而非某个项目全称的缩写。

- 大学毕业生和前科研人员（毕业或离职5年以内）
- 在申请时已完成至少一半学业的学生
- 最多为三人的创业团队

EXIST启动补助金的资助期限最长为一年，资助内容主要包括三个部分。第一，是通过补助金来保障创业团队的个人生活，其中：

- 拥有博士学位的创始人3000欧元/月
- 拥有大学学位的毕业生2500欧元/月
- 技术人员2000欧元/月
- 学生1000欧元/月
- 儿童抚养补助：每名儿童每月150欧元

第二，公司日常经营所需费用。个人初创企业最高可达1万欧元（团队最高可达3万欧元）。

第三，5000欧元的团队咨询辅导费用。

在资金支持之外，EXIST启动补助金项目还为创业项目提供了较为全面的基础设施和技术支持。一方面，大学或研究机构作为启动网络的一部分，将为创业者提供导师和工作场所，并保证免费使用基础设施。另一方面，创业者可以从初创网络接受辅导服务，受邀参加项目举办的研讨会等来提升自身的运营管理能力。

（3）EXIST技术转移补助

技术转移补助主要是针对创业人员与研究团队合作进行技术转化的项目。为后续项目运营提供有效的资金支持。同时，根据项目运行情况，资助分为两个阶段进行。

第一阶段资助对象为来自大学、研究机构的研究团队与一名具备商业管理技能的人所组成的创业团队。其中，研究团队人数最多不超过3人。

第一阶段的资助内容主要包括最多四个人事职位的人事费用；以及包括耗材、货物、产权、咨询指导费用在内的团队运营费用等。项目资助期一般为18个月左右。对于高度创新且明显特别耗时的开发项目，经专家评审团明确同意，可以授予长达36个月的资助期。

第二阶段的资助对象则是在第一阶段成立的以技术为导向的小型公司，并且公司的起始出资额至少为2.5万欧元。第一阶段的主要技术团队将其研究成果和人力贡献给新公司，并至少一人参与新公司管理层。

第二阶段的资助内容主要包括：最高为18万欧元的项目补助，但补助资金不得超过项目特定成本的75%。为公司提供最高6万欧元的股权投资，但是作为先决条件，企业自身出资比例至少达到25%。原则上，第二阶段的资助期不应超过18个月。

2. 财政税收优惠

2019年德国颁布了《科研津贴法案》，提出自2020年1月起，为企业提供R&D科研经费税收优惠，[①]旨在鼓励私人部门的科研创新。这一税收优惠适用于所有规模的企业。

根据法律规定，企业最高25%的研发费用可以用于每年年末抵扣企业所得税。[②]同时，企业可以申报的研究费用总额最高为400万欧元，这意味着企业可通过研发费用最高抵扣100万欧元的企业所得税。对于未营利的企业而言，其仍然可以通过申报该项税收优惠来形成递延资产，

---

① 注：德国联邦经济和气候保护部官网，《Innovation Policy》，［2022–4–10］，https://www.bmwi.de/Redaktion/EN/Dossier/innovation–policy.html。

② 注：Shapersheets，《Germany’s R&D Tax Credit：Save Up To €1M In R&D》，（2022–2–18），［2022–4–11］，https://sharpsheets.io/blog/germany–rd–tax–credit–startups/。

等企业实现盈利后从企业所得税中予以抵扣。

目前，有两类研发费用支出适用于该项税收优惠：研发人员薪酬工资和项目研发转包费用。两者的使用抵扣率分别为25%和15%。

3. 科技企业融资支持

德国有着较为完善的风险投资，以支持初创企业、科技企业的发展壮大。

（1）风险投资体系

KFW资本（Kreditanstalt für Wiederaufbau Capital）是德国复兴信贷银行KFW设立的全资子公司，以新设或投资已有创投基金的方式参与初创企业投资。其要求被投资基金符合以下条件：承诺投资于德国初创企业或以创新技术为导向的成长型公司；基金规模不低于5000万欧元，主要由私人投资者管理；有明确的投资和退出策略。KFW资本在单只基金中的投资上限为2500万欧元，不超过基金总份额的20%。

欧洲天使基金（European Angels Fund）通过投资成熟的风险投资基金、与风投基金共同投资的方式来支持创新型中小企业的发展。投资规模以及参与程度视具体情况而定，一般投资规模在25万欧元到500万欧元不等。

高科技初创基金（High-Tech Start-Up Fund，HTGF）是面向处于早期阶段的具备较高创新性、以技术为导向的中小企业，企业成立年限一般少于3年。其要求申请企业具备较强的技术创新性和较强的市场前景。一般来说，单一企业初始融资资金在100万欧元左右，总投资规模最高可以达到300万欧元。资金主要来自德国经济事务部和德国复兴开发银行。同时，目前有越来越多私人部门参与到HTGF投融资中。

欧洲复兴计划风险投资基金（ERP-Venture Capital Fund）主要投资德国境内的科技型中小企业。一般的投资规模在2000万欧元左右，最高可以达到6000万欧元。同时，ERP风投基金在投资时，一般会和私人部门投资方以相同的条款共同出资投资，进而撬动更大规模的社会投资。

Coparion基金是由欧洲复兴计划特别基金、KFW资本和欧洲投资银行共同出资成立的风投资金。项目主要投资于创新型青年企业，计划吸引50%的社会资本共同对创新型企业进行直接投资。单项目的投资上限在1000万欧元左右，现在因新冠疫情影响而上调至1500万欧元。

（2）风险投资补助金

INVEST项目是由德国经济事务与能源部主导的针对风险投资公司的补贴项目。其致力于支持私人部门加大对初创科技型企业的股权投资。在这一项目下，天使投资人在投资阶段可以获得其投资总额20%的资金补助。此外，个人投资者在卖出股权退出时还能获得等同于25%股权增值额的补助金。这一补助可以用于弥补股权退出时所带来的资本利得税，不过天使投资人的持有周期至少在3年。

投资人每年投资于单一公司的规模不超过300万欧元，方可申请该项补助。每位投资人每年可以获得最高50万欧元的补助金。

（三）日本科技支持政策

1.财政资金补贴

（1）日本企业生产力提升专项补助金

日本政府设立该项补助是为了支持中小企业开发、创新服务和产品，改进生产流程，支持日本国内企业的资本投资。申请该项补助的中小企业，需要制定并实施符合以下要求的未来3–5年的商业计划：企业利润年增长率至少为3%；支付的工资总额每年至少增加1.5%。

该项目根据企业类型的不同提供不同的补贴金额。

- 普通型企业：最高补贴金额1000万日元
- 全球扩张型企业：最高补贴金额为3000万日元
- 商业模式建设类企业：最高补贴金额为1亿日元

由外部专家组成的审查委员会对申请补助的项目进行审查，并决定补助对象。补助对象在完成原型和新服务开发、资本投资后，报告成果状况，经审核通过后可领取补贴。同时，在项目结束后的5年内，企业仍需每年汇报成果情况。

（2）战略性基础技术进步支持计划

该计划致力于推进中小企业与大学、公共研究机构进行研究开发，并实现研究成果的商业化落地。其为技术开发、产品原型设计、发展销售渠道拓展等提供全方位的支持。

该计划的服务对象主要包括：大学、公共研究和测试机构、终端产品的下游制造商、中小企业。研究和开发的目的必须是推进基础制造技术，如信息处理、精密加工和立体光刻技术。

该计划提供的补助金额最高为每年4500万日元，三年合计补助金额不超过9750万日元，补助比例一般为公司相关费用的2/3以内。补助资金的用途包括人事费、酬金、差旅费、设备和用品，如机器设备、消耗品、调试费用以及研究开发所需的其他费用。

（3）小企业创新研究补贴

小企业创新研究补贴项目是根据日本《科技振兴法》确立，为特定新技术或者指定项目提供资助，资助对象为项目相关的中小型企业、研究人员。补贴内容具体包括以下几个方面。

- 专利费等相关费用减免
- 信用担保特别措施，包括提供创业保险，提高保险额度等
- 日本政策性金融公团提供优惠利率贷款：新公司发展贷款利率为基准利率下调0.4%；赠款指定的补助项目利率为基准利率下调0.65%
- 《中小企业投资发展法》规定的特别措施
- 中小企业人才保障服务：将公司列入“JREC-IN”[①]门户网站
- 为中小企业提供技术能力展示的平台：包括SBIR网站、J-Good-Tech平台、“新价值创造展”参展优惠等

2. R&D税收优惠

日本企业进行研究活动所产生的相关费用，可按照一定比例抵扣企业所得税。中小企业在税收抵扣比率、最高扣除额方面享受更高的优惠力度。这其中涉及中小企业的认定标准。根据相关规定，中小企业需满足以下条件：

- 资本金或投资不超过1亿日元的法人实体
- 无资本金或投资，但拥有1000名以下雇员的法律实体
- 全职雇员少于1000人的独资企业

同时，部分企业即使符合上述标准，在税收制度下也不被认为是中小企业，具体包括：

- 大型企业的全资子公司
- 50%以上的投资额来自国外公司
- 从两个及以上的大型企业获得2/3以上的资本金

① 注：JREC-IN全称Japan Research Career Information Network，是帮助日本科研机构与科研从业人员匹配工业机会的平台网站。

- 前三财年的年度收入均值超过15亿日元

R&D税收优惠主要包括两个部分。第一，中小企业研发费用税收优惠。其允许从公司所得税中扣除一定比例的测试和研究费用。其中，中小企业研发费用抵扣率一般为12%–17%，而大公司的抵扣率则为2%–14%。

第二，特殊研发费用的税收优惠。这一优惠针对与大学、科研机构联合或委托研究费用；支付的知识产权费用以及特殊的R&D费用。政策允许将一定比例的前述费用在计税时从税基中扣除（而非直接抵税）。扣除比例视交易对手方的不同而定。

- 大学或其他研究机构：30%
- 科研企业：25%
- 其他私人企业：20%

3. 协同创新合作伙伴项目[①]（CIP）

该项目旨在帮助企业、大学、公共研究机构等研究主体，通过合作成立CIP这一非营利性法人单位，来共享研究人员、研究经费、设备等进行联合研究，共同管理研究成果，共同受益。

- CIP作为联合研究机构，具备独立的法人资格，可作为各类交易的主体或登记持有人
- CIP中成员研究产生的研发费用可享受研发税收优惠
- 对CIP采购的用于测试和研究的资产实行优惠税收
- 可以按照规定减免专利费用等
- 研发完成后，CIP可通过组织变更、分拆、重组等方式实现研究

① 注：协同创新合作伙伴项目又称为Collaborative Innovation Partnership，简称CIP。

成果的转移和落地，实现商业化落地

三、我国中小企业科技发展现状

在我国科技发展的过程中，我国中小企业作为重要力量，同样有着无可替代的作用。与此同时，我国中小企业在进行科研创新的过程中也面临着自身体量较小、资源不足的客观限制。因此，面向中小企业的科技支持政策则显得尤为重要。

（一）中小企业的科研力量

我国中小企业在科技领域的重要性持续凸显。第一，高技术中小企业数量多，占比高。国家知识产权局披露的数据显示，截至2021年年底，我国共培育了国家知识产权优势示范企业5729家，其中中小企业占比超过76%[①]。这些企业的研发投入强度、平均有效发明专利拥有量等相关指标均高于全国企业的平均水平。

第二，中小企业的专利授权占比高。尤其是在经济较为发达的地区，中小企业的科研资源更足、发展空间更广，专利授权占比普遍高于大型企业。北京市发布的《2021年北京市中小企业发展报告》披露的数据显示，2021年北京中小企业获得授权的专利占比达到61%[②]。江苏省发布的《2020年江苏省中小企业知识产权统计报告》披露的数据显示，“十三五”

① 资料来源：中国经济网，《国家知识产权局：共培育国家知识产权优势示范企业5729家中小企业占比超过76%》，（2022-1-13），［2022-4-13］，http://www.ce.cn/cysc/zljd/gd/202201/13/t20220113_37254438.shtml。

② 资料来源：北京市经信局，《2021年北京市中小企业发展报告》，（2022-3-7），［2022-4-14］，http://jxj.beijing.gov.cn/zwgk/zfxxgk/zfxxgkml/202203/t20220307_2623697.html。

期间江苏省中小企业专利授权量和商标注册量全省占比分别为58.13%和92.37%[①]。上海市2020年发布的《上海市中小企业知识产权发展情况报告》显示，上海市中小企业专利不仅总体数量稳步增长，质量也在持续提高，总体贡献超过7成[②]。

第三，中小企业的技术收入占比逐步提升。历年《火炬统计年鉴》披露了高新区内不同规模企业的技术收入情况。我们可以发现，近年来中小微企业技术收入占高新区内全部企业技术收入的比重在逐步提升。2019年，中小微企业技术占比达到39.0%，较2016-2018年的占比均值提高了8.1个百分点，显示出中小微企业技术竞争力的增强。不过2020年由于疫情影响，中小微企业技术收入占比回落了12个百分点。

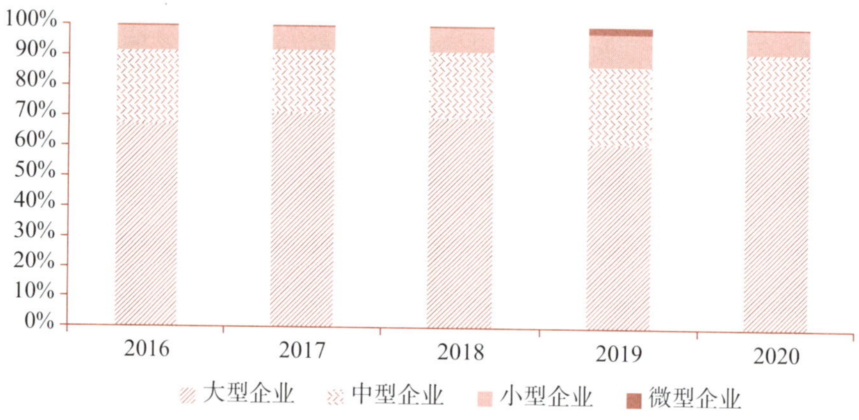

图3-19　历年不同规模企业技术收入占比情况

资料来源：历年《火炬统计年鉴》，兴业研究

① 资料来源：中国知识产权资讯网，《江苏中小企业专利授权量同比增长96.36%》，（2021-4-22），[2022-4-13]，http://www.iprchn.com/cipnews/news_content.aspx?newsId=128626

② 资料来源：人民网，《上海市中小企业知识产权情况调研报告公布》，（2020-9-21），[2022-4-14]，http://sh.people.com.cn/n2/2020/0921/c134768-34306828.html

第四，中小企业的专利产业化率表现稳定。专利产业化率用来衡量专利的落地、应用能力，是技术转化的重要衡量指标。我国国家知识产权局发布的《2021年中国专利调查报告》披露了不同企业规模，不同类型专利的有效专利产业化率。从数据表现来看，我国中型企业和小型企业的有效专利产业化率与大型企业基本相同，专利落地转化的效率相当。但是微型企业的专利转化效率偏低，仍有进一步提升空间。此外，从三种类型专利的产业化率来看，我国企业的发明专利产业转化率要低于实用新型专利，低于外观设计专利，科研成果从实验室向产业落地推进的效率仍有提升空间。

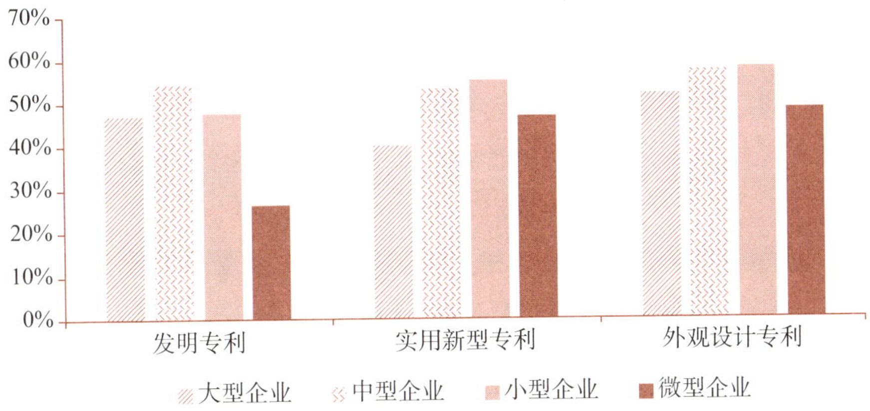

图3-20　不同类型企业不同专利的有效产业化率

资料来源：《2021年中国专利调查报告》，兴业研究

（二）中小企业发展难点

不过，当前我国中小企业的科技创新也仍然存在诸多发展难点、痛点，亟待政策的进一步解决。

一方面，中小企业科研资源受限。《2020年中国专利调查报告》对我国不同规模企业的合作研发对象进行了调查。其调查结果显示，企业规模越大，其与高校、科研单位、政府部门的合作占比越高。尤其是在与高校、科研单位合作方面，大型企业占比达到了58%，而微型企业占比仅为20%，两者差距较大。同时，在与产业链企业研发合作中，不同规模企业基本相同。

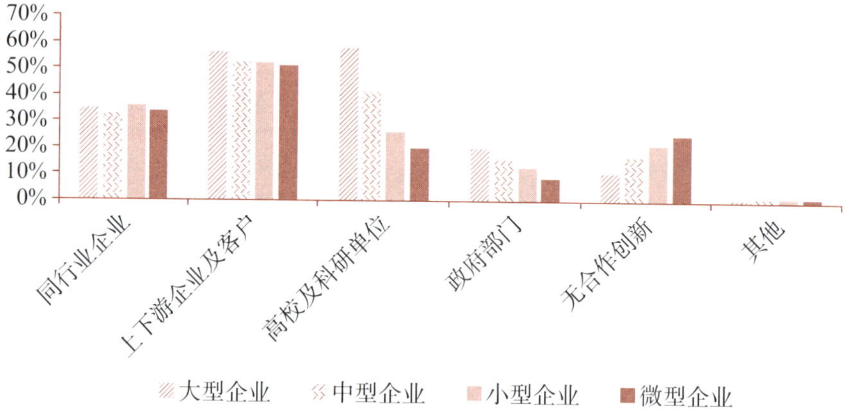

图3-21　不同规模企业合作创新的对象占比

注：因为同一项目可能存在不同合作对象，故单一规模企业占比加总不为100%。因2021年报告不含该项数据，故选用2020年报告数据。

资料来源：《2020年中国专利调查报告》，兴业研究

另一方面，中小企业科研原创能力薄弱。专利许可收益情况一定程度上反映了专利的有效性和市场认可度。从《2021年中国专利调查报告》披露的专利许可收益分布情况来看，中小微企业的专利许可收益集中在5万元以下，而许可收益在1000万元以上的占比偏低。大型企业的专利许可收益较高，其中5000万元以上的占比更是达到了12.0%。

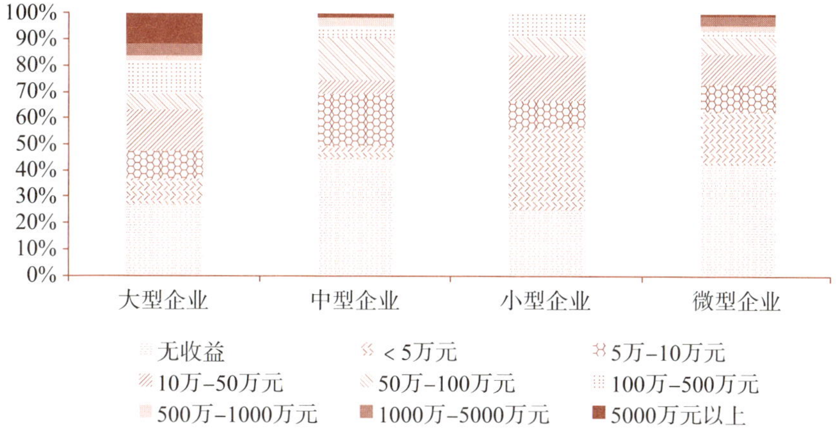

图3–22　不同类型企业专利许可收益情况

资料来源：《2021年中国专利调查报告》，兴业研究

四、我国中小企业科技支持政策

经过多年的发展和探索，我国面向中小企业的科技支持政策趋于体系化，政策内容进一步细化，更加精准地解决中小企业在发展过程中所遇到的难点痛点。

（一）财政资金奖补

财政资金对中小企业科研的支持形式多样，除了给予直接的奖励、补助之外，还通过科技创新券等多种模式为中小企业提供资金补助，带动中小企业的研发热情。

1.直接奖补

各地对于被认定为瞪羚企业[①]、“专精特新”企业、“小巨人”企业以

① 注：“瞪羚企业”是指创业后跨过死亡谷以科技创新或商业模式创新为支撑进入高成长期的中小企业。认定范围主要是产业领域符合国家和省战略新兴产业发展方向。

及被纳入科技型中小企业库的企业，往往会提供对应的财政奖补资金。不同省份、不同城市的奖补金额有所差异，具体视各地政策而定。

2. 科技创新券

科技创新券是指通过政府购买的方式，利用财政资金向服务机构购买相应的科技服务所形成的配额凭证。政府向科技型中小微企业或创客发放创新券，企业或创客用创新券向研发机构、研发人员购买科技成果或研发、设计、检测等科技服务。不同地区对于每家企业的创新券发放额度上限、每次使用额度占总服务金额的比例规定有所不同。当前，政策正在积极推动科技创新券跨区域“通用通兑”。

3. 财政贴息

中小企业融资难度大，融资成本高，同时其自身盈利能力相对薄弱。政府通过财政贴息、贴担保费用的方式为中小企业贷款提供支持，降低中小企业的融资成本。同时，通过引入担保机构的方式来实现中小企业增信，降低融资难度。

4. 租金补贴

我国鼓励初创企业入驻“孵化器”，同时给予初创企业更加优惠的租金，使得初创企业可以获得孵化器提供的相关服务。而租金优惠则通过税收优惠、财政直接补贴等方式提供。

（二）税收优惠政策

企业研发费用税前加计扣除政策，允许企业加计研发费用来降低企业所得税，鼓励企业加大科研经费投入力度。2021年3月，财政部和税务总局发布了《关于进一步完善研发费用税前加计扣除政策的公告》，规定制造业企业开展研发活动中实际发生的研发费用，未形成无形资产计入当期损益的，在按规定据实扣除的基础上，自2021年1月1日起，再按照实际发生额的100%在税前加计扣除；形成无形资产的，自2021年1月1日起，按照无形资产成本的200%在税前摊销。这一规定适用于所有制造业企业，无论企业规模大小如何。

针对中小企业，我国也出台了科技型中小企业研发费用税前加计扣除政策。近年来，我国稳步提高科技型中小企业研发费用的加计扣除比例，给予科技型中小企业更大的政策优惠力度。2022年3月，财政部、税务总局和科技部联合发布《关于进一步提高科技型中小企业研发费用税前加计扣除比例的公告》，规定自科技型中小企业开展研发活动中实际发生的研发费用，未形成无形资产计入当期损益的，在按规定据实扣除的基础上，自2022年1月1日起，按照实际发生额的100%在税前加计扣除；形成无形资产的，自2022年1月1日起，按照无形资产成本的200%在税前摊销。税前加计扣除比例由75%提升至100%；无形资产成本税前摊销比例则由175%升至200%。

两项政策对中小企业的覆盖存在一定的重叠，两者优惠不能叠加，符合两项政策要求的中小企业可以选择任一税收政策进行税务处理。

（三）企业融资支持

中小企业融资难、融资贵一直是老大难问题。对于科技型中小企业而言，前期研发资金投入更大，投资回报周期更长，融资压力进一步凸显。因此，对于科技型中小企业的融资支持就显得尤为关键。经过多年发展，我国科技金融工具更加丰富和完善。

1. 政策性基金

2020年7月，国家中小企业发展基金有限公司在上海正式挂牌成立，成为我国首只为扶持中小企业发展而设立的国家级母基金。国家中小企业发展基金有限公司深度整合了政府资源，设定了严格的子基金筛选标准，有效地发挥财政资金的杠杆作用，撬动更广泛的社会资本参与对中小企业的投资活动。

国家中小企业发展基金对于子基金设定了较为明确的管理目标：

- 设立形式：原则上为有限合伙制
- 存续期限：原则上不超过8年，投资期3年（最多4年），其余为退出期
- 设立规模：单只子基金总规模不低于15亿元，国家中小企业发展基金出资比例不超过30%
- 认缴出资：管理机构认缴出资不低于子基金认缴总规模的1%
- 收益分配：先回本后分红；低于门槛收益率（不低于税前8%）时，管理机构出资部分不参与收益分配；超出部分先提取绩效，后按出资比例分配

对于基金投向，国家中小企业发展基金也进行了明确规定。从投向上看，子基金原则上不分行业和区域，但应严格执行《政府投资基金暂行管理办法》（财预〔2015〕210号）中有关禁止从事业务的规定及国家政策限制类行业。同时，子基金投向种子期、初创期成长型中小企业占比不低于可投资总规模的60%。对于种子期、初创期成长型中小企业一般要求符合“522”条件：

- 职工总人数不超过500人
- 年销售额（营业总收入）不超过2亿元
- 资产总额不超过2亿元

同时，为了保证资金的投资效果，国家中小企业发展基金对于管理

机构也有着较为严格的要求。除了对注册资本金、机构团队配备情况、管理资质等方面存在要求外，国家中小企业发展基金还对管理机构的历史管理业绩提出了较为明确的要求，具体包括：

- 累计已投资项目中：已退出的符合“522”条件中小企业项目数量不低于5个，累计已退出项目的平均收益率不低于50%
- 累计管理的与子基金具有相同性质的基金产品，其加权平均DPI[①]须达到一定的比例，具体标准视其所处的阶段而定

2. 科技信贷业务

由于抵质押物不足、信息不对称问题严重，过往银行对科技型中小企业的融资支持有限。近年来，金融创新的推进一定程度上改善了前述问题，推动了科技信贷业务的发展。典型的科技信贷业务包括以下几种类型。

第一，“投贷联动”模式。在“投贷联动”模式下，银行与专业投资机构联合为科技型中小企业提供债权+股权的组合融资。在这一模式下，专业投资机构为银行提供企业审核的专业支持，银行为企业提供部分债权融资，避免股权过快稀释，实现三方共赢。部分银行则是在业务试点过程中，通过在信用贷款中附加认股期权的方式发放科技信贷。

第二，仪器设备信用贷款。仪器设备信用贷用于支持中小企业购置研发、生产所需的仪器设备。政府与银行、科技平台共同成立一定规模的风险资金池，并按照一定的比例为贷款企业增信兜底。中小企业提出仪器设备购置的信贷需求，平台审核后出具推荐函，银行审核通过后放

① 注：DPI即基金投资回报倍数，指基金累计给LP的已兑现的回报与LP累计投资额的比值，体现出基金收益表现。

款。中小企业拥有仪器设备的使用权、所有权，但需将仪器设备放置于平台进行市场共享，共享收益归企业所有。同时仪器设备需进行质押。一旦出现信用风险，仪器设备进行市场化处置后归还贷款，差额部分由风险池三方按照一定比例承担损失。

第三，知识产权质押融资。银行与知识产权评估机构进行合作，评估中小企业的专利质量、市场价值，进而为其提供知识产权质押贷款。对于部分重点科技型中小企业，如国家级、省级“专精特新”企业，部分银行在审核评估的基础上直接为其提供信用贷款。

第四，政银保联动授信担保。政府集中遴选科技型中小企业，并由担保公司集中提供担保。银行发放长期贷款，地方财政则给予担保公司一定的补偿，为中小企业增信，推动银行为中小企业提供信用贷款。

（四）小结

整体来看，当前我国支持中小企业科技发展的政策体系已经初步成型。同时，随着政策经验的逐步丰富和完善，政策内容更加多元，政策细节也更加成熟。针对中小企业科技发展的痛点，未来政策可以在下述领域进一步强化。

第一，政府订单支持。科技项目往往体量较大，要求较高，中小企业较难参与。政策可以持续发力，减少中小企业参与政策采购的阻碍，甚至主动提供订单倾斜。一方面，可以学习美国RIF计划，定期制定面向中小企业的技术招标清单，促进中小企业研发能力与政府技术需求对接。另一方面，鼓励中小企业联合体、中小企业+科研机构、中小企业+大企业等，共同参与政府项目招标。

第二，中小企业能力提升。中小企业自身的经营管理、科技研发能力较之大型企业，仍存在较多不足。除了资金、订单的支持外，相关业务能力的培训也可以极大地提高中小企业的生存能力。首先，可以学习美国的导师-门徒计划，鼓励大企业与中小企业结对子，通过经验传授带动中小企业发展。其次，可以学习德国的EXIST潜力计划，为中小企业创始人提供交流、咨询、培训平台，促进中小企业创意交流。最后，可以学习日本的CIP计划，鼓励中小企业与大学、科研机构共享研究资源，分享研究成果，并通过市场化运作的方式推动研究成果商业化。

第三，海外市场开拓。在全球化的大背景下，中小企业若能够更快更好地对接国际资源，无疑可以进一步提升自身的科技实力。但是中小企业缺乏足够的资源支撑其出海。因此，我们可以效仿德国的海外中小企业办事处模式，在重点国家地区为中小企业出海合作提供一定年限、一定规模的资金、场地和资源支持。

第四章　商业丛林中的幼兽
——中小企业与产业发展

第一节 产业集聚、园区与中小企业发展

从全国各地的产业分布来看，不同地区由于自身禀赋、发展水平以及政策导向的不同，产业结构存在明显差异。同时，从工业园区定位反映的产业集聚水平来看，不同地区的产业导向以及产业能级差别较大。那么到底是哪些因素影响了产业集聚？产业集聚存在哪些影响？本节将从现有研究角度入手，进行解答。

一、产业集聚概念及测度

从不同的视角出发，对产业集聚的定义均有所不同。一般认为，马歇尔（1890）提出的“工业地区”概念是产业集群概念的雏形。其将集中于某些地方的工业称为“地方性工业”，并认为地方性工业的形成主要是因为“自然条件”和“宫廷的庇护”。

韦伯（1909）则在《工业区位论》中，基于工业区位理论指出，特殊空间网络内的关联产业、企业间的集聚形成了产业集聚。并从区域因素、集聚因素出发解释产业集聚现象。

Porter（1998）则基于产业链视角，提出产业集聚是产业链上下游及产业内企业实体间通过一定的模式在一定地理空间内的集聚。

尽管视角有所不同，但研究者们基本都认同产业集聚本身是产业内企业在空间范围内的集聚。Gleaser & Henderson（1994）根据空间范围内集聚的企业相互关联程度将集聚分为专业化集聚和多样化集聚。**专业化集聚**指同类产业或者在产业链上相互关联的企业在空间范围内的高度集中。**多样化集聚**则是指不同产业的企业在空间范围内的集聚，多样化集聚是研究城市化、城市经济的重要理论基础。

当前衡量产业集聚程度的指标主要包括区位熵、行业集中度、赫芬达尔指数、空间基尼系数以及EG指数。这些指标由于计算方法不同，各有侧重。

二、产业集聚的推动因素

不同学派由于研究视角不同，对于产业集聚形成机制也有着各自不同的解读。

（一）经济理论解释

1. 外部经济理论

如前文所述，产业集聚研究最早可追溯到马歇尔（1890），其提出的“产业区”概念成为产业集群的雏形。马歇尔首创性地提出了“内部经济”和“外部经济”这两个相对的概念。内部经济是指企业通过自身技术、人力、资本等要素投入、效率的提升带来生产成本的下降。外部经济则是指企业外部因素如区位、交通、市场容量等对企业经济效益的提升。正是因为存在外部经济性，相同产业内的企业才会在一定的空间区域内集中，进而形成特定的工业地区分布。

2. 新经济地理学理论

以克鲁格曼为代表的新经济地理学强调运输成本、规模经济、市场规模以及各个产业之间的投入产出联系。新经济地理学理论，突破了传统经济学理论的“规模报酬不变”和“完全竞争”这两个基本假设，构建了“规模报酬递增”和“垄断竞争”假设下的新经济地理模型。这一模型的关键在于“核心－边缘模型”。在克鲁格曼（1991）构建的两地区、两部门一般均衡模型下，农业部门产业地点固定，而垄断竞争下的制造业部门可自由选择产业地点以实现利润最大化。其认为当一个地区使企业交通成本更低、规模经济递增并且制造业市场容量更大时，企业会倾向于选址在该地区。同时，随着企业规模扩大，该地区的吸引力也会进一步增强，将引致更多企业在此集聚。因此，两地区中如果有一个地区具备一定优势，所有制造业企业就会集聚到该地区。

3. 竞争优势理论

竞争优势理论主要是基于迈克尔·波特（1990）在《国家竞争优势》一书中所提出的理论形成的。波特在本书中创造性地提出了“产业集群”（industrial cluster）概念。竞争优势理论将产业集群作为一种产业组织形式，并研究其内外部的竞争合作。他认为大量具备产业联系企业的空间集聚可有效提高集聚区内企业的竞争优势。企业的竞争优势可以来自两个方面：一方面，通过研发合作、信息流通、需求发掘来加强产业集群的创新能力；另一方面，通过产业间资金、技术、人才合作，降低产业进入门槛，培育更多新企业以提高产业群整体实力。

4. 交易成本理论

作为一种组织形式，产业集聚可以大大促进企业间的信息交流和沟通。在较为相近的产业背景下，沟通合作频率的提升有助于增强企业间的默契，培养公共的产业文化、企业文化，进而可以有效地降低企业之间的交易成本，提高整体的经济效率。在许多地区产业集群中，往往存在许多产业链企业间的赊销、借贷。产业集群内企业合作机制更为普遍，企业间融资事件的增多体现了产业集群较低的交易成本。

（二）主要推动因素

1. 外部效应

相关研究主要是从规模报酬、运输成本、市场规模等因素来分析外部效应对产业集聚的推动作用。

Kim（1995）使用了1840–1987年间美国农业和制造业联邦普查数据、年度调查数据来研究产业集聚的主要影响因素。其研究结果认为，要素禀赋的变化和规模经济效应的存在，是推动美国生产专业化、局部化的主要原因。

Akita & Miyata（2005）使用日本80个行业1985–1995年的数据来分析日本产业集聚形成的主要原因。其回归结果显示，内部规模经济、要素密集度和运输成本是影响产业集聚的最主要因素。

Coughlin & Segev（2000）利用美国1989–1994年间外商独资工业企业数据，采用负二项回归模型来研究影响企业选址的关键因素。其研究结果发现，交通基础设施对于企业集聚具有较为明显的正向作用。

路江涌、陶志刚（2007）利用了我国1998–2003年国家统计局工业企业数据库来研究我国制造业产业集聚的影响因素。在模型方面选择了动态估计过程模型。其研究结果显示，地方保护主义很大程度上限制了我国制造业的产业集聚；同时，外溢效应、运输成本和自然禀赋是产业集聚形成的重要原因。

周海波（2017）采用了1997–2012年我国29个省市面板数据，在新经济地理模型的基础上，引入了交通基础设施变量来研究其对产业集聚的影响。其研究结果认为，交通基础设施的发展可以有效推动产业集聚而促进区域经济增长；但当前集聚所导致的拥挤效应增强时，交通基础设施发展可持续性就会受限。

不过，部分研究认为外部效应的影响其实并不显著。Audretsch & Feldman（1996）采用美国1982年163个四位数行业的截面数据来研究外溢效应对产业集聚的影响。其选取了各州产业研发基尼系数、产业自然资源投入比、产业规模、产业运输成本、产业研发支出比、产业人力资本比、产业在大学研发中的支出等因子进行回归。研究结果认为，产业规模以及产业要素投入情况是决定产业空间集聚的主要因素，但是产业研发的空间分布影响并不显著。

Baldwin & Okubo（2006）在新经济地理学基础模型之上，进一步加入了企业规模和企业产业迁移成本因素，其研究发现，产业集群推动了企业生产率提高；与此同时，在空间选择效应下，生产率更高的企业也更倾向于向核心区域集中以获得更广阔的市场。选择效应说明，传统的实证研究在一定程度上夸大了集聚经济的作用，因为产业集群内的企业其往往本身就有着更高的生产率。同时，由于空间选择效应的存在，高生产率企业迁移成本更高。由此导致的结果是，边缘区域的招商引资补贴政策，实际上对低生产率的企业更有吸引力（获取补贴）。因此，区域产业政策反而可能加剧了区域产业的分化，导致了政策效率低下。

不同研究成果由于假设不同、选取变量不同，研究结论也存在差异，但总体来看，现有研究成果仍然支持外部效应是影响产业集聚的最重要因素。

2. 外资引导

FDI的流入除了为产业发展提供资金之外，也带来了全球性的技术和观念。同时，为了提升自身在东道国的适应性，增强抗风险能力，FDI在流入区域上存在一定的趋同性。这意味着**FDI同样具有产业集聚效应**。

Hood & Peters（2000）认为，跨国公司是推动地方产业集群产生和发展的重要力量。跨国公司子公司自主权越强、人力资本水平越高，出口能力越强、与地方企业和研究机构的联系越紧密，则其影响力越强。

冼国明、文东伟（2006）使用我国1985年、1995年工业普查数据和2004年经济普查数据，通过固定效应面板模型来研究FDI对我国产业集聚的影响。其研究发现，FDI是推动我国制造业向沿海地区集聚的重要力量，并且彼时这一力量仍然在不断加强。我国制造业的出口导向、沿海导向的开放政策，推动了制造业向具有国际贸易优势和良好工业基础的沿海地区集聚。要缩小沿海和内地的产业差距，就必须增加对内地的投资，扩大内地市场规模，增强内地对市场寻求型FDI的吸收能力。

吴丹丹、谢建国（2007）利用江苏省2000–2005年2位数分类27个制造业行业数据，以区位熵来衡量产业集聚程度，采用变系数、变截距模型研究FDI对产业集聚的影响机制。其研究发现，江苏省产业集群的发展具有较强的路径依赖特征，而FDI的进入强化了这一路径依赖；从行业来看，FDI对劳动密集型和技术密集型产业集群产生了较为显著的影响，但是其对资本密集型产业的影响则并不显著。

3. 政策干预

除内外部效应之外，政府产业政策在引导产业集聚方面的作用也得到了学术界的关注。Bai & Du & Tao et al.（2004）构建了我国1985–1997年间29个省市的32个2位数工业面板数据，使用动态面板模型来检验地方政府保护主义对产业集群的影响。结果发现，税前利润更高、国企占比更高的行业，其行业集中度更低，反映了彼时地方政府强烈的产业保护意图。

金煜、陈钊和陆铭（2006）使用1987–2001年省级面板数据，采用随机效应和固定效应模型研究我国地区工业集聚产生的原因，其在模型中加入了开放程度、政策参与度、地理位置等指标。其研究结果认为，经济开放显著促进了工业集聚。同时，市场容量、城市化、基础设施改善均有利于促进工业集聚；沿海地区的工业集聚的地理优势更为明显。**在经济地理因素之外，政策也是导致工业集聚的重要因素。**由于经济地理、新经济地理因素存在收益递增的效果，产业集聚形成之后很难通过政策直接干预来进行调整。政府应致力于通过交通基础设施建设、信息化建设来推动本地区工业的提升，从而减轻产业发展不平衡的影响。

三、产业集聚的影响

从产业集聚的形成机制和推动因素来看，产业集聚所包含的规模经济、知识溢出、设施共享等外部效应可以有效提高产业生产效率，提高产业竞争力。同时，基于产业生产效率的提升，产业在出口、融资方面亦逐渐趋于完善。

（一）生产率

现有研究大部分认为，产业集聚可以促进产业生产率的提高。但是对于其影响机制和影响程度，当前仍存在一定分歧。

一些研究认为，产业集聚程度越高，生产率水平越高。Tveteras & Battese（2006）根据挪威8个地区1985–1995年鲑鱼养殖企业的数据，利用SFA模型来研究产业集聚对企业前沿生产水平以及技术非效率的影响。其研究结果认为，区域产业规模越大，产业集聚程度越高，其往往有着更高的合意产出水平，同时能够显著提升技术效率。基于研究结论，其认为政府可以适当增加鲑鱼生产许可证发放量，并且通过控制生产地点促进产业集群外部性的内部化。

另外一些研究认为，产业集聚程度与生产率水平呈“倒U形”。谢子远、吴丽娟（2017）利用我国20个2位数制造行业规模以上工业企业2000–2012年的面板数据，来研究产业集聚水平与企业创新效率之间的关系。其用空间基尼系数来衡量产业集聚水平，运用超效率DEA方法来衡量创新效率，并用广义最小二乘法来研究两者之间的关系。其研究结果认为，产业集聚与工业企业创新效率之间存在着“倒U形”关系。当产业集聚提高到一定程度后，产业集聚反而会降低企业创新效率。基于此，引导部分劳动或资本密集型产业至中西部发展，反而有助于提升我国整体创新能力。

张云飞（2014）利用2003–2011年山东半岛城市群制造业行业的面板数据，采用动态面板广义矩估计（GMM）方法，对城市群内产业集聚与经济增长的关系进行了实证检验。其运用EG指数来衡量分行业的产业集聚程度，结果显示：山东半岛产业聚集程度较高且呈现上升趋势；城市群内产业集聚与经济增长之间呈现倒U形的关系；产业集聚初期对经济增长存在较强的推动力，但随着产业集聚程度持续提升，过度集聚所带来的负外部性会抑制经济增长。

还有部分研究认为，产业集聚程度与生产率水平呈“U形”关系。孙浦阳、韩帅和许启钦（2013）使用了国内287个城市2000–2008年的面板数据，来分析中国城市的产业集聚对劳动生产率的影响。其研究结果认为，产业集聚初期，拥塞效应占据主导地位，不利于劳动生产率改善。此后，集聚效应将逐步占据主导地位。这一结论对于工业影响较为明显，对于服务业的长期影响并不显著。

范剑勇、冯猛和李方文（2014）基于我国1998–2007年通信设备、计算机电子企业的数据，应用LP半参估计方法与随机前沿分析方法估计企业全要素生产率（SFA）。之后，其应用县级层面数据，分别从专业化经济和多样化经济两个角度来研究产业集聚对企业全要素生产率的影响。其研究结果认为专业化经济促进了企业全要素生产率中技术效率的改善，进而推动了TFP的增长。而多样化经济可以促进前沿技术进步，但是对TFP增长贡献不大。

（二）出口竞争力

现有研究普遍认为，产业集聚现象可以有效地提高产业集群的出口竞争力。产业集聚所带来的全要素生产率的提升、资源配置效率的提高和出口市场信息外溢均可以有效地提高产业集群内企业的出口竞争力。

1. 产业集聚提高企业出口倾向

Greenaway & Kneller（2008）采用了英国1988–2002年间的工业企业数据。其研究结果发现，产业集聚所带来的溢出效应可以有效提高集群内的制造业企业进入出口市场的概率。同时，一旦打入出口市场，额外将带来生产率提高。对于制造业企业而言，在出口市场生存下来，主要是依靠企业规模扩张和全要素生产率提高。许多发展初期的产业，由于规模偏少，效率偏低，市场进入成本较高而难以扩大出口优势。

Antonietti & Cainelli（2009）使用了意大利工业企业第8、第9次普查数据，时间跨度为1998–2003年，从企业层面利用扩展的CDM模型来研究产业空间集聚对企业创新能力、生产率和出口表现的影响。其研究结果认为，产业多样化和城市经济显著促进了R&D投入和创新。而产业专业化则促进了科技创新产业的传播进而提高整体的全要素生产率，由此提高了产业集群的出口倾向和出口强度。

Malmberg & Malmberg & Lundequist（2000）使用了瑞典1万家出口企业1994年的数据来研究产业集聚对企业出口表现的影响。其研究结果则认为，产业专业化对于企业出口表现的影响被夸大。而城市经济或者说产业多样化通过规模经济这一作用机制，对于企业的出口表现影响更大。

Sun & Yu & Zhang（2018）使用中国制造业企业1998–2007年间的数据，采用面板Tobit模型来研究中国产业集聚和企业出口行为的影响。其研究结果显示，产业集聚可以有效地提高企业出口概率以及出口容量。在产业集聚初期，其可以快速帮助集群内企业提高出口份额，但是随着集聚程度的进一步提高，这一影响将逐渐减弱甚至可能会抑制企业的出口表现。

2. 产业集聚提高出口品质

在产业集聚下，规模经济、知识外溢将得到进一步加强，进而带动企业生产率和技术创新水平的提升。企业的产品竞争力、品牌影响力有望得到稳步提升，进而提高出口产品质量和出口复杂度。

苏丹妮、盛斌和邵朝对（2018）使用2000–2007年的中国工业企业和海关数据，利用企业产品质量异质性模型来研究我国产业集聚与出口产品质量之间的关系。其研究结果发现，产业集聚通过提高企业的生产率和固定成本投入效率进而提高了出口企业的出口产品质量。其对出口产品质量动态分解的结果显示，行业出口产品质量提升可归因于资源再配置效应，是产业集聚促进行业出口产品质量提升的重要途径。

贺灿飞、任卓然和叶雅玲（2021）利用海关数据库8位数产品城市级别的出口信息，分别计算了三种主流出口复杂度指标，以赫芬达尔指数衡量城市产业集聚程度，来研究产业集聚与出口经济复杂度的关系。其研究结果认为，我国城市出口经济复杂度与产业地理集聚程度具有一致性。产业地理集聚所导致的知识溢出、生产资料共享所带来的生产效率提高超过了产业竞争拥挤带来的负面影响。产业集聚不仅促进了出口复杂度的提升，同时通过高复杂度产业替换低复杂度产业实现了城市产业升级。

（三）金融外部性

在技术外部性之外，产业集聚还被认为存在金融外部性，即产业集聚可以帮助集群内的产业获得有效的金融支持。一般认为，产业集聚的金融外部性主要包括三个方面。

1. 降低行业资本壁垒

产业集聚的过程，也是产业分工进一步细化的过程。在资本发展初期，资本家往往缺乏足够的资本金来构建一整条产业链。在产业分工下，各个企业负责各自环节的投资，可以将产业链发展所需的投资化整为零，从而降低产业的进入门槛。Long & Zhang（2010）使用我国1995年、2004年两次工业普查中企业层面的数据，运用固定效应面板模型研究。其研究结果认为产业集群中劳动分工细化降低了产业资本壁垒，企业间交流程度加深使得贸易信用更加易得。因此，产业集群往往会孵化出更多的中小企业，加剧产业竞争，从而提升出口水平和要素生产率。

2. 促进企业间贸易信用运用

产业集群中的企业有着更多的贸易互动交流，企业间的贸易信用有更多的运用空间。产业集群内上下游企业间、核心企业和配套企业间往往存在赊销关系。产业集群中的中小企业变相获得了银行的信贷资金。同时，企业间通过适当调整结算周期的方式，保证了产业链资金的稳定，降低了产业的营运资本。阮建青、张晓波和卫龙宝（2007）以我国濮院[①]羊毛衫产业集群为例，指出产业集群通过降低资本进入门槛、减少运营

① 濮院镇，隶属于浙江省嘉兴市桐乡市，被中国商业联合会评为“羊毛衫之乡”。

资本需求进而降低产业融资压力。濮院羊毛衫产业集群中的大型企业利用银行信贷的比例远远高于中小企业。中小企业则主要依托个人社会资本、产业链企业资金支持融资。

盛丹和王永进（2013）构造了我国地级城市的产业集聚指标，结合世行2005年投资环境调查数据和1998–2007年中国工业企业数据库，采用嵌套的Heckman估计、两阶段最小二乘法估计等方法来考察产业集聚对企业融资成本的影响，并检验了产业集聚对信贷资源配置效率的影响。其研究结果发现，产业聚集帮助信贷资源向民营企业以及依赖企业间关系的“关系密集型”企业集中，通过信贷资源配置效率的提高降低融资成本。产业集群内的信息交流有助于降低企业与银行间的信息不对称；企业违约信息传递速度加快提高违约成本。

3. 促进集群内固定资产融资

一般认为，固定资产融资主要取决于产业特性以及产业内其他企业的购置意愿。在固定资产占比较高、企业间增长率差异较大的产业集群中，企业固定资产融资的难度将明显减小，对缓解企业融资约束效果更佳。茅锐（2015）利用中国工业企业数据库构建了企业层面的面板数据，以投资–现金流敏感度作为企业融资约束程度的衡量指标，利用固定效应和动态面板模型来研究产业集聚对企业融资约束的影响。其研究成果发现，产业集聚程度的提升在城市和企业层面均有助于减小投资–现金流敏感度，即产业空间上的集聚有助于缓解企业所面临的融资约束。这一机制主要是通过固定资产抵押融资难度下降实现的。

四、产业集群、园区与中小企业的发展

（一）产业集群与园区

谈到产业集群，就离不开园区这一概念。一般认为，园区是指一个国家或区域的政府根据自身经济发展的内在要求，通过行政手段划定一定的区域，聚集各种生产要素，引导相关产业企业集聚的一种产业空间组织形式。产业集群和工业园区的共同点在于：两者内的企业都存在地理空间上的集聚；集聚区还提供有配套的基础设施和配套服务。

但两者也存在一定的区别。喻春光和刘友金（2008）认为，由于园区一般由政府主导，而产业集群具备自发性，这一根本的差异可能使两者未必完全吻合：第一，园区不一定具有产业集群的企业关联性；第二，园区并不一定是基于产业链的分工；第三，园区并不一定形成企业协同演化机制。当然，“有为政府”与“有效市场”结合得越好，产业集群与园区的一致性也会越高。

杨颖（2004）认为，园区仅要求企业进驻，但对于企业间的关联性要求较低。而产业集群具有一定的自发性，集群内的企业存在较强的产业互动，关联性更强。这意味着，相较于园区，产业集群企业间的企业文化相近、互动更多、知识外溢效应更强。一般园区发展更依赖外部要素投入带来经济总量扩张，内部合力相对较弱。

（二）以产业集群促园区

相关研究普遍认为，**以产业集群为基础发展园区可更加有效地提升园区的经济效率**。马丽和严汉平（2015）利用我国国家级高新技术开发

区2007–2012年6年间的产业数据来计算产业集聚EG指数。EG指数在前文中我们已经介绍过，其融合了空间基尼系数和赫芬达尔指数，综合考虑了企业规模与区域差异对产业集聚水平的影响。经济效率方面，作者用这些高新区工业增加值与全国高新区工业增加值的比例来刻画园区工业增加值贡献率。然后，再计算EG指数与园区工业增加值贡献率的相关系数。研究结果认为产业集聚程度与园区工业增加值的贡献度呈正相关。产业集聚程度影响园区经济发展水平。

陈薇（2004）通过国内外园区对比，认为产业集群是国外成功园区具有的共同特征。通过产业集群和工业园区的关联机理分析，认为产业集群对工业园区的促进作用主要有三个方面：提高园区企业生产率；增强园区创新能力；增强园区竞争，提升集聚效益。

喻春光和刘友金（2008）通过分析美国硅谷、印度班加罗尔软件园、新竹工业园等工业园区，认为工业园区需要以产业柔性集聚为发展目标形成产业集群，推动工业园区效率持续提升。具体发展思路包括：依托现有产业集群或萌芽中的产业集群发展特色工业园区；在产业链上寻求优势环节发展特色工业园区；建立区域内的产业联系发展特色工业园区。

喻春光（2010）认为，园区竞争力的实质是园区内产业集群的竞争力。园区的发展依赖于园区中产业集群的形成与发展。基于区域内的产业集群进行园区开发建设，是促进园区发展的必然要求。同时，作者基于创新网络视角构建了园区集群竞争力模型GEMN模型，用于定量评价园区产业集群战略的实施绩效。GEMN分别表示基础（Groundings）、企业（Enterprises）、市场（Markets）、网络（Networks），即资源与设施、供应链企业和厂商结构、战略；本地与外部市场；内部网络与外部网络。通过对这8个要素进行打分，量化汇总成一个指标来评价园区的绩效表现。作者以浏阳生物医药园为例，计算发现园区实施集群化发展可实现较好的发展效果。

Dettwiler & Lindelöf & Löfsten（2006）选取了1999年瑞典新兴科技企业发放问卷进行基础数据收集。调查企业中134家在产业园内，139家在产业园外。通过对问卷结果分析以及理论推导，其认为科技园区对于新兴科技企业十分重要，主要从两方面进行影响：园区的区位以及园区内一系列设备。同时，即便是园区外的调查企业也认为，科技园区最重要的是可以帮助它们更好地寻找到合适的员工。同时，第二重要的因素则是其与大学形成更亲密的合作关系。

不过，也有一些研究认为，工业园区和产业集群之间并不存在绝对的充分必要关系。李国武（2006）通过理论分析认为，产业集群的形成并不一定需要工业园区这一发展平台。只有当产业集群发展到要求更大的生产空间和更好的创新环境时，才会产生对工业园区的需求。此外，工业园区不一定能带来产业集群，其发展也不一定需要以产业集群的方式来推进。良好的地理位置、自然禀赋以及管理环境是更为重要的因素。

整体上来看，以产业集群为导向发展工业园区成为现有研究的共识。不过，当前相关领域的研究多为理论推导，实证分析的文章较少，这也是未来研究可以进一步补充完善之处。

（三）产业集群与中小企业

现有关于产业集群与中小企业关系的研究普遍发现，产业集群促进了中小企业经营的提升。

产业集群提升中小企业表现。何文韬（2019）以Wind中国企业库、辽宁省产业集聚数据和宏观数据，来研究产业集聚对辽宁省中小企业的影响。其研究结果认为，辽宁产业集聚区与企业区位空间分布高度重合，多数中小企业就分布在产业集聚区及周围，产业集聚区内的企业与分布在集聚区外围的企业相比，初始规模较大，退出风险较小。作者认为产业集群通过报团取暖，提高了中小企业的存活概率。

宋海英和刘荣茂（2007）利用我国1999–2004年乡镇企业的统计数据，采用纳入地理位置因素的地区差异模型，来研究产业集聚对农村中小企业发展的影响。其研究发现，东部地区农村中小企业集聚程度显著高于中西部地区。产业集聚对农村地区中小企业发展具有显著的积极效应。政府可通过加强基础设施建设、改善交通运输条件来提高农村中小企业集聚程度，促进中西部农村中小企业发展。

产业集群促进中小企业创新。朱平芳、罗翔和项歌德（2016）采用了2003–2008年中国中小企业省级面板数据，利用空间自相关模型和空间误差模型来研究中小企业创新绩效的影响因素。其研究结果发现，中小企业创新活动的外溢效应非常明显，且东部明显优于中西部地区。同时，城镇化率和人口密度的提高也有利于企业创新活动的开展。基于上述研究结论，作者认为应该鼓励中小企业地理集聚，加强城市群内部人才和技术交流。同时，企业间分工协作同样重要，作者提出加强专利保护、提供技术转移补贴以保护中小企业；完善“限大促小”政策，构建合理的分工体系，将中小企业纳入到产业价值链分工体系中。

Tsuji & Miyahara（2011）利用的2007年日本中小企业的相关调查问卷数据发现，其中2000家中小企业位于产业集群内，3000家中小企业则独立于产业集群外，据此构建创新模型来研究产业集群对中小企业创新的影响。结果发现，产业集群对中小企业创新影响较为明显，这种影响主要是通过更多更近的区域R&D机构、更频繁的对话交流机制以及更加密切的产业联系机制来实现。

产业集群促进中小企业出口。Forte & Sá（2020）利用20234个葡萄牙制造业中小型企业数据，采用Probit模型来探讨空间区位和产业集群对中小企业出口强度的影响。其研究结果认为，地理位置和产业集群对中小企业的出口影响较大；海岸线、边境线上的企业出口倾向更强，专业化集聚显著提升了中小企业出口倾向，出口外溢效应则对小微企业出口提振明显；但是，城市化的发展则不利于中小企业出口。作者认为，这可能是因为随着企业密度提升，阻塞成本大幅提升。

第二节　中小企业产业集群

产业集群依托其规模效应、学习效应、分工细化带来的效率提升，为集群内的中小企业发展提供了稳定可靠的环境，有力推动产业整体发展。当前，我国产业转型升级的压力持续提升，产业集群政策向何处去才能更好地推动产业升级，提高中小企业的竞争力？

一、产业集群的定义

研究者们普遍认同，**产业集群是相同产业内的企业在空间范围内的集聚。产业集群不是同行业企业的简单聚合**，而是基于产业分工、规模效应、地区文化等因素有机结合在，促进产业集群整体发展。

不同地区的产业集群，其内部企业构成、业务网络以及运转模式也存在一定的差异。不同学者从不同的研究视角出发、根据不同的产业集群特性对产业集群进行分类。

其中，Markusen（1996）根据集群内企业构成、业务重点、合作程度等因素，将产业集群分为四种类型，分别为马歇尔式产业集群（Marshallian industrial districts）、轮轴式产业集群（Hub-and-spoke districts）、卫星式产业集群（Satellite industrial districts）、国家支持型产业集群（State-anchored industrial districts）。Markusen的分类方式刻画了产业集群内中小企业和大企业的合作方式，也成为后续国内外学者进行产业集群分类的重要理论基础。

（一）马歇尔式产业集群

马歇尔式产业集群主要由地区内的中小企业聚集组成，缺乏核心企业的引领。在业务往来方面，由于产业集群规模较小，**集群贸易以内部贸易为主**，往来较为频繁。本地采购方和供应商彼此较为熟悉，更倾向于形成稳定、长期的合作关系。集群内企业与地区外企业的合作则相对有限。产业集群的投资部署主要由区域内的中小企业决定。产业集群的规模经济效应相对较小。

在人员往来方面，集群内劳动力市场主要面向本地工作者，且地区内企业间人员流动较为频繁。产业集群更容易形成独特的地区文化。

在资源支持方面，由于中小企业发展不够成熟，区域内往往有专门的机构提供特殊的融资渠道、技术支持和商务服务。同时，还会有长期投资资金来进行产业投资。由于缺乏龙头企业，产业集群的发展波动性较大。

Markusen在马歇尔式产业集群的基础上提出了所谓“意大利式产业区”。其以大量中小企业聚集为主，但是集群内部中小企业的合作程度较高，以共担风险、稳定市场和推动创新。

（二）轮轴式产业集群

轮轴式产业集群依托区域内一个或多个核心企业形成，这些企业往往是垂直一体化分工，产业链上下游布局全面，和其他供应商的合作较为深入。在业务往来方面，集群内的业务合作以主导企业和上下游企业的合作为主；两者之间业务往来紧密，也更倾向于形成长期可靠的合作关系。在核心企业主导下，产业集群的规模经济效应相对较强。同时，核心企业由于市场占有率较高，与外部企业的合作程度较高。集群内部的投资决策主要由内部的核心企业做出。

在人员往来方面，产业链内企业间人员流动相对温和，劳动力市场主要面向集群内部，变化相对较小。集群内工作者主要面向核心企业，其次为产业集群，最后是中小企业。

在资源支持方面，产业集群内部融资、技术、商业服务的支持主要由内部核心企业提供。集群内部存在一定的长期投资资金进行产业链投资布局。地方政府出于发展核心产业的目的，也会提供更多基础设施，并通过各项优惠吸引产业进驻。由于产业集群高度依赖核心企业，其发展前景与核心企业发展息息相关。

（三）卫星式产业集群

卫星式产业集群主要依托集群外的大型企业或集团而形成。在业务往来方面，由于卫星式产业集群主要是为集群外的核心企业服务，集群内部企业间的贸易往来较少，集群内企业与外部核心企业、母公司的合作往来相对较多。同时，集群外核心企业并不一定能够与当地的供应商形成稳定的长期合作关系。产业集群内的投资决策主要由外部核心企业做出。

在人员往来方面，工作人员的流动以核心企业和集群内供应商双向流动为主；集群内企业间的工作人员流动则相对较少。劳动力市场对内主要面向垂直一体化的大型核心企业，同时企业会面向集群外部寻求合适的工作人员。工作人员更多是为大型企业服务，而非产业集群。产业集群较难形成特殊的文化纽带。

在资源支持方面，主要由核心企业提供融资、技术、商业服务支持。集群内部缺乏长期投资资金，内部企业也未能形成可靠机构来提供必需的基础设施，以及信息共享与风险管控机制。地方政府通过提供基础设施、税收优惠来吸引核心企业的业务。但是由于核心企业可以随时转移订单，集群发展前景从中期层面来看，仍面临一定的不确定性。

（四）国家支持型产业集群

国家支持型产业集群主要依托一个或多个大型政府机构、事业单位而形成，具体包括军事基地、重点高校等，并以此为核心吸引供应商和采购方。在业务往来方面，贸易重点集中在主导性政府机构与供应商之间，但是彼此的业务合作关系相对短期，稳定性不足。产业集群主要与总部位于集群外区域的供应商进行业务合作。国家支持型产业集群在公共部门领域有着相对较强规模经济效益。产业集群内的投资决策主要来自内外部各层级的政府机构。

在人员往来方面，产业集群内部供应商和采购方之间人员流动适中。地区层面的劳动力需求主要面向当地；而高校、军事机构以及其他国家级政府机关出于对技术型、管理型人才需求，其劳动力需求面向全国。

对于集群内的工作者而言，其工作内容主要面向大型机构，其次是该产业集群，最后才是中小企业。劳动力更多地流入该区域，如果政府机构撤出或政策支持弱化则可能导致劳动力流出。该类型产业集群更容易产生独特的文化纽带。

在资源支持方面，集群内缺乏特殊的融资渠道、技术指导和商业服务和长期投资资金支持。公共部门内部的信息共享机制薄弱，地方政府在促进核心业务发展方面缺少话语权。但是，政府部门会更加积极地参与集群公共基础设施建设。政府核心职能、核心设施的运行状况也直接决定了该集群的长期发展前景。

二、经典产业集群解析

（一）第三意大利产业集群

2021年，意大利GDP达到2.94万亿美元，排名第八。与其他主要发达国家不同，意大利经济高度依赖中小企业。欧盟统计局最新数据显示，2019年在意大利制造业企业中，250人以下的中小企业占比达到99.6%，其中，50人以下的小微企业占比则达到97.2%，在欧洲主要经济体中排名首位。

学者根据意大利国内不同区域产业结构的差异，将其分为第一、第二和第三意大利。第一意大利位于意大利西北部，以米兰、都灵为核心；产业以传统工业为主，工业化程度较高。第二意大利主要位于意大利南部，区域以传统农业为发展重点，工业化程度相对较低。

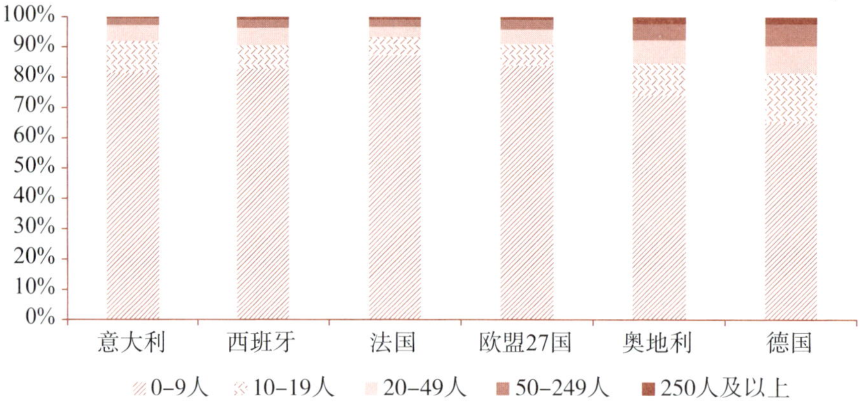

图4–1　2019年欧洲主要国家不同规模制造业企业占比情况

资料来源：Eurostat，兴业研究

而第三意大利（Third Italy）主要集中在意大利的东北部、中部地区，包含威尼托、托斯卡纳等7个大区。这一区域的产业集群以中小微企业为主，缺乏大企业主导；产业结构上以传统劳动密集型产业为主，生产高度专业化。在20世纪60年代晚期至70年代，第三意大利依靠着中小企业形成的产业集群快速发展，成为彼时意大利经济崛起的重要动力。

1.第三意大利经济表现

从意大利评选划定的产业集群数量来看，第三意大利产业集群占比较高。根据意大利2011年的第九次工业和服务业普查数据，意大利全国共有141个产业集群，其中东北部、中部地区产业集群合计占比达到59%，吸纳就业人口占比则达到了57%。第三意大利成为本国经济发展的重要动力。

从GDP增速和占比情况来看，意大利各地区的增速相对接近，但是第三意大利增速最高。1995–2019年间，意大利东北部和中部的年平均增速为2.75%和2.56%，高于中部和南部的2.54%和2.47%。从GDP占比情况来看，第三意大利2020年GDP占全国比重为44.8%。

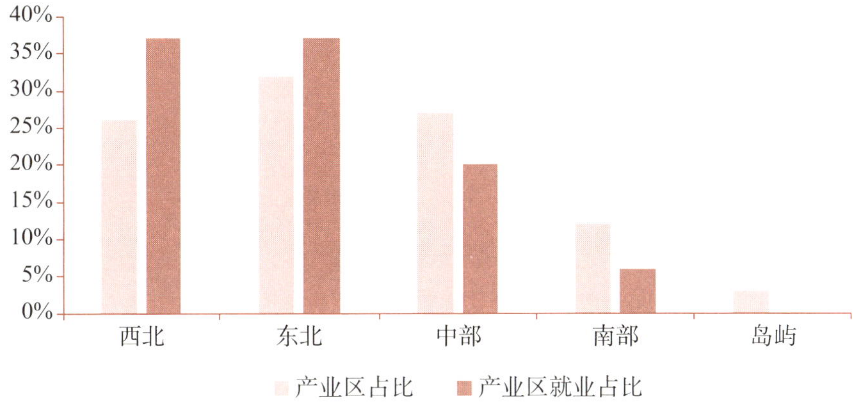

图4-2　2011年意大利各区产业区数量及就业占比

资料来源：意大利国家统计局，兴业研究

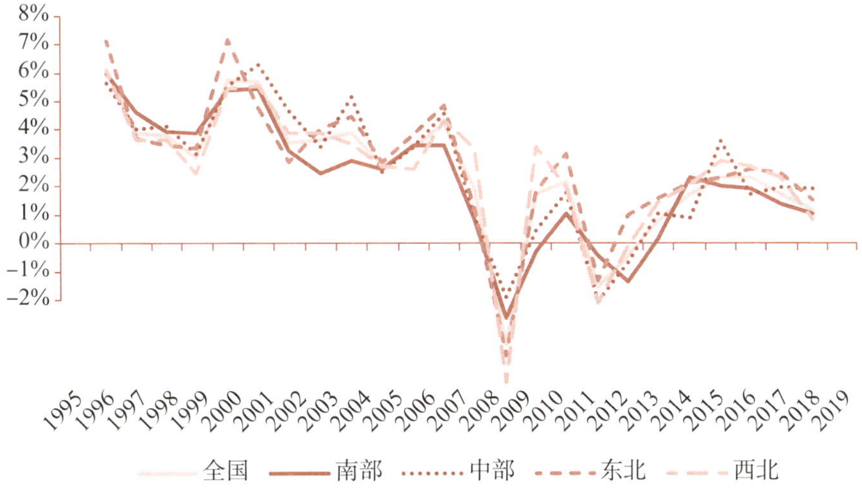

图4-3　意大利全国及各地区GDP增速变化情况

资料来源：CEIC，兴业研究

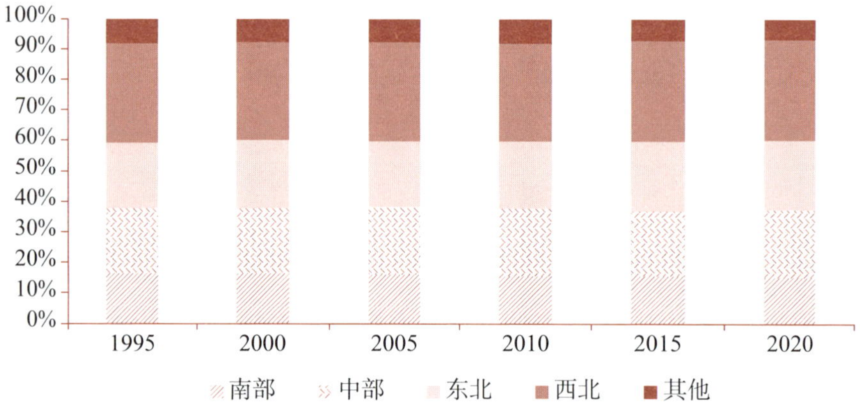

图4-4 意大利各地区GDP占比变化情况

资料来源：CEIC，兴业研究

2. 第三意大利崛起原因

第三意大利的崛起出乎许多人的意料。战后，欧洲经济发展加快，传统大企业通过跨区域、跨国产业布局来降低生产成本，客观上推动了与之配套的第三意大利地区产业集群的形成。此外，意大利政府出台了一系列产业政策推动区域经济发展。

意大利政府的产业政策主要包括融资支持、财政补贴、税费优惠、服务支持等。1950年，意大利政府成立了南方支持基金（Cassa per il Mezzogiorno），负责意大利南部优惠政策落地以扶持落后地区发展。此后，政策支持框架逐渐从意大利南部向全国扩散。地方政府在推动产业发展的过程中，也逐渐形成自己的产业支持政策框架。

（1）中央层面支持政策

A. 融资支持

在融资支持方面，意大利政府出台过多项政策计划来为特定产业的相关投资提供财政贴息贷款。1957–1970年间，意大利政府主要通过南方支持基金为南方产业集群发展提供融资、财政支持。意大利政府通过财政拨款的方式，为特定地区、特定产业的贷款提供利息补贴和一定比例的风险补偿来加强产业支持，尤其是加大了对中小企业的融资力度。1957年，产业基金的融资支持仅针对员工人数低于500人、固定资产规模小于30亿里拉的企业。此后，随着基金规模的扩大，支持企业的人数和规模限制逐渐被放开，但是企业规模越小可以申请到的贷款利率也越优惠。

1961年，意大利为了帮助国内产业应对日趋激烈的国际竞争，成立了新基金，为中小企业架构调整、企业重组提供融资支持。1971年，意大利出台853号法案，将产业政策支持框架由中南部地区向全国扩展。全国产业政策支持和协调主要由区域发展规划委员会来负责。在融资支持方面，同样根据企业的资产规模进行企业类型划分，企业规模越小，其可以获得的投资额财政补贴、贷款比例相对越高。

此后，意大利又根据经济形势变化，有针对性地对融资支持计划进行调整。政策重点依然是加大对重点产业、中小企业的支持力度，但是企业规模、企业等级的认定会根据政策侧重点的不同而进行调整。**1984年，意大利正式启动科技创新基金，为进行科技创新投资的企业提供贷款支持**，贷款规模根据项目重要性的不同，占投资额比例为35%-70%不等。

B.税收优惠

对于产业投资，意大利政府还提供一系列的财政优惠政策，主要涉及税收项目减免。

企业所得税：产业投资项目最高可获得10年期的企业所得税豁免。

进口关税：进口产业投资所需要的设备、机械可以获得关税豁免，同期正常的进口关税达到15%。

营业税：采购国内生产的原料可以获得部分营业税豁免，约为售价的3.3%。

费用优惠：豁免抵押、登记相关费用，约为相关资产价格的1%。

C.投资补贴

意大利鼓励临近的几个产业发展地区组成联合体，通过集中规划、建设基础设施来提高地区整体吸引力。通过相关机构认证的联合体，在进行重点项目规划投资时，可以按照一定比例的项目投资额获得财政补贴。

同时，意大利政府还根据产业类型、投资规模的不同，对重点地区的产业投资提供不同比例的投资额补贴，鼓励相关地区加大重点产业投资力度。在1957年发布的法案中，航空航天、电子设备等先进产业的投资补贴比例最高可达到25%。

D.产区认证推广

随着产业政策的推进，意大利在1993年确定了产业区的遴选和划定方法。**意大利会定期进行产业区的遴选，对产业区进行新设、合并、撤销等调整。**产业区的主导产业包含11个大类的“意大利制造”主导产业。其中包括纺织、皮革、制鞋业、家具、珠宝等意大利传统手工产业。**产业区的认定和推广使得各地可以享受欧盟的产业政策扶持，同时也提升了“意大利制造”的影响力。**许多意大利中小企业依赖自身的产地优势即可获得较强的市场认可度，节省了很多的品牌营销宣传成本。这得益于产业区整体较强的品牌软实力。

（2）区域层面支持政策

除了中央政府层面统一政策部署之外，地方政府也制定出台了一系列政策来推动产业集群的发展。以艾米利亚－罗马涅地区（Emilia-Romagna，ER地区）为例，其出台了一系列政策来推动地区产业发展、技术创新。

首先，ER地区设立了专门的区域发展机构来帮助其推广自身的产业集群支持政策。区域发展机构为区域内企业提供职业培训、IT设备培训、基础设施等。同时，区域发展机构会根据日常工作开展情况，为政策提供有效建议，并推动政策落地。区域发展机构的政策讨论协商机制，将区域内的政府机构、私人企业均纳入其中，可以从社会、经济、文化等多个维度通盘考虑区域经济发展政策。

其次，ER地区成立了产学研联合体，由区域内大学、研究机构、商会以及行业协会等来促进区域创新能力提升，以及科技创新落地。具体内容包括鼓励学界与企业就重点产业、重点技术开展联合研究。ER地区还出台了旋转器计划（Spinner Project），该项目帮助技术能力强劲的毕业生或学者成立初创企业、技术转移。

最后，ER地区还成立了职业技术中学，根据地区产业的用工需求，有针对性地培养产业技术人员，以满足地区产业技术工人用工需求。

（3）产业集聚内生动能

意大利中小企业集群打破既往的发展定式，在大型企业林立的国际竞争中脱颖而出，除了政策支持之外，自身的发展特点也起到了重要作用。

首先，意大利地区传统手工业较为发达。在经济发展早期，意大利产业形态以小农经济为主，大量农村人口通过为贵族阶级、中产阶级制作服装、家具、工艺品为生，手工业发展历史较为悠久。

其次，意大利重视地缘、亲缘关系。传统小农经济模式下，意大利的社区文化、家庭文化较为浓厚，提升区域内中小微企业彼此之间的信任度，有助于推进地区合作，和产业分工的持续细化。

最后，第三意大利劳动力成本相对较低。在产业发展早期，第三意大利的产业基础与第一意大利相比较为薄弱，劳动力成本也相对较低。当地良好的制作工艺、较高的成本优势，提高了该地区的比较优势，成为吸引产业投资的重要动力。

（二）日本九州半导体产业集群

九州是日本乃至全球重要的半导体生产基地。九州的半导体产业集中分布在区域内的福冈、熊本和大分县，集中有1000多家半导体产业链上的相关企业。日本国内模仿美国“硅谷”，将其称为“硅岛”。

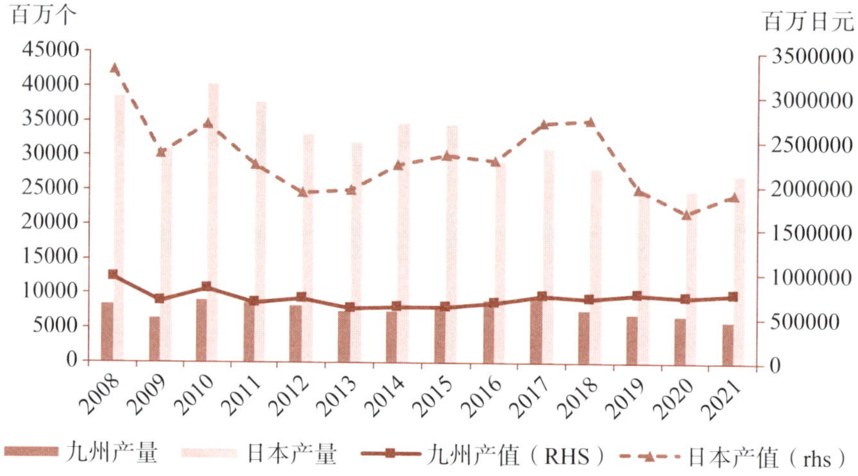

图 4-5　日本及九州地区集成电路产量

资料来源：日本经产省官网，兴业研究

近年来，受全球经济衰退、中韩半导体崛起的影响，日本集成电路产量整体呈现下行趋势，但是九州地区集成电路的产值则保持相对稳定，占日本全国比重稳步上升。2021年，九州地区集成电路产值占比由2008年的28.9%升至了40.8%。从这一角度来看，九州地区的半导体产业在激烈的国际竞争中表现较为稳定，呈现出较强的国际竞争力。

1.发展历程

1976–1985年是九州地区半导体产业发展的快速成长期。在自然资源方面，九州内阿苏山附近的水资源较为丰富。早期九州地区产业以煤炭、钢铁产业为主，电力系统发展较早、系统较为成熟。半导体产业要求稳定、可靠的水资源、电力资源供应。九州地区自然资源条件为发展半导体产业提供了重要基础。在交通区位方面，九州地区的优势同样较为明显。九州临近中韩，距离我国台湾、上海两地飞行时长仅需2个小时。同时，九州全岛有5个机场，有利于单价高、单件轻的半导体运输。在人力成本方面，九州的劳动力成本也要远低于东京、大阪、名古屋三大都市圈。基于上述优势，这一阶段，大量半导体企业在九州设厂生产。

表4–1 福冈和东京至亚洲主要城市的飞行时长

国家	城市	福冈	东京
韩国	釜山	50min	1h50min
	首尔	1h20min	2h35min
中国	上海	1h45min	3h15min
	台北	2h35min	3h55min
	香港	3h55min	5h15min
越南	胡志明	5h35min	6h5min
泰国	曼谷	6h	7h20min
新加坡	新加坡	6h35min	7h35min

资料来源：《Profile of Kyushu》（2022版），兴业研究

1986–1999年是日本九州半导体产业发展的成熟期。在这一阶段，受日元强势和日美半导体协议的影响，日本半导体产业的生产成本持续攀升。加之1991年日本泡沫破裂后国内投资环境的进一步恶化，九州地区初创企业的融资环境和市场发展均受到较大的影响。早期九州地区半导体产业重生产轻研发，大而不强的弱点被进一步放大。九州地区的半导体产业大量向韩国、中国台湾等地区转移。

2000年起，日本政府为了保持本土半导体产业的竞争力，出台一系列相关政策来推动产业集群升级。2001年、2002年，日本政府分别出台了产业集群计划（Industrial Cluster Project，ICP）和知识集群计划（Knowledge Cluster Intiative，KCI）来加强国内重点地区重点产业集聚程度，提高产业的国际竞争力。九州半导体产业集群也在这一阶段得到确认和强化。计划致力于建设涵盖产业、政府和科研机构的合作网络来支持地方科技创新、产业发展和创业孵化，培育壮大地方初创企业和中小企业。推动该区域成为先进半导体设计、开发、制造中心。

2. 政策内容

前文提到的相关项目主要由日本经济产业省的地方分支机构负责推动，地方政府设立相应的独立机构来负责政策的落实管理。其中，九州半导体集群相关机构主要有以下5个：

- 北九州科学研究园（Kitakyushu Scienceand Research Park，KSRP）；
- 福田集成电路系统设计工业研究所；
- 九州创新创意合作协会（Kyushu Innovation Creative Collaboration，KICC）；
- 九州半导体产业和技术创新协会（Kyushu Semiconductor Indus-

tries & Technology Innovation Association，SIIQ）；

● 日本福冈亚洲半导体贸易支持协会（Asia Semiconductor Trading Support Association –Japan Fukuoka，ASTSA）。

从产业政策内容来看，具体包括以下几个方面。

第一，强化产学研合作。1989年北九州市萌生了成立北九州科学研究园的构想，但是直到2001年这一项目才正式启动。科学园内包含有北九州大学、九州科技研究机构、早稻田大学、产业–大学合作机构等众多科研机构。并且，随着科学园的发展，越来越多的机构和师生入驻以谋求科研合作。政策主要是提供两类平台，一类是企业和科研机构的研发合作平台；另一类是从科研到商业化落地的转化平台。其间，通过合作沙龙、论坛峰会、学术研讨会、科技展览以及园区访问活动等，来推动产业内外的科技交流、园区内部的研发、转化。

第二，强化技术授权。九州地区共设立有6家技术许可办公室（Technology Licensing Organization，TLO）。通过技术许可的方式来促进大学等研究机构对私人企业的技术转让，一方面可以通过商业变现的方式来提高科研机构的研究积极性；另一方面科研机构可以更加了解市场需求，提高自身研究的针对性。

第三，加强产业融资支持。福冈银行、中小企业和区域创新机构以及专利融资咨询机构等合作成立了九州技术发展基金，通过单独或者与地区科研机构、产业集群内的大型企业合作的方式，对初创企业进行股权投资，来推动地区初创企业发展。

第四，提供政策补助。日本相关产业政策为半导体企业投资提供相应的补助金。九州各地对于不同规模的新设企业补助金额有所不同，补助金额从6000万–50亿日元不等。同时，日本政府还为企业的科技创新、技术投资提供对应的补助资金，以定向支持企业，尤其是中小企业提高自身的技术水平。

表 4–2　九州各地投资补助政策一览表

地区	补助对象	补助要求		补助上限
		新增投资额（亿日元）	新增当地员工数（人）	（亿日元）
福冈	新设立的制造业企业	—	—	10.0
	制造业企业新设立的特定职能部门（研发、设计、IT 等）	—	—	5.0
佐贺	新设或扩建工厂	＞2	＞10	50.0
长崎	新设或扩建工厂	—	—	30.0
	制造业企业新设立的特定职能部门（研发、设计、IT 等）	—	—	3.0
熊本	新设或扩建工厂	＞3	＞5	15.0
		＞200	＞200	50.0
大分	新设工厂	＞3	＞10	3.3
	扩建工厂	＞2	＞5	
宫崎	本土企业大规模投资	＞150	＞101	10–50
	新设企业	—	＞6	2.0
鹿儿岛	企业设备投资	＜10	＞11	0.6
		＞10	＞30	10.0

资料来源：《Map of Major Semiconductor Companies in Kyushu》（2022），兴业研究

从政策效果来看，九州半导体产业的竞争力得到了较为明显的提升。目前，九州地区生产的半导体被广泛应用于各行各业，尤其是汽车、机器人、物联网设备、新能源等。同时，该地区的雇员人数和货运价值在

整个日本地区排名第一。随着移动互联时代的深入发展，半导体应用范围不断扩大，九州地区半导体产业的发展空间也在不断提升。在产业发展方面，则更注重满足高附加值和国际化的要求。

三、国内产业集群现状

我国制造业规模多年来蝉联世界首位。2020年，中国制造强国发展指数显示，我国规模发展分项指数达到58.02，实现在全球主要经济体中制造业规模唯一正增长。我国在制造业发展壮大的过程中，也逐渐形成了多元化的产业集群。

我国产业集群的形成模式多样，既有地区自发形成的马歇尔式产业集群，又有地方政府招商引资、培育引导的国家支持型产业集群，还有以大型企业为核心的轮轴式产业集群。在各类产业集群中，中小企业均成为各地产业集群的重要主体。

（一）产业集群的类型

目前，我国官方对于产业集群并没有发布统一的名单。我们选用中国资本市场50人论坛（K50智库）基于公开信息整理所得的783个产业集群名单（以下简称“产业集群名单”）进行分析。

从产业集群的省域分布情况来看，东部地区是我国产业集群的主要分布地区。浙江、广东、江苏三个沿海大省产业集群数量分别达到159个、116个和87个，合计占比达到46.2%。华北、中部省份产业集群数量次之，而西南、西北地区的产业集群数量则仍有提升空间。

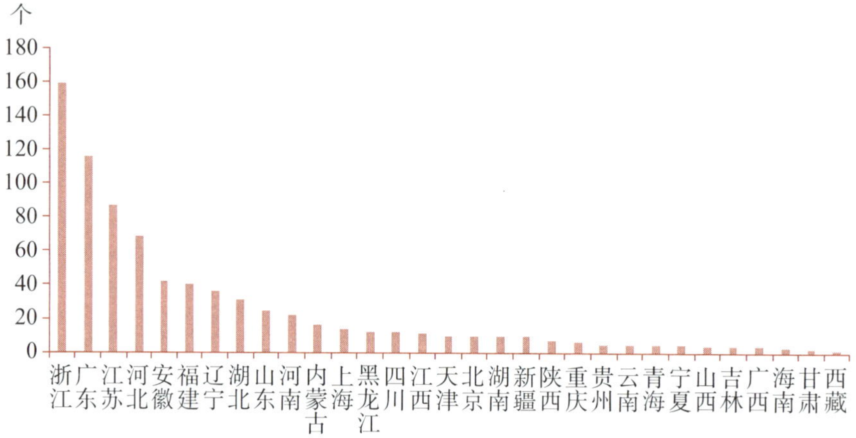

图4-6 各省产业集群分布情况

资料来源：K50智库，兴业研究

从产业集群的行业结构来看，我国产业集群中轻工业、农业食品产业的集群数量占比分别达到37.3%和12.4%，占比接近50%。同时，装备机械、重化工业紧随其后，占比分别为13.7%和8.4%。我国信息技术、生物医药、新材料等产业的集群数量，由于产业规模较小，发展时间相对较短，占比较低。

从重点区域的产业集群行业结构来看，区域产业结构和产业集群的结构较为相似。江苏、浙江、广东、福建的轻工业产值占全国轻工业比重较高，行业布局较为全面。由于轻工业产业规模相对较小，产业门槛较低，更容易产生产业集群。因此，这四个省份的轻工业产业集群数量较高。同时，长三角地区的浙江、江苏装备机械业、重化工业较为发达，产业集群占比也较高。上海则有着更高的信息技术、创意产业集群。而闽粤地区的装备制造业和信息技术业齐头并进。川渝地区在农产品、汽车产业方面的集群数量相对较多。在中部地区，湖南、河南的装备机械业占比较高；湖北则有着较高的生物医药集群数量。

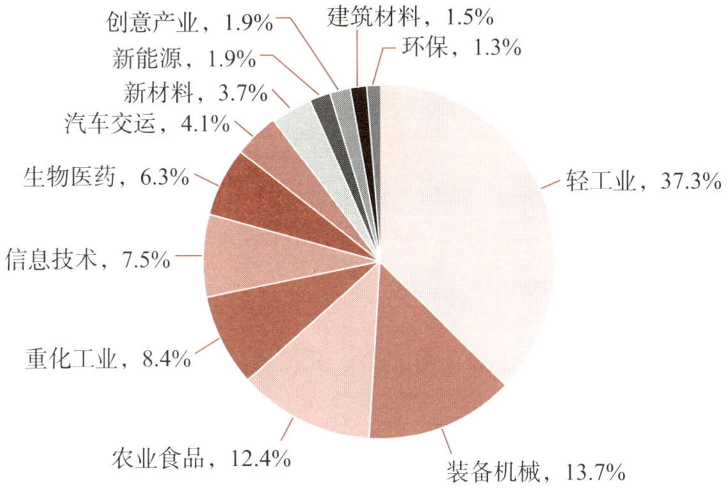

图 4–7　全国产业集群行业分布情况

资料来源：K50 智库，兴业研究

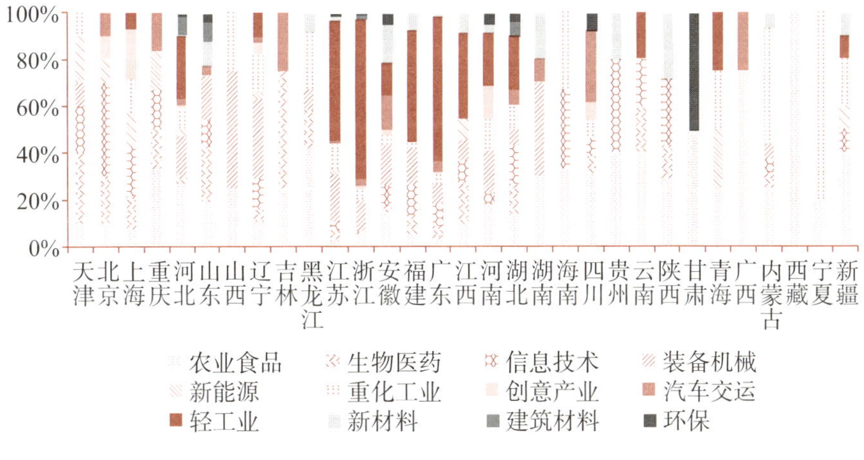

图 4–8　全国各省市产业集群行业分布情况

资料来源：K50 智库，兴业研究

（二）中小企业与产业集群

我国中小企业是我国产业发展的重要主体。工信部披露的数据显示，截至2021年年末，我国市场主体达到了1.5亿户，其中99%以上为中小企业。第四次经济普查数据显示，中小企业从业人员数量占全部从业人员比例达到80%。而产业集群作为产业发展的重要载体和平台，同样容纳着大量的中小企业，两者互相支撑，互相成就。

1. 中小企业构成产业集群主体

中小企业是构成我国产业集群的重要载体。考虑到高新区是我国众多高技术产业集群的重要载体，我们可以用高新区中小企业占比来观测中小企业对我国产业集群的重要程度。中国火炬统计年鉴数据显示，2019年我国高新区企业中，中小微企业占比达到96.6%，且容纳的从业人员数量占比达到53.3%。

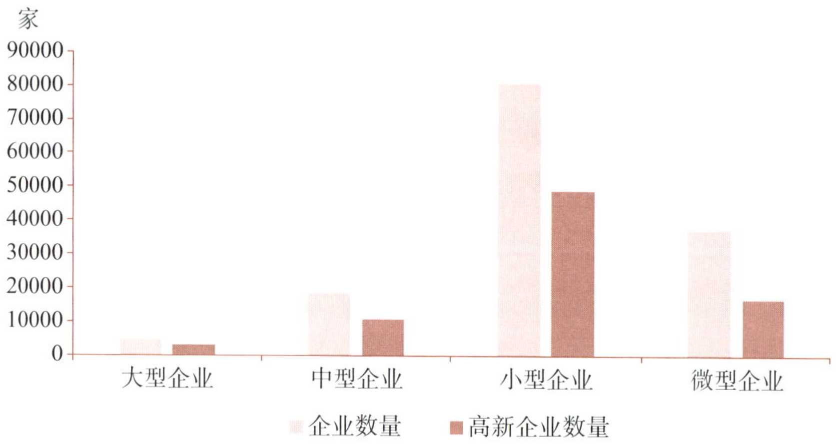

图4-9　我国高新区按规模分企业数量情况

资料来源：《中国火炬统计年鉴》（2020年版，为2019年数据），兴业研究

2. 中小企业促进产业集群创新

中小企业也对产业集群的技术创新起到重要作用。中国火炬统计年鉴的数据显示，2019年中小微企业技术收入占高新区全部企业技术收入比重达到39%。同时，从各类型企业技术收入占全部营业收入比重来看，小微企业以36.4%的比例名列榜首，远高于大型企业12.6%的占比。而中型、小型企业的占比也达到11.3%和11.6%。

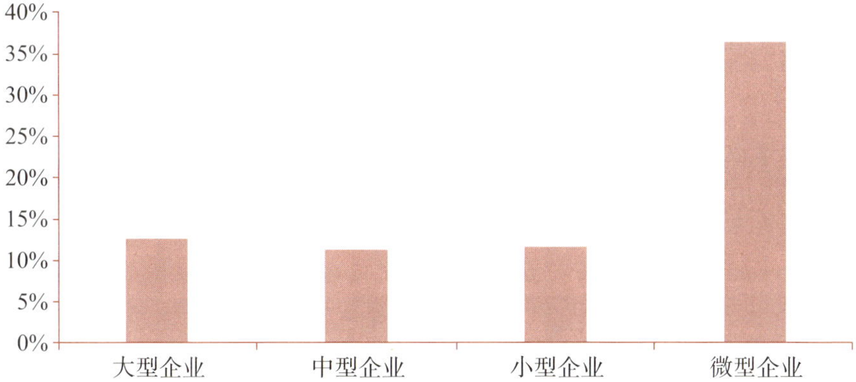

图4-10　我国高新区按规模分企业技术收入占营业收入比重

资料来源：《中国火炬统计年鉴》(2020年版，为2019年数据)，兴业研究

3. 产业集群促进中小企业发展

随着产业集群的形成，集群内部的规模效应、知识外溢、学习效应同样会提高中小企业的科技创新水平，进而提高产业集群整体的竞争力。2019–2021年间，工信部公布了三批专精特新“小巨人”企业名单。从名单的数据来看，产业集群数量越多的地区，专精特新“小巨人”数量也越多。一方面，产业集群数量越多意味着容纳中小企业数量更多，更容易培育出具备技术优势的中小企业；另一方面，产业集群越多，经济实力越强，区域对于科技型企业的培育力度越大。

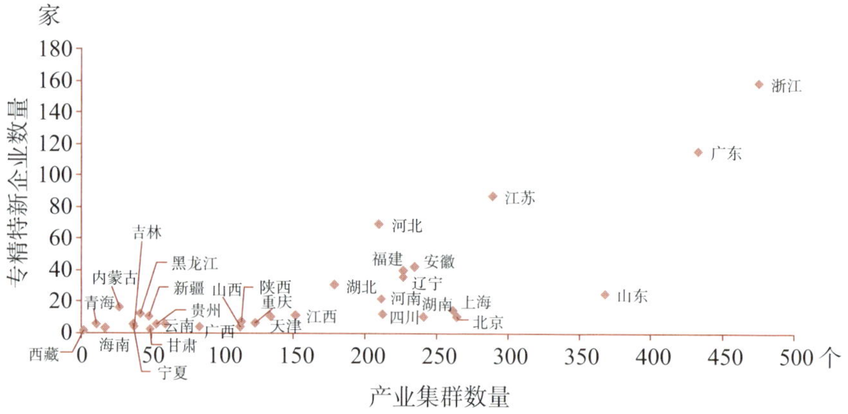

图4-11　我国各省产业集群数量与专精特新企业数量情况

资料来源：工信部，兴业研究

（三）我国产业集群问题

我国制造业的规模优势突出，全产业链的特性也保证了我国制造业整体的竞争力。但是我国制造业同样面临着一系列问题：品牌国际影响力偏低、科技创新能力偏弱、单位能耗偏高等。

根据中国工程院发布的《2021年中国制造强国发展指数报告》，2021年，我国拥有的世界知名品牌数量仅为18个，而日本、美国分别为32个、74个。知名品牌数量与我国制造业规模并不成正比。不仅如此，我国的世界知名品牌主要是大企业，中小企业还未能在全球打响自己的品牌。

2020年，我国制造业研发投入强度仅为1.54%，远低于全球主要发达国家3%的水平[①]。同时，国内制造业研发投入强度也低于2.4%的全社会研发投入强度水平。科技投入的不足，使得我国制造业的工业增加值

① 研发投入强度指研发投入与企业营业收入比值。

率、制造业全员劳动生产率与全球主要制造业强国相比，表现较为薄弱。2020年，中国制造业全员劳动生产率分项的得分为3.05，同期日本得分为8.20。我国制造业大而不强的问题仍需解决。

此外，绿色发展亦亟待提升。2020年，从中美日德单位能耗制造业增加值的表现来看，中国为6.29美元/千克石油当量，不仅低于美国的8.05美元/千克石油当量，更是远小于日本和德国的12.07美元/千克、12.93美元/千克石油当量。随着我国碳达峰、碳中和目标的推进，制造业绿色发展的诉求仍在持续提升。一方面，要求我国积极淘汰落后产能、严格控制高耗能行业新增产能；另一方面，要求制造业企业积极进行技术创新，提高生产工艺水平，降低能耗。

（四）产业集群发展建议

从意大利、日本的发展经验，我们可以看到：产业集群的发展往往因产业转移带来的需求而萌芽。但是随着产业集群逐步发展，产业的成本优势逐渐丧失后，产业集群需要从劳动密集型向技术密集型产业集群转变。同时，随着产业集群走向成熟，打造品牌文化、国际影响力的重要性也在不断提升。

从我国当前的产业政策来看，各项扶持政策相对较为全面，但是结合我国当前的产业实际以及意大利、日本的经验来看，我国产业集群政策依然有可以提升的部分。

第一，加强产业集群品牌认定和推广，提高产业影响力。意大利定期对全国重点产业区进行认定和划分。同时，对各个产业区内的重点制造产品进行认定和推广，包括与欧盟的质量认证体系进行对接，提高区域重点产品的市场影响力和认可度，为区域内许多中小企业节省了大量的宣传成本。2020年5月，我国农业农村部发布了全国优势特色产业集群建设名单，对全国重点地区的特色农产品产业集群进行梳理汇总[①]。我国可以考虑完善重点地区、重点产品的推广宣传机制，将产品的生产标准与国际标准进行对接，进一步提高国人乃至世界对于重点地区产品的认可度，进而带动地区内相关生产企业的销售，减轻中小企业的经营压力。

第二，重视传统产业的转型升级。现有的产业政策更多是基于战略性新兴产业、科技型产业。但是事实上，从我国的产业集群结构来看，我国农产品、轻工业产业集群占比较大，吸纳就业人数较多。许多淘宝村、淘宝镇也依赖于传统产业集群脱贫致富。产业集群政策可以适当给予关注。一方面，政府可以效仿意大利的真实服务中心，为企业提供业务技术培训、销售融资渠道整合等服务，为以中小企业为主的产业集群提供更系统化的支持。另一方面，政府可以仿照日本，建立一定的投资优惠政策，对于投资额、就业人数满足一定规模的新增、改扩建项目予以财政补贴、融资支持。鼓励传统产业集群内企业产业升级，包括加大科技、设备投入、加强产品设计投入等，降低生产成本，提高市场竞争力。

第三，加强技术转移体系的建设。我国产学研结合的体系仍处于早期建设阶段。过往，大学、科研机构的研究相对封闭，与产业界的融合不够深入。研究成果的技术转移由于技术所有权问题的争议整体效率相对不足。当前，随着我国国有知识产权所有权和权益分配机制的完善，

---

① 中国政府网，《农业农村部　财政部关于公布2020年优势特色产业集群建设名单的通知》，（2020/5/15），［2022/8/22］，http://www.gov.cn/zhengce/zhengceku/2020-05/22/content_5513870.htm。

科研机构和高校知识产权处置自主权将逐步扩大。我国可以借此契机，仿效日本逐渐建立、完善技术转移体系，为中小企业和大型企业、企业和学术界搭建交流、成果转换的平台，帮助研究更好地实现商业化落地。

第五章　目标：星辰大海
——中小企业与贸易

第一节　外贸中的中小企业：角色、挑战与支持政策

中小企业是各国对外贸易的重要主体。近年来，跨境电商的崛起给更多中小企业提供了参与外贸的机遇。但贸易保护主义的反弹也加剧了中小企业参与国际贸易的风险。那么，中小企业在国际贸易中到底扮演着何种角色？有哪些优势和短板？各国政策又是如何提供支持与帮助的？我们将在本节就此展开讨论。

一、中小企业在对外贸易中的角色

无论对于发达国家还是发展中国家，中小企业在对外贸易中均有着举足轻重的地位。OECD在《2019年中小企业和创业前景展望》中的研究认为，中小企业是推动“出口导向型复苏”战略的主体，其出口指标

在数量、价值和强度等很多方面甚至超过大型企业。

（一）出口型中小企业数量

从数据来看，各国参与对外贸易的企业中，中小企业数量占比远高于大型企业。根据美国小企业局的数据，自2006年以来，在美国出口企业中，中小型企业占比均超过97%，2014年曾达到峰值98%。2020年美国货物出口商总数约为27万家，其中有26.3万家为中小企业。

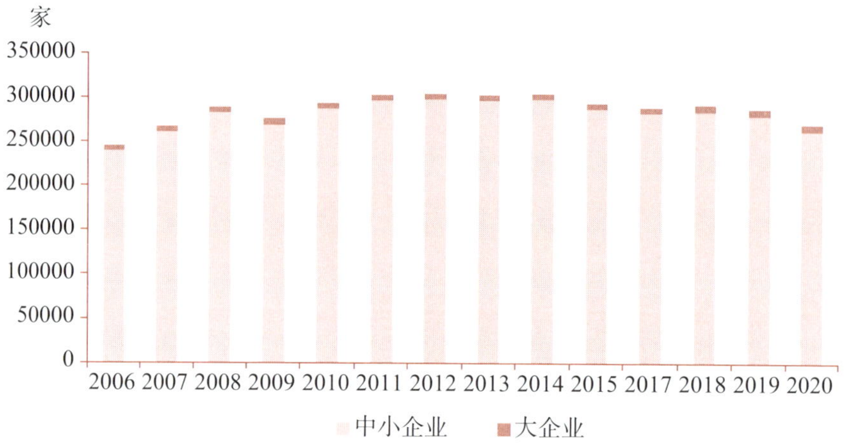

图5-1 2006-2020年美国不同规模的货物出口商数量

注：2016年数据暂缺。
资料来源：美国小企业局（SBA），兴业研究

从欧洲主要经济体出口企业的企业数量来看，中小企业占比普遍超过96%，其中意大利中小企业占比更是达到98.8%。不仅如此，在所有企业当中，微型企业占比普遍超过60%，其中西班牙的微型企业占所有企业的比例最高，为71.6%。中小企业规模小但数量大，是出口贸易的重要组成部分。在业务开展过程中，吸纳大量就业。

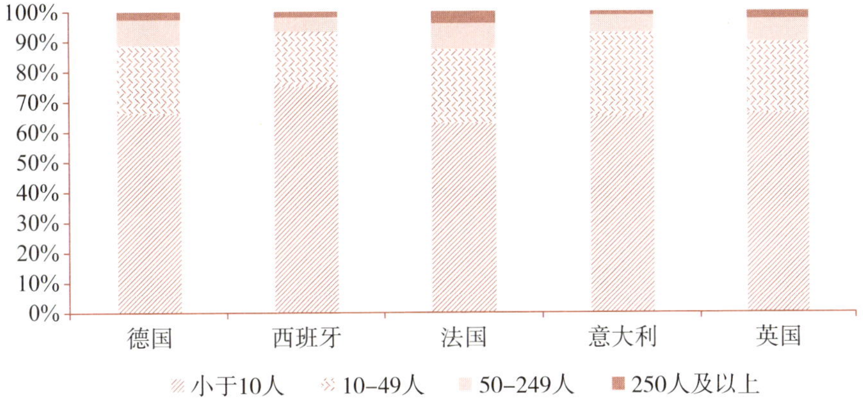

图5-2 欧洲主要经济体出口企业按规模分各类企业占比

注：英国数据为2018年数据，其他数据为2020年。
资料来源：TEC database，兴业研究

（二）中小企业出口规模

根据WTO 2013年统计数据，中小企业虽然数目众多，但其在各国的平均出口额中的占比仅为34%，在平均进口额中的占比为38%左右。从美国小企业局发布的数据来看，在美国商品出口价值中，中小企业的出口规模占比由2006年的28.9%上升至2020年的33.2%。从增速来看，美国中小企业与大型企业的增速整体较为接近，而且中小企业的增速波动相对大企业更小一些。

从欧洲国家的占比来看，西班牙、意大利、英国等国家的中小企业外贸出口金额占全国的比重均超过40%。中小企业在外贸出口的作用进一步凸显。德国、法国两个欧洲大国外贸出口对大企业的依赖度更高，但是中小企业的出口占比也均达到23%。

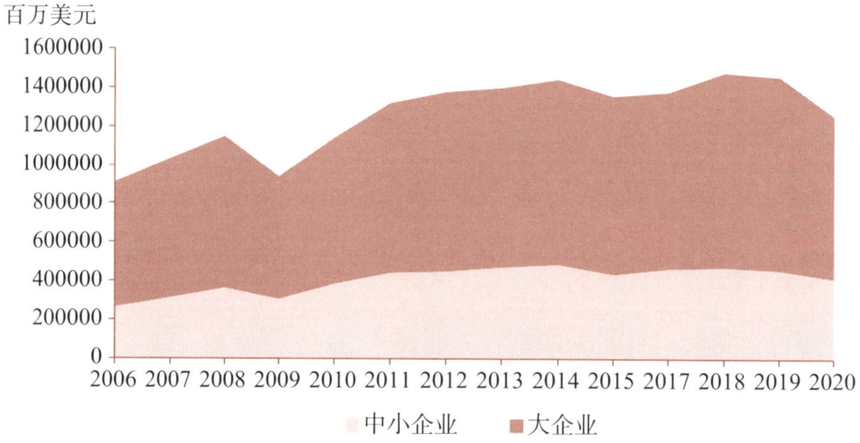

图5-3　2006-2020年美国不同规模的货物出口商出口价值

注：2016年数据暂缺。

资料来源：美国小企业局（SBA），兴业研究

图5-4　2007-2020年美国不同规模的货物出口商出口价值年度变化

注：年度变化百分比=（当年值-上年值）/上年值；由于2016年出口商数量与出口价值数据暂缺，采用插值法方式补足。

资料来源：美国小企业局（SBA），兴业研究

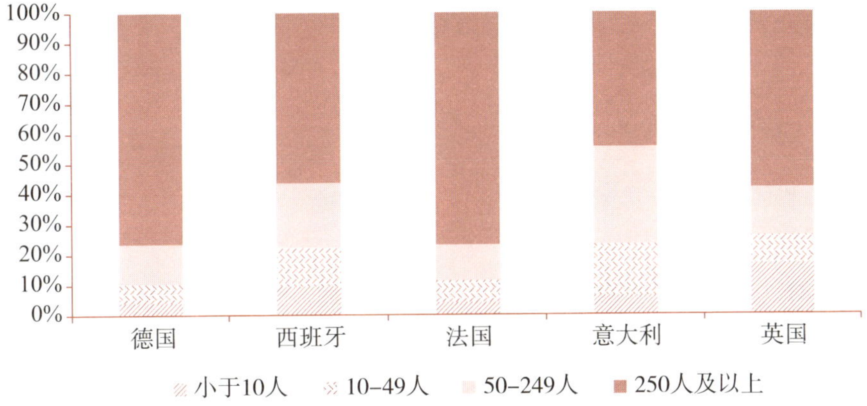

图5-5　欧洲主要经济体不同规模企业的出口规模占比

注：英国数据为2018年数据，其他数据为2020年。
资料来源：TEC database，兴业研究

3. 中小企业出口潜力仍大

从前文我们可以看到，参与外贸出口的中小企业数量众多，各国占比普遍超过96%。同时，各国中小企业出口金额占全国比重普遍为30%左右，部分国家甚至超过50%，是维持国家出口稳定的重要力量。

中小企业通常面临着信息不对称、资源约束等问题，如果能够缓解这些痛点，那么中小企业出口潜力就仍有进一步提升空间。德国复兴贷款银行（KFW）公布的数据显示，2011-2017年发展国际贸易的中小企业占全部中小企业比重一直保持在20%左右。这意味着，仍有80%的中小企业被排除在国际市场之外。对于以出口型经济为主的日本，日本贸易振兴机构（JETRO）提供的数据显示，2015-2020年日本出口导向型的中小企业占全部中小企业比例仅为30%左右。

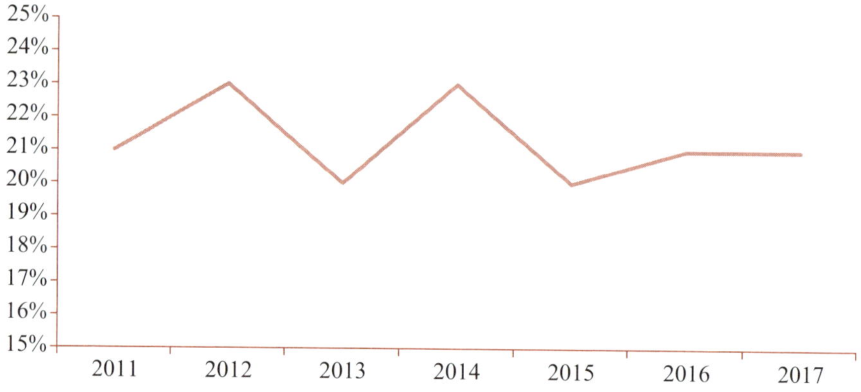

图5-6 2011–2017年德国中小企业出口商占全部中小企业比例

资料来源：德国复兴贷款银行（KFW），兴业研究

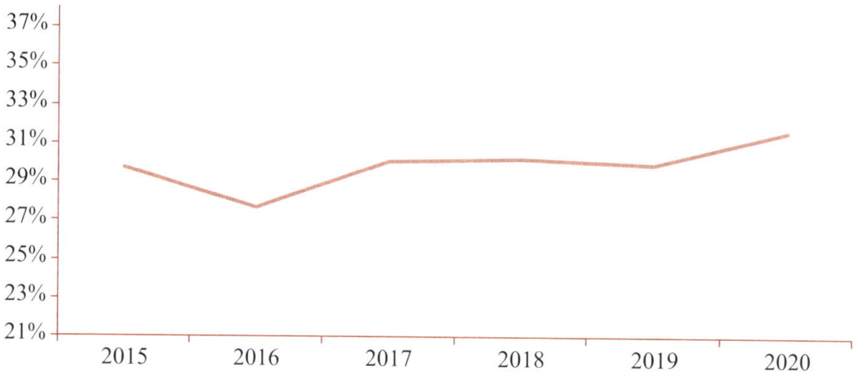

图5-7 2015–2020年日本中小企业出口商占全部中小企业比例

资料来源：日本贸易振兴机构（JETRO），兴业研究

二、中小企业对外贸易困境

一方面，中小企业的小型生产规模和扁平化管理机制使得其具备较强的灵活性。这为中小企业参与外贸带来了一定的优势。与大型企业相

比，中小企业的市场导向性更强，更加关注客户本身的发展需求以及个人体验。较小的生产规模使它能够根据市场环境变化及时调整企业的发展方向，企业自我调整的节奏也更快。

但另一方面，中小企业较小的生产规模也意味着抗风险能力不足。首先，国际贸易信息不对称更严重，经营风险也因此更高。其次，国际贸易相比于国内贸易，账期一般更长，由此也增大了中小企业资金链压力。最后，东道国文化、政策差异扩大了中小企业的进入门槛。上述因素也成为阻碍中小企业参与国际贸易的重要原因。WTO 2016年贸易报告公布的调查问卷结果显示，亚太经合组织国家中小企业的国际化障碍主要包括以下几个方面：

- 难以发现海外的商业机会，定位或分析市场的信息有限
- 无法联系到潜在的海外客户
- 较难获得可靠的海外经销权
- 缺乏管理海外业务的时间、人员
- 运输成本过高

2010年美国国际贸易委员会（USITC）对影响美国本土制造业企业开展对外贸易的障碍因素进行调查。对于中小企业而言，主要阻碍因素分别为：

- 无法找到海外交易对手方
- 高昂的运输成本
- 海外市场对当地产品的偏好
- 高额关税
- 难以找到可靠的支付手段
- 难以获得业务所需融资

● 复杂的海关流程

三、海外对中小企业的外贸支持政策

针对前述中小企业参与外贸所面临的障碍，主要发达国家从融资、宣传等方面出台了许多相关政策，以促进中小企业对外贸易的发展。

（一）美国外贸支持政策

对于中小企业外贸业务的开展，美国政府设置了多个相关部门提供政策支持。美国小企业局（SBA）、美国商务部（USDOC）、美国进出口银行、海外私人投资公司（OPIC）、美国贸易和发展署（USTDA）等部门均参与其中。

1. 金融支持政策

美国相关政府部门、金融机构为中小企业提供了一系列的出口业务贷款以支持中小企业拓展海外贸易。

● 出口快速贷款（Export Express Loan）：经营满12个月的企业，若证明某笔资金用于出口业务发展，可向美国小企业局提出申请贷款。贷款审批通常在36小时以内，最高贷款金额可达50万美元。

● 出口营运资金贷款（Export Working Capital Loans）：该项贷款主要用于为小企业主提供营运周转资金。该笔贷款可以设计成国外买家采购信用额度，以帮助小企业更好地协调出口业务资金往来支付方式。该笔贷款最高可达500万美元，反馈时间通常为5个到10个工作日。

● 国际贸易贷款（International Trade Loan）：该项贷款用于为小企

业提供进入国际市场必要的初期投资资金。其提供固定资产、营运资金融资和再融资的贷款组合，最高贷款总额为500万美元。

- 多买家信用保险（Multi-Buyer Credit Insurance）：美国进出口银行还提供了出口信用保险，主要是为中小企业出口产生的应收账款提供保险。其作用包括帮助中小企业克服出海过程中可能遇到的买家信用风险、东道国政治风险等各项风险；提高中小企业的流动性水平；提升国际市场竞争力。

2. 出口业务支持

在金融支持之外，美国还为中小企业提供了丰富的政策产品，来帮助中小企业启动、优化自身的出口业务。其中，以2011年各州共同创设的帮助小企业进入和扩展国际市场的州贸易扩展计划（State Trade Expansion Program，STEP）最具代表性。通过财政拨款来提供相应资金以支付小企业进入和扩展国际市场相关的成本，帮助小企业克服出口障碍。截至2020年，STEP已授予302项州拨款，平均每项拨款超过51.8万美元，总额超过1.56亿美元，产生近18亿美元的出口业绩。相关资金主要用于以下方面的政策支持：

- 出口报关、出口管制等出口培训
- 支持参加外贸代表团和市场销售旅行
- 设计国际营销产品和活动
- 网站全球化和电商平台建设
- 订阅美国商务部等相关机构的政策服务
- 参加出口贸易展览和培训研讨会

除了STEP计划之外，美国还有许多联邦机构为中小企业提供外贸方面的支持。例如美国出口援助中心（USEAC），为中小企业提供全国各中心出口流程咨询服务；小型企业发展中心（SBDC）则可为中小企业提供免费的商业咨询和低成本的培训服务等。

（二）日本外贸支持政策

日本同样有着一系列的外贸政策安排以帮助中小企业更好地开展对外贸易。

1. 金融支持政策

中小企业海外业务的启动和拓展往往需要大量融资，但是其自身体量又限制了融资能力。针对上述问题，日本政府亦出台了对应的资金支持政策。

第一，中小企业贷款。

从贷款额度来看，日本金融公社（中小企业事业部）针对单个授信主体，可提供最高14.4亿日元的贷款额度，其中长期流动资金额度为9.6亿日元。日本金融公社（国民寿险）可提供7200万日元的贷款额度，其中流动资金的额度为4800万日元。

从贷款期限来看，设备投资的贷款期限为20年内，延期不超过2年；营运资金的贷款期限为7年以内，延期不超过2年。

从贷款利率来看，一般适用于基准利率。符合条件的贷款资金一般在4亿日元的贷款额度内可获得3%的优惠贷款利率。

第二，信用担保。

这一政策主要适用于符合政策规定的中小企业向境外机构借入信贷资金，由日本相关机构为其提供信用担保。

从担保额度来看，每家符合条件的法人机构可获得4.5亿日元的信用担保。担保有效期1–6年不等。担保利率则根据信用风险、有效期等进行测算确定。

信用担保的债权需符合以下条件：贷款金额不超过信用担保金额；资金用途为设备资金和长期营运资金；贷款期限为1–5年。

第三，海外贸易保险。

海外贸易存在政治风险、信用风险，风险水平较高限制了抗风险能力较弱的中小企业的出海决策。因此，日本还为中小企业提供了出口投资保险。

企业在出海过程中若遭遇以下风险可申请保险赔付：

一方面是东道国的国家风险，如战争/恐怖主义、外汇管制、进口限制、自然灾害、经济制裁、国家征用等。

另一方面是海外对手方的信用风险：承包商破产、延迟履约等。

对于符合《中小企业基本法》的公司或者总投资额在10亿日元以下的企业，保费费用可减免10%。

2. 开拓海外销售渠道

针对有意向或者正在开拓海外销售渠道的中小企业，以及相关中小企业组织和行业团体，日本政府提供了一系列的海外推介渠道以帮助中小企业拓展海外销路。

- **海外展会参展支持：**通过审核的中小企业可参加海外展会日本馆的展出。日本贸易振兴会（JETRO）将协助办理参展手续，并提供出展费用折扣。

- **海外买家洽谈会：**促进销售的同时，可以结合买家需求对产品进行改进以增加海外销售的可能性。

- **派遣销售渠道开发团：**为日本中小企业高度关注的海外市场派遣考察团进行商务会谈和市场考察。

此外，JETRO近年来积极推动中小企业利用电子商务平台开展海外贸易。一方面，会有电商平台的技术、运营专家为中小企业就开店前准备、网站建设；开店后网店运营、营销等相关问题提供咨询服务。另一方面，JETRO还会定期举办活动，供中小企业与日本国内外购物中心、营销、物流、支付等领域的电商配套服务企业提供对接，以便更好地促进双方合作交流。

图5-8　日本中小企业开展电子商务流程图

资料来源：日本中小企业厅，兴业研究

3.海外业务咨询

针对中小企业在出海过程中可能遇到的各种各样的问题，日本政府还提供了系统性的业务咨询和专家建议。可咨询的内容具体包括：

- 海外扩张战略制定
- 市场开发、营销方案
- 代理、经销商合作方式
- 买卖、技术合同的处理
- 东道国贸易管理、法律法规
- 海外公司设立、运营
- 税务/会计/人力政策咨询

- 海外公司搬迁、撤离等

从上文来看，其提供了从前期规划、中期出海到后期运营撤退的全生命周期信息咨询，为中小企业海外业务发展提供了有效的方案支持。

（三）德国外贸支持政策

与日本、美国相比，德国没有为中小企业发展设立专门机构，但每个政府机构基本上都为中小企业提供了专项服务。同时，在融资、信息咨询与服务等传统支持项目之外，德国经济事务与能源部还开设德国外贸促进官方平台网站“iXPOS”[①]。这一平台汇聚了德国外贸相关政策信息，供德国企业查询参考。同时，企业可以通过这一平台与政府机构、行业协会等对接。此外，平台上还针对能源、环境、医疗健康、民用安全和农副产品等行业的中小企业，为特定行业中小企业制定相应的出口促进计划。

1. 金融支持政策

德国政府拥有多项金融产品为中小企业海外业务的发展提供融资支持，主要由国家政策性银行德国复兴信贷银行（KFW）执行。

- 出口融资计划（ERP Export Financing Programme）：该项目主要针对德国对新兴市场国家的出口业务。该项目对符合条件的国外买家或者出口目的地的银行提供贷款，最低利率按照OECD的商业参考利率执行。

- 造船业融资计划（CIRR Ship Financing Programme）：符合条件的德国船只买家可获得固定利率的贷款，购买德国船只，最低利率按照OECD的商业参考利率执行，以保证竞争中性。

① iXPOS 官 网，《iXPOS：Your Information Platform about Germany》，（2018-10-11），[2022-3-25]，https://www.ixpos.de/en/ueber-ixpos。

- 非洲出口融资计划（Africa CIRR Export Financing Programme）：符合条件的非洲进口商可以通过符合资质的银行来获得融资以购买德国产品，最低利率按照OECD的商业参考利率执行。

在对外贸易之外，德国还有一系列的金融产品用以支持德国中小企业的海外投资项目。

- 联邦各州开发银行投资贷款：支持中小企业和自由职业者开拓新市场。资助条件和类型因国家而异。

- 德国复兴信贷银行（KFW）海外企业家贷款：以优惠条件为德国企业海外投资提供长期融资，促进德国公司进入市场。该项目为初创企业、收购和合资企业提供资金；同时对科技型企业的科研项目提供资金支持。

- 德国投资发展公司（DEG）：与其他合作机构一起代表联邦政府开展公私合作项目。

- 联邦投资担保：外国公司的股份、给予外国公司的贷款、对德国公司外国分支机构的资本捐赠和其他财产权利都有资格获得担保。

2. 出口业务支持

在金融政策之外，德国政府还提供了其他出口支持政策，其中以iXPOS平台上提供的市场拓展服务最具代表性。其为准备国际化、开拓国际市场、进行出口交易以及国际业务数字化转型的中小企业提供信息支持与服务。主要支持政策包括两个模块。

第一，面向中小企业的市场开发计划（MEP）。MEP服务通过海外商务旅行、产品展销、网络研讨会等方式，帮助中小企业与海外客户进行对接以进入国外市场。在前期，MEP项目会组织网络研讨会、专家培训等活动，针对新市场、新出口领域的法律规定、市场机遇、贸易条件等进行培训、交流。之后，MEP项目会组织相关出口商海外商务旅行，并在东道国进行产品、服务展示以更好地找到潜在的业务合作伙伴。

在服务领域方面，包括环境技术、民事安全和健康管理等先进领域，以及机械、车辆、化学和电气等传统领域。**在项目费用方面，**展览等费用根据企业公司规模的不同为500欧元–1000欧元不等；在海外旅行期间的费用则由公司自行承担。

第二，分行业的出口倡议与资助计划。针对能源、环境技术、健康、民用安全技术、农业食品等重点行业，iXPOS还分别制定了出口倡议与资助计划。支持内容包括以下几个具体方面。

- 收集市场信息
- 评估出口市场的机遇风险
- 与国外建立业务联系
- 成为“德国制造”的优质供应商

由于不同行业的特性不同，发展需求也存在差异，德国的出口倡议与资助计划给予的经济支持也有所不同，具有较强的针对性和目的性。能够更好地实现出口支持政策的效果。

表5-1　德国出口倡议与资助计划具体内容

计划名称	行业范围	支持内容
能源出口计划	可再生能源、能源效率 智能网络、存储技术	市场准备和市场开发措施；国外营销
环境技术出口计划	可持续水资源管理、循环经济 空气污染控制、可持续交通	国外市场信息活动、市场探索和创业之旅； 国外产品路演、外国合作者访德之旅
环境技术出口计划	水和废水管理、循环经济 环保交通、氢和燃料电池技术	技术建设、国家和可行性研究； 国际联网措施、模式和试点项目

续表

计划名称	行业范围	支持内容
健康产业出口计划	制药、医疗技术 医疗生物技术、数字健康经济	有关国外医疗保健市场的专业信息； 展会、大会和现场信息活动
民用安全技术出口技术	安全技术改善 重大建设措施（如港口、铁路、能源供应系统） 重大社会活动（如体育赛事）	国外市场信息活动、市场探索和创业之旅； 国外产品路演、外国合作者访德之旅
农业食品工业出口计划	农业和食品工业	信息活动和研讨会；市场调研和商务旅行外贸展会计划

资料来源：iXPOS官网，兴业研究

四、我国中小企业外贸支持政策

我国中小企业对于我国出口同样有着较高的贡献度。根据海关统计的数据，2021年我国民营企业进出口规模达到19万亿元，占比达到48.6%[①]。考虑到民营企业中，中小企业占比更高，则中小企业无疑是我国外贸的重要主体。根据跨境电商B2B收款机构XTransfer的统计数据，我国中小企业在跨境电商中交易额贡献率更是达到60%[②]。我国中小企业数量较多，吸纳了大量就业，广泛参与对外贸易，始终是政策支持的重点领域。

① 中国商务新闻网，《中小微外贸企业释放更强竞争力》，（2022-03-21），［2022-03-22］，http://www.comnews.cn/content/2022-03/21/content_4252.html.

② XTransfer，《XTransfer发布双指数报告，数说中小外贸企业出口趋势与国际竞争力》，（2021-07-26），［2022-03-22］，https://www.xtransfer.cn/information/news/60fe423a46e0fb0007fa29f9.

（一）金融支持政策

对于中小企业而言，融资难融资贵是老生常谈的话题。而中小企业参与对外贸易，由于账期拉长，融资压力被进一步放大。因此，我国正逐步完善对小微企业的金融支持政策体系，解决中小企业外贸融资问题。

1.保障对中小微企业的信贷支持力度

人民银行持续利用再贷款、再贴现工具降低中小微企业融资成本。2020年11月，人民银行发布了《关于增加再贷款再贴现额度支持中小银行加大涉农、小微企业和民营企业信贷投放的通知》，再次增加1万亿元的再贷款、再贴现额度。通知明确提出，再贷款、再贴现资金要重点投向涉农、外贸和受新冠疫情影响较重的产业。外贸中小企业是政策支持的重点之一。

阶段性实施普惠小微企业贷款延期还本付息政策。中小企业抗风险能力不足。在面对金融海啸、疫情等冲击时，资金压力骤升，经营风险加大。人民银行、银保监会等部门除了使用货币政策工具保证新增贷款投放，也会通过延期还本付息等政策来稳定存量贷款。保证中小企业资金链的稳定。

创新融资产品、融资工具以提高金融服务中小外贸企业的效率。2019年起，我国外汇管理局牵头建设了跨境金融服务平台，建立了包含政府、银行、险企、外贸企业在内的信息共享和端到端的核验机制，加强了对外贸企业，尤其是中小企业跨境贸易融资的支持。截至2022年2月底，跨境金融服务平台累计完成融资23万笔，放款总额达到1400亿美元[①]。目前，平台已陆续推出了5个融资类应用场景。

- 出口应收账款融资
- 企业跨境信用信息授权查证
- 西部陆海新通道物流融资结算
- 出口信保保单融资
- 中欧班列融资

通过跨境平台交易信息、资金流向等信息核验，有效地帮助银行进行背景调查，提高了审核效率和正确性，有效地推动了融资效率提升，更好地支持疫情下中小企业外贸融资需求。

2. 完善中小企业的征信体系

中小企业内部财务管理相对薄弱，征信体系不够完善，增加了银行业务、资金往来真实性审核的难度，降低了银行等金融机构对中小企业融资支持的积极性。因此，加强中小企业征信体系对于促进融资改善起着重要作用。

加强社会信用体系建设。2014年我国发布了《社会信用体系建设规划纲要（2014–2020年）》，其中明确提出“推进社会成员包括外贸企业信用信息的归集与应用，配合促进外贸企业信用记录数据库建设，为外贸企业提供金融服务基础支持”。同时，近年来我国电商平台的崛起客观上推动了中小企业数字化转型的进程。这也为我国中小企业征信体系的完善提供了巨大的帮助。

利用供应链金融助力中小企业融资。以供应链为抓手同样可以有效

① 经济参考报，《解中小企业之忧　外汇局详解跨境金融服务平台》，（2022-03-10），[2022-03-22]，https://baijiahao.baidu.com/s?id=1726882822831157119&wfr=spider&for=pc。

地改善了银行和中小企业间信息不对称的问题。我国工信部中小企业局、银保监会、人民银行等均出台了相应政策，强调推动以产业链龙头企业为核心，对上下游的中小企业提供有针对性的供应链金融产品，满足其融资需求。其中，比较新颖的是陕西省推出的“一链一行”的主办行制度。对于一条产业链，选取一个核心银行作为主办行，在已有业务合作基础上，积极对接产业链骨干企业，畅通上下游“链上企业”，配置专项信贷资源，开辟绿色服务通道，提高重点产业链小微企业的首贷率、信用贷款占比①。

3. 加强中小微企业抗风险能力

在贷款融资之外，近年来我国也在持续推进出口信用保险业务的发展，提高中小企业参与外贸的抗风险能力。2021年3月，商务部与中信保发布了《进一步发挥出口信用保险作用，加快商务高质量发展的通知》，要求各地商务主管部门推动将出口信用保险纳入当地“十四五”系列规划、新发展格局和重大区域战略等支持政策体系。利用中长期出口信用保险等重点服务通信、新能源、船舶、轨道交通等行业；提升中小企业服务质效，鼓励有条件的地方构建中小微企业信息监测机制，优化对中小企业的保险服务。

不过，我国保险市场尚不发达，信用担保发展较为缓慢，离真正解决中小企业出口融资问题尚有距离，出口信用担保政策还需持续推进和落地以更好地起效。

我国还持续推进外贸企业汇率避险能力的提升。近年来，国际局势

---

① 工信部中小企业局，《陕西建立“一链一行”主办行制度 推动产业链资金链深度融合》，（2021-10-20），［2022-3-25］，https://wap.miit.gov.cn/jgsj/qyj/rzcj/art/2021/art_12a244d6a36b44019b4e08052476a1b3.html。

变化加快，人民币汇率在保持整体合理均衡的同时，仍面临着阶段性的汇率风险。针对上述问题，我国也提供了相应的服务与政策工具来规避中小微外贸企业的汇率风险。一方面，通过宣传培训来引导外贸企业树立汇率风险中性意识，提高利用相应的货币金融工具来实现汇率避险的意识与能力；另一方面，积极鼓励金融机构提供有效的汇率避险工具，降低交易费率。比如推动银行机构进一步开展针对中小外贸企业的远期结售汇业务。2021年10月21日，中国外汇交易中心发布通知减半收取中小企业衍生品交易相关的银行间外汇市场交易手续费，以降低中小企业汇率避险成本。

（二）出口业务支持

在融资政策之外，我国针对中小企业国际化经营能力的提升，从信息化水平、科学决策、风险管理水平等方面出发，进行针对性的政策布局。

推动中小外贸企业数字化转型。2021年发布的《“十四五”促进中小企业发展规划》中明确提出要推动中小企业数字化转型。2021年11月，工信部中小企业局发布的《关于印发提升中小企业竞争力若干措施的通知》则给出了中小企业数字化转型的更加具体的行动方案。首先，推动数字化产品应用。通过实施中小企业数字化赋能专项行动，提供符合中小企业需求的数字化解决方案、产品及服务。事实上，在我国电子商务平台发展的过程中，SaaS等数字化工具的应用及推广，有效地帮助中小企业进行线上运营、销售，可以被看成是中小微企业数字化转型的起点。未来仍有进一步优化的空间。其次，通过工业互联网、智能制造等新型数字化技术的应用，来实现中小企业数字化联网、改造，提高智能生产水平。最后，发挥国家级工业设计中心、国家工业设计研究院等机构作用，为中小企业提供系统性工业设计服务，来提高中小企业产品的附加值。

为中小外贸企业提供必要的咨询、培训。在科学决策方面，政策要求中国出口信用保险公司不断增强海外信息收集、分析能力，提供完善的海外资信服务。其提供的产品包括海外企业标准资信报告、海外目标国家制定产品进口采购分析报告、海外采购商/供货商名录报告、重点行业研究报告、重点国别风险分析报告等。中小企业可按需采购。

同时，商务部要求提供针对性的培训服务提高避险意识与能力。商务部积极加大宣传培训力度来引导企业梳理外汇风险中性意识。此前，商务部、人民银行和外汇局一起举办了全国汇率避险培训，同时在商务部官网上提供外汇避险的线上视频课程，加强政策网络宣传力度。同时，各地商务主管部门可委托中信保定期为中小外贸企业开展风险管理咨询和培训服务。培训内容包括国际贸易规则、海外市场动态、风险管理知识与技术等。

（三）强化跨境电商平台建设

我国发展跨境电商平台，有着得天独厚的优势。国内电商平台多年的运营经验、支付技术，平台大量入驻企业提供的数据支持都为国内跨境电商平台的发展打下了坚实的基础。跨境电商平台的发展，可以有效带动产业相关的物流、支付、IT、代运营等生产性服务业扩大化和专业化，进而有效解决中小企业参与全球贸易所面临的信息不对称、物流成本高等难题，有效降低外贸经营门槛，节约成本，提升效率，增加利润；给予更广大中小企业参与全球贸易的机会。

从已经发布的政策文件来看，跨境电商政策内容集中在支付结算、国际仓储物流、数据信息三个部分。这几个问题也是中小企业参与外贸时面临的主要困扰。

1. 跨境支付结算

随着我国对外货物、服务贸易规模的持续扩大，我国人民币跨境支付结算的业务规模也在持续上升。2020年我国人民币跨境支付系统的业务量达到220亿笔，支付业务金额达到45.3万亿元。但是，传统结算过程中存在结算环节多、结算时间长、结算手续费率高等问题。因此，政策致力于优化跨境支付结算手续，提高支付结算效率。

具体来看，主要包括以下几个方面的政策内容：

- 鼓励电商平台企业完善支付结算的基础设施布局
- 支持跨境电子商务等贸易新业态使用人民币结算
- 简化跨境人民币结算流程：优化跨境人民币业务重点监管名单形成机制；优化跨国企业经常项目下跨境人民币集中收付安排等
- 推动人民币结算便利化（如深圳的"跨境电商直通车"[①]）
- 推动数字人民币结算，实现消费者到平台的结算闭环

2. 跨境物流体系

随着我国对外贸易规模持续扩大，跨境物流行业规模逐渐上升。2020年我国跨境电商出口物流行业的规模已经达到1.3万亿元，增速达到84.3%。同时，跨境电商平台的发展带动了仓配一体化进程的加快，海外仓的模式逐渐提升。未来，物流行业的提速优化无疑将成为影响外贸效

① "跨境电商直通车"是深圳人行指导商业银行推出的服务跨境电商出口便利化收款的一项创新，出口跨境电商无须通过境内第三方支付机构办理出口收款，而是直接由银行为其提供跨境人民币便利化出口收款服务。

率的关键一步。而我国的相关政策也对此进行了布局。

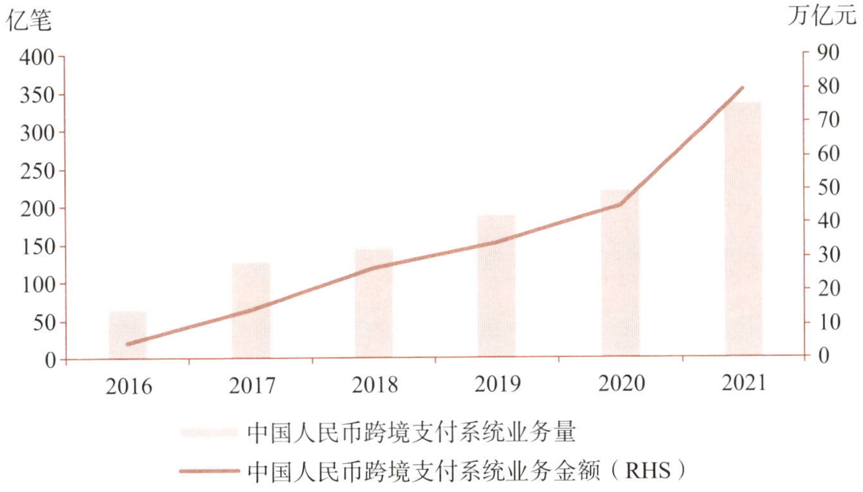

图 5-9　2016-2020 年中国人民币跨境支付结算业务规模

资料来源：中国人民银行，兴业研究

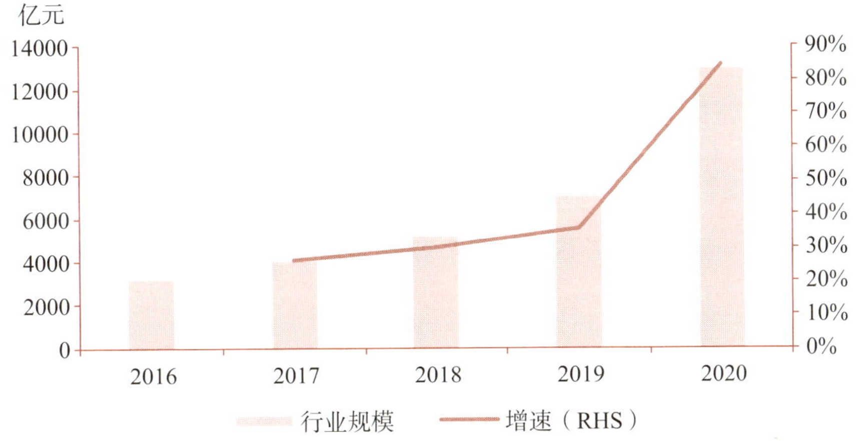

图 5-10　2016-2020 年中国跨境电商出口物流行业规模

资料来源：华经情报网，兴业研究

当前，针对国际仓储物流的政策内容主要包括以下几个方面：

- 提升中欧班列等货运通道能力，加强集结中心示范工程建设
- 鼓励运营企业完善境外物流网络，增强境外联运、转运和集散能力
- 鼓励港航企业与铁路企业加强合作，积极发展集装箱铁水联运
- 鼓励进出口等商贸服务企业与物流企业深化合作
- 支持大型农产品批发市场、进出口口岸等建设改造冷冻冷藏仓储设施
- 支持建设一批海外仓，扩大跨境电商零售进口试点

前文提到，无论是大型企业，还是中小型企业，都面临着国际贸易物流成本高的现实困扰。大力发展出口商贸物流，可以有效降低外贸门槛，也是我国支持中小企业对外贸易的政策亮点。

3. 数据信息管理

当前，数据已经被明确为新型生产要素，是推动经济增长的重要动力。对于国际贸易而言，数据、信息要素的意义更加明显。国际贸易中的信息不对称成为企业经营风险的重要来源。通过数据信息的整合、计算，可以显著地降低信息不对称，加强对国际贸易的跟踪，及时反应、提高效率。当前，我国针对数据信息管理的政策主要包括：

- 鼓励电商平台企业完善数据信息的基础设施布局
- 深化“一带一路”国家电子商务合作，积极发展“丝路电商”
- 参与东道国数字惠民、数字金融等民生项目
- 参与、推进数字领域国际规则构建：数据确权、交易、传输、安保等领域的标准规范建设

（三）小结

当前，信息技术、物流基础设施的完善，使得我国中小企业参与外贸比过去更为便利。但在运营过程中，仍有诸多问题等待进一步解决。

第一，贸易保护主义的反弹、各国监管政策、文化风俗的差异仍持续存在，中小企业仍然面临着外部风险。此前，国内部分企业因为刷单问题遭国外电商网站罚款、冻结、关账，背后即反映了国内企业对海外经营环境认知上的偏差。

第二，中小企业经营管理制度相对落后，对市场、客户的信息收集、管理能力相对薄弱。在参与外贸时，信息不对称问题往往被进一步放大，带来支付结算等经营风险。

第三，随着中小企业外贸规模的扩大，海关监管难度进一步增加，逃税漏税问题有待解决；相关法律法规相较于业务发展存在一定的滞后性，加大监管难度。

因此，在鼓励中小企业积极参与进出口贸易的同时，政府仍应持续出台、优化相应政策，及时与国际对接，促进中小企业外贸规模的持续提升。

第二节　全球化与区域化的“来去之间”——全球化新阶段下我国中小企业发展机遇

在人类开启工业化进程后，伴随着历次工业革命，全球化得到了前所未有的推进，并随之形成了全球价值链（Global Value Chain，GVC）。随着不同国家和地区分工的细化，不少中小企业通过融入全球化的产业链、供应链获得了发展机遇。然而，近年来随着贸易保护主义抬头、新冠疫情暴发等多方面因素影响，不少国家和公司逐步意识到GVC和供应链的脆弱性。由此，越来越多的公司开始寻求在所在国或者周边寻求替代性的供应商，从而使得“区域化”（Regionalization）成为“全球化”的新动向。而随着俄乌冲突发生、欧美对俄施加多项制裁措施，全球市场的割裂和碎片趋势也逐步显现。在“区域化”的新趋势下，我国中小企业将遇到与此前不同的风险和机遇，具有较大潜在增长空间的产品和贸易目的地也可能发生变化。

一、区域化：全球化的新动向

在跨境交往的历史上，全球化（Globalization）与区域化（Regionalization）是一对相互关联的概念。在全球化推进的过程中，区域化历程也将有所推进；而近年来虽然新冠疫情、贸易摩擦等因素使得全球化有所停滞，但是随着各个经济体之间“抱团取暖”，区域化进程继续显示出了良好的生命力。

（一）全球化历史进程及全球化的瓶颈

从人类发展历程来看，人类在近代经历过两轮较为显著全球化进程，两轮全球化的驱动因素不尽相同。

一般来看，全球贸易量占全球GDP的比例被认为是重要的全球化程度指标。根据法国世界经济研究中心（CEPII）追溯可查的近代统计数据，人类在1827年之后分别经历了两轮较为显著的全球化进程，分别是1870年至1913年以及1950年至2008年，而在2008年之后，全球贸易量占全球GDP的比例进入了震荡，全球化也进入了平台期。

从驱动因素看，第一轮全球化的主要驱动因素为贸易成本的下降，而第二轮全球化的原因除贸易成本下降外，更重要原因在于技术进步和全球分工的细化。

根据David Jack等2008年在《贸易成本：1870到2000》（*Trade Cost*，1870–2000）中的测算，若以英美法等国之间的贸易成本（包括关税成本、运输成本等）作为标杆，在1870年至1913年的第一轮全球化中，全球贸易成本总体下降了23%，这一因素可解释这个时期55%以上全球贸易额增加的原因，剩余45%左右全球贸易额增加则可由全球总产出的增加来解释。在1950年至2008年的第二轮全球化中，全球贸易成本总体下降了16%，这一因素约可解释这一时期33%的全球贸易额增长原因，剩余约64%的全球贸易额增长原因则可以通过全球产出增长进行解释。成本下降的解释力度已显著降低。

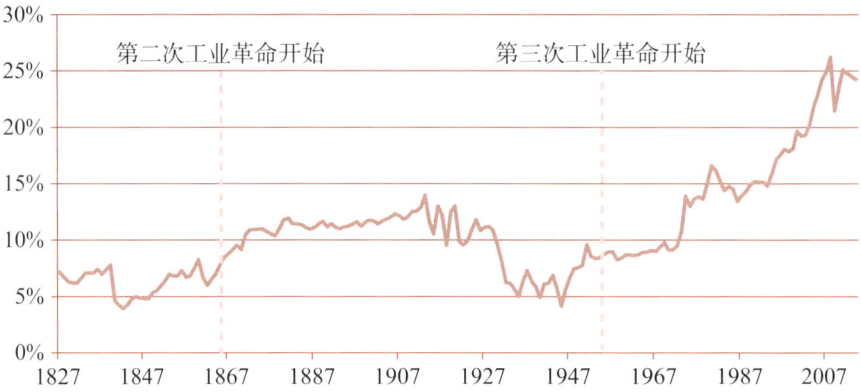

图5-11　全球货物贸易额占全球GDP的比重

资料来源：CEPII，兴业研究

第二次世界大战结束后，人类社会开始了第三次工业革命，以信息技术、新能源技术、新材料技术、生物技术等为代表的信息革命使得人类能够生产和运用的工具越发的复杂和先进，而全球分工的进一步细化，可以充分利用不同地区在生产不同产品过程中的比较优势，获得全球化激烈竞争下的最优收益。在第二次全球化的进程中，全球货物和服务出口额在全球GDP中的比重由1960年的11%，上升到了2008年的31%。在这一过程中，货物贸易和服务贸易也逐渐形成了相应的全球价值链（Global Value Chain，GVC），世界逐渐成为“地球村”。

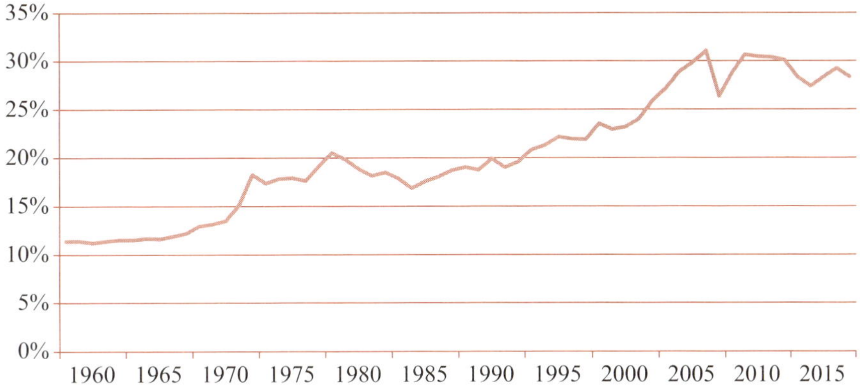

图5–12　全球出口总额（服务和货物贸易）占全球GDP的比重

资料来源：WIND，兴业研究

全球化进程自2008年后进入了平台期，其原因既有金融危机等事件性的冲击，也有全球化遇到了自身的瓶颈和局限性。哈佛大学肯尼迪政治学院的Dani Rodrik教授早在2000年提出的“全球化三元悖论”中就已对全球化潜在的困境作出了预测。Dani Rodrik在2000年发布的文章《国际经济一体化可以走多远？》（How Far will International Economic Integration Go？）中首次提出了世界经济一体化（即全球化）从政治角度存在“全球化三元悖论”（Trilemma），并在此后完善了这一理论。**Dani Rodrik指出，任何国家只能在高度全球化（Hyper–Globalization）、国家主权（National Sovereignty）以及大众政治（Mass Politics）这三个选项中选择两个。**

若选择了高度全球化和国家主权，那么就意味着大众政治将被放弃，在此模型下，各国在保证政府主权的同时需要放弃大众政治，从而使得经济一体化领先于政治一体化。与此同时，超级全球化又要求各国实施统一的监管规则、执行极低的关税政策，并放开资本流动管制。这就犹如把各国套入了“金色紧身衣”（Golden Straitjacket）之中，由此必然会有部分民众在超级全球化的过程中受到损害。由于这部分民众无法获得足额的补偿与安抚，则其可能将矛头对准全球化，从而使得民粹主义情绪高涨，进而导致该国被裹挟挣脱“金色紧身衣”。例如2001年阿根廷经济危机之后，阿根廷政府最后选择放弃了绑定美元的汇率制度，并违约相关主权债务。当前，欧元区的模式也与此相类似，欧债危机时希腊也险些出现挣脱“金色紧身衣”的情况。

若选择了高度全球化和大众政治，那么就意味着国家主权将会出现相应让渡，由此，该国的政治主权等一系列权利会被让渡给超主权的全球治理体系（Global Governance）。然而，一方面，当前的超主权全球管理机构（联合国、世界银行、世卫组织等）能否承担如此沉重的职责尚有待验证；另一方面，在没有外力介入的情况下，各国政治精英和民众也难以快速接受这种转变。从理论上来看，对于不同历史传统、风俗习惯和教育背景的民众施行相对统一的管理体系也有较大的困难。从本次新冠疫情的实践来看，全球治理体系的大范围实践仍有许多需要完善之处。

若是选择国家主权和大众政治，那么高度全球化则难以实现。在过去的实践中，布雷顿森林体系（Breton Woods）可视为该模式的一个案例。该模式下，虽然各国确保了货币政策的独立性和相应的政策空间，并保证了部分国家内部的民主制度，但却牺牲了资本在全球的自由流动。而且，当时的关贸总协定（GATT）等协议仅从边境限制等方面解决了传统贸易壁垒，并未解决更深层次的资本流动、经济深度融合等问题。

从人类发展进程来看，虽然Dani Rodrik认为全球治理体系将会是“全球化三元悖论”下的最终选择，但其也承认该道路的实现难以在短期内达到，甚至需要人类上百年的历程才能完成。此前许多西方国家选择了高度全球化和国家主权这两个选项，或多或少地接受了“金色紧身衣”的约束。这其实也是近年来西方主要经济体民粹主义盛行、贸易保护主义抬头的深层次原因。**在此背景下，更多的国家开始转而回归国家主权和大众政治的选项。不过，在暂时放弃超级全球化的同时，不同经济体也尝试在地域、文化更为接近的区域内，通过贸易协定等方式推进区域性的贸易自由化和资本自由流动。**

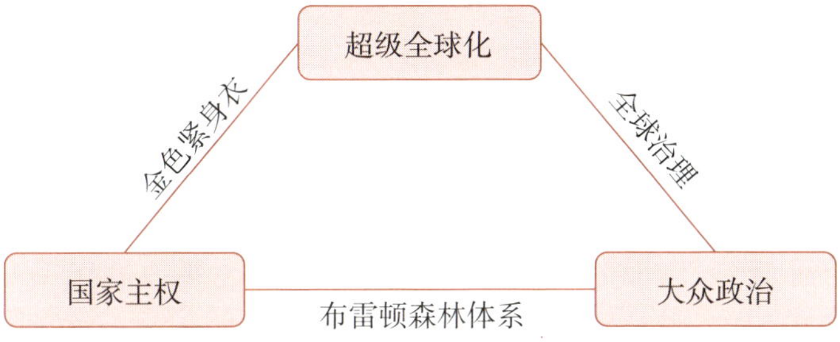

图5-13　全球化不可能三角

资料来源：《Globalization，Populism and inclusion》，兴业研究

（二）区域化：全球化的最新变化

在实践中，全球化（Globalization）与区域化（Regionalization）作为经济一体化的两种表现形态，是一对互相关联的概念，但是两者的关系却并不一定是正向关联的。特别是近年来全球化陷入停滞的背景下，区域化仍有所推进，世界经济呈现了更为显著的区域化特征。

根据IMF于2002年在《全球化：IMF融入其中的框架》（Globalization：A Framework for IMF Involvement）中的阐述，全球化（Globalization）指的是思想、人员、货物、服务以及资本在全球越发自由流动从而使得全球经济和社会更加融合的过程。而与之相对应，虽然并无明确定义，**区域化（Regionalization）**一般被认为是在特定区域内思想、人员、货物、服务以及资本越发自由的流动以及经济和社会更加融合的过程。一般而言，随着全球化的推进，区域化也将获得发展；不过，当全球化陷入停滞之时，区域化既可能也随之陷入停滞，也可能继续维持发展。

若回顾历史，从20世纪80年代开始，区域化（Regionalization）就已经成为全球化最为主要的驱动因素。Hideaki Hirata等学者在2013年发布报告《区域化VS.全球化》（Regionalization VS. Globalization），将各国经济增长的驱动因素解构为全球、区域、国家及其他四个方面。根据该文章测算，从20世纪80年代中期开始，区域因素在解释各主要经济体增长的原因方面起到了更为重要的作用。与之相对应，全球因素的重要性则发生了显著的下降。由此，Hideaki Hirata等学者认为，80年代中期之后的全球化进程主要是由区域化融合所驱动。

区域化快速推进的另一个显著证据在于近年来大量区域性贸易协定的签署和更新。根据世贸组织（WTO）统计，生效的区域贸易协定（Regional Trade Agreements，RTA）从20世纪90年代开始快速增多，1990年生效的区域贸易协定还仅有22个，到2020年生效的区域贸易协定数量已经达到310个，而在2021年生效的区域贸易协定数量则进一步增加到了350个。这些RTA不仅包括多个国家共同签署的区域性贸易协定（如RCEP），也包括两个国家之间（如中韩自贸协定）或一个国家与另一个自贸区之间的贸易协定（如欧盟-越南自由贸易协定）。值得注意的是，根据世贸组织统计，截至2021年6月，我国参与的现行生效区域贸易协定数量为16个，距离签署区域贸易协定最多的国家或地区仍有一定差距。

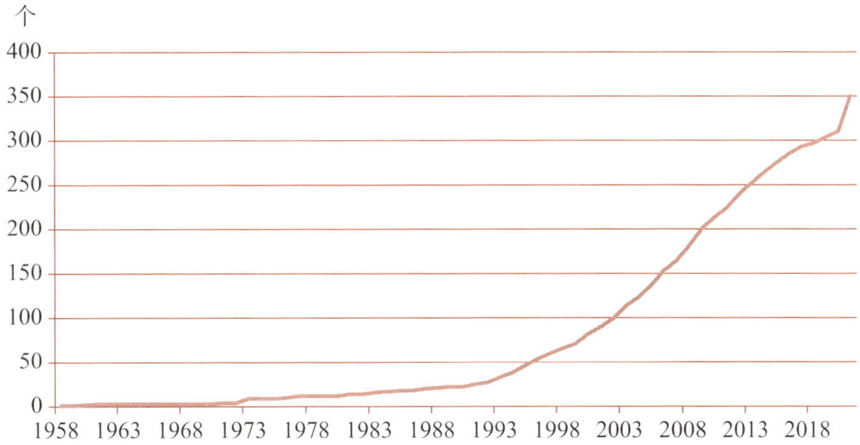

图5-14　生效区域贸易协定（Regional Trade Agreements）数量

注：根据WTO的统计数据，区域贸易协定（Regional Trade Agreements，RTA）不仅包括多个国家共同签署的RTA，也包括两个国家之间或一个国家与另一个经济联盟间签署的RTA。

资料来源：WTO，兴业研究

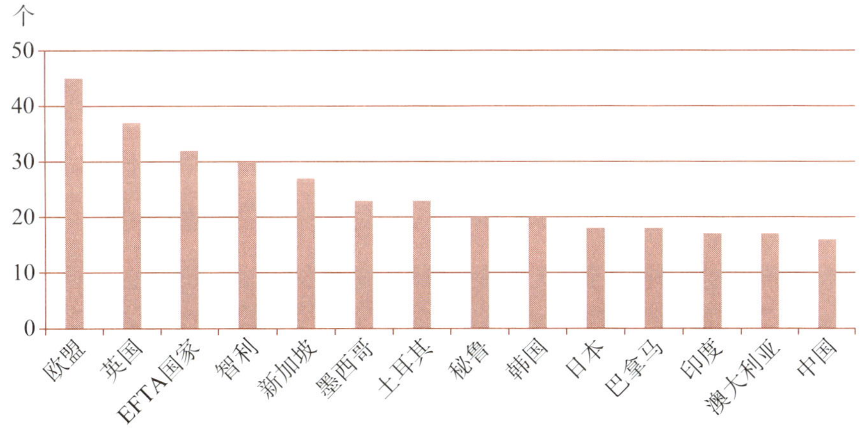

图5-15　主要经济体参与的区域贸易协定（RTA）数量

注：EFTA国家指的是签署欧洲自由贸易区协议的国家。

资料来源：WTO，兴业研究

近年来，全球化趋势中呈现了全球化相对停滞、区域化却继续发展的情况。Peter Enderwick和Peter Buckley在《区域化：后新冠疫情的世界是否会遭遇全球化退潮》（Rising Regionalization：Will the post-COVID-19 world see a retreat from globalization？）中指出：**越来越多的企业开始重新考虑全球产业链的韧性，并开始在临近区域寻找供应商。**Peter Enderwick和Peter Buckle认为，新冠疫情、“苏伊士运河堵船”等事件使得全球产业链上的各个参与企业开始重新审视全球产业链的韧性和稳定性问题。**为了提高供应链的稳定性，越来越多的企业开始寻求在地理距离较近、运输不容易受限的临近区域重新寻找供应商。**根据瑞士圣加伦（University of St. Gallen）大学的Stefan Legge和Piotr Lukaszuk计算，新冠疫情暴发之后，在欧洲28国（含欧盟27国及英国，下同）的进口贸易额中，来自其他大洲的进口贸易额占比在2020年2月新冠疫情暴发后显著下降，由82%左右下降到了75%左右，且此后未能回升至80%以上。欧盟28国进口货物的平均运输距离也显著下降，由新冠疫情前的近6000公里下降到了不足5200公里，且此后维持在5600公里左右。

除此之外，Peter Enderwick和Peter Buckle认为，近年来快速区域化的一个重要原因在于中美贸易摩擦所导致的全球供应链的不稳定。例如，此前美国对中国特定行业或企业所发起的制裁，使得部分产业的全球价值链（Global Value Chain）不得不进行重构。出于防范未来贸易争端等进一步恶化因素的考虑，即使暂时没有受到影响的企业或产业，也开始着手降低对来自某些地区供应链的依赖，塑造多样化的供应来源，甚至转而依赖成本较高的本地供应，以此来稳定自身供应链。

如前所述，在当前环境下，区域化的进一步发展可能并不意味着全

球化的深化，反而还可能导致全球形成了相对割裂的“多极”模式。早在2018年，斯坦福大学胡佛研究所（Hover Institute）的Josef Joffe教授就曾在《Strategika》期刊上发表《当代国际体系的结构》（*The Structure of The contemporary International System*）[①]，其中指出，当前国际体系呈现“两个三极”（Two Triangle）的格局。Josef Joffe指出，从经济实力上来看，美国、欧洲和中国这三个经济体量最大的经济体形成了经济上的“三极”（Tripolar）体系，这三个经济体GDP之和超过了全球的三分之二；而从军事力量和战略上来看，美国、俄罗斯和中国这三个国家形成了战略上的“三极”体系。

事实上，“多极”模式不仅局限于经济领域，在货币体系、规则标准制定等许多领域也已出现了这一趋势。2011年，欧洲的政策经济研究中心（CEPR）曾发布报告《中国主导假说与“三极”全球货币体系》（*China dominance hypothesis and the emergence of a tripolar global currency system*）[②]，就世界是否会出现美元、欧元、人民币主导的“三极”国际货币体系进行了研究，并得出了人民币已经在亚洲占有重要地位的结论。穆迪（Moody's）也在2020年发布《全球经济“三极化”的信用风险》（*Move to tripolar world economy poses widespread credit risks*）报告[③]，指出全球经济的“三极”化将会对供应链、贸易规则、技术标准制定等带来深远影响。例如，在对5G、数字技术、清洁能源等新兴技术领域的发展方向上，已出现了多个经济体之间在规则制定（Setting

---

① 资料来源：https://www.hoover.org/sites/default/files/issues/resources/strategika_55_mr1.pdf。

② 资料来源：https://voxeu.org/article/do-we-have-tripolar-monetary-system。

③ 资料来源：https://www.moodys.com/research/Moodys-Move-to-tripolar-world-economy-poses-widespread-credit-risks--PBC_1253714。

Policy)、监管标准(Regulatory Standards)方面的竞争。在这一模式之下,“多极”之间将不仅有竞争,也可能出现相对的合作,而其他国家或地区或将不得不在“多极”之中被迫选择与其贸易、文化等各方面更为类似和紧密的“一极”。

综上所述,随着全球化向区域化的转变,全球的经济力量、贸易体系以及规则制定也将酝酿新的改变。这一趋势在此之前就已经初现端倪,随着新冠疫情的暴发和蔓延进一步演进。**虽然这或许意味着全球大分工进一步深化的暂时停顿以及全球市场一体化开拓的暂时停滞,但是这也会为全球各个区域的中小企业提供产业链替代等新机遇。**

二、全球化新格局下我国中小企业如何发展

在全球化陷入相对停滞,而区域化成为未来国际交往和贸易更为显著特点的背景下,我国中小企业不仅将面临新的挑战,也将迎来新的机遇。

(一)全球化与区域化趋势对中小企业的影响

在此之前,全球化的推进使得部分地区性中小企业受到境外更有竞争力企业的挑战和冲击,相关挑战的原因来自多个方面,但最终的结果使得部分中小企业在产业链中的地位被替代。

第一,由于在部分行业中存在规模经济现象,随着全球化的推进,全球行业排名靠前的企业将侵蚀地区中小企业的市场份额。对于部分行业,存在规模经济的效应,即随着企业规模的增长,企业生产的单位成本有所下降。正是由于这样的特性,部分行业在全球化的过程中行业集中度逐步提升,跨国大企业所占有的市场份额逐步扩大,部分

区域性中小企业市场份额则相应减小甚至消失。以农业中部分具有规模效应的细分市场来看，2009年相较于1994年，全球农业产业生物技术、农业化学、农用机具、牲畜健康几个细分市场中，规模最大的四家公司市场占有量分别由21.1%、28.5%、28.1%、32.4%提升到了53.9%、53%、50.1%、50.6%。不过，从管理学的角度而言，当组织越发膨胀后，其边际管理成本也将抬升，进而可能抵消规模经济的效果。与此同时，各国也出台了一系列反垄断措施，避免大型企业对单个市场的垄断。

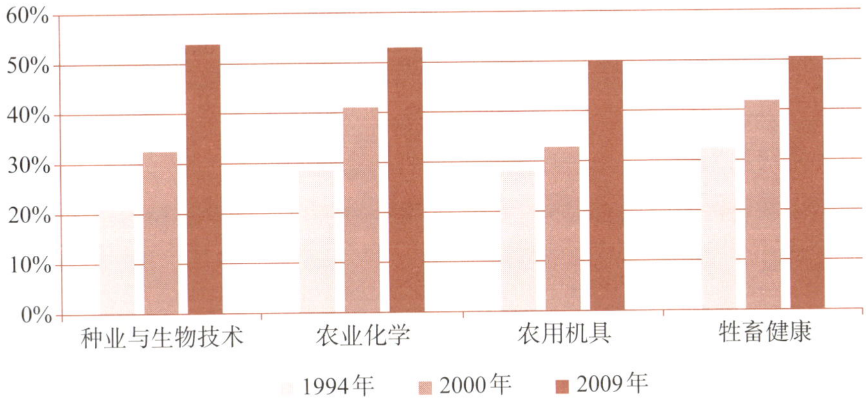

图5-16 全球部分农业细分领域前四大公司市场占有量

资料来源：美国农业部，兴业研究

第二，地区性中小企业将面临境外企业更先进的技术、管理能力等所带来的更高生产率挑战。在相对封闭的经济环境下，使用落后技术、管理能力较差的企业或可以取得一定的市场份额。然而，当全球化浪潮袭来，境外具有更先进技术、管理能力的企业由于具有相对更高的生产效率，可以产出“物美价廉”的产品。在此情况下，原有企业若不能及时通过提升技术等方式提高生产效率，则将面临破产、淘汰的风险。特别是对于中小企业来说，虽然其体量较小，比大企业更能灵活调整战略，但是由于其资金总量不足，难以投入大量资金进行技术迭代，或将在面临境外大型跨国公司先进技术挑战时更易受到伤害。例如，在改革开放初期，我国部分地区的中小型制造业企业由于技术落后、管理能力较差，同时没有及时引入境外先进技术、理顺企业管理结构，进而受到了市场的淘汰。

当然，在全球化浪潮的冲击和锻造之下，部分中小企业通过“专精特新”发展经历住了风浪，逐步成为了细分领域的“隐形冠军”，从而将企业的市场由当地拓展到了全球，并逐步形成了技术壁垒和更高的利润率。此前，我们在前文中就我国企业向“隐形冠军”的发展方向进行了阐述。

然而，正如上文所言，随着全球化向区域化演进，在“多极”环境之下，产业链、全球价值链（GVC）等也将面临重构，从而给全球中小企业带来新的机遇。

第一，对于此前在全球分工中被替代或弱化的中小企业而言，可以在区域产业链的重构中重新寻找自己的定位，应该抓紧做好“专精特新”发展。

在前文提及的《区域化：后新冠疫情的世界是否会遭遇全球化退潮》一文中，Peter Enderwick和Peter Buckley指出，政府部门对于经济活动干预（State Involvement）的增强也是全球化趋势发生变迁的重要原因。相关干预使得部分跨国企业撤出了部分国家和区域，从而使得该地区此前被挤占市场份额的中小企业获得了机遇。例如，出于国家安全等相关方面因素的考虑，部分地区政府部门要求一些关键产品应在国内生产。这也就意味着此前已经融入全球价值链的部分跨国企业的海外生产基地必须向本土或政府合意的地点进行迁移，甚至部分跨国企业将不再能向特定国家或地区出口相应关键产品。与此同时，为了维护国内产业链和供应链的韧性，部分地区的国家或政府也会通过政府采购等方式扶持特定行业的中小企业，避免特定行业被境外跨国企业所垄断。此前，由于境外部分国家的制裁等一系列因素，我国的芯片、集成电路等进口受到了一定的阻碍。因此近几年我国的芯片和集成电路相关行业，及与之配套的上下游中小企业都获得了较好的发展机遇。

除此之外，在前文所述的区域化新趋势下，随着区域贸易协定的签署和落地，区域内的企业在区域内将享受更为便利和优惠的贸易支持政策，从而也可能导致区域内产业链的重构。例如，随着RCEP的落地，东盟及东亚地区内将形成更为高水平和高质量跨境贸易格局，RCEP签署国的中小企业也将相较于区域外的企业在RCEP签署区域内获得相对竞争优势。

第二，对于已经抢占全球市场成为“隐形冠军”的企业而言，区域化和多极化的趋势意味着其目标市场需要相应进行迁移，一方面其应关注新市场客户的需求，另一方面应积极主导区域性技术规则的制定。

根据国家统计局公布的分国别出口数据，2020年，我国对亚洲（排除中国香港、中国台湾和中国澳门）、欧洲、北美洲、拉丁美洲、非洲和大洋洲的出口总额在总出口额中的占比分别为45.64%、22.36%、20.62%、6.29%、2.38%和2.70%。在区域化的格局之下，随着RCEP的落地以及我国与“一带一路”相关国家签署相关双边贸易协定，我国对于亚洲和非洲的出口占比或将在中长期进一步提升，而对于欧洲和北美洲的出口占比或将在中长期略有下降。因此，原先主要面向美洲、欧洲出口的中小企业或将面临潜在市场迁移的挑战，这些中小企业可以主动提前开展区域内相关新市场的调研和考察，从而更好地开发新产品，适配新市场的需求。除此之外，伴随着客户从全球范围集聚到了区域之内，中小企业也将有更多的机会参与区域性技术规则的制定。特别是对于我国企业而言，可以积极参与主导区域内高新技术行业的技术标准制定，以便将“中国标准”推广为区域通行的标准，为未来进一步成为国际标准奠定基础。

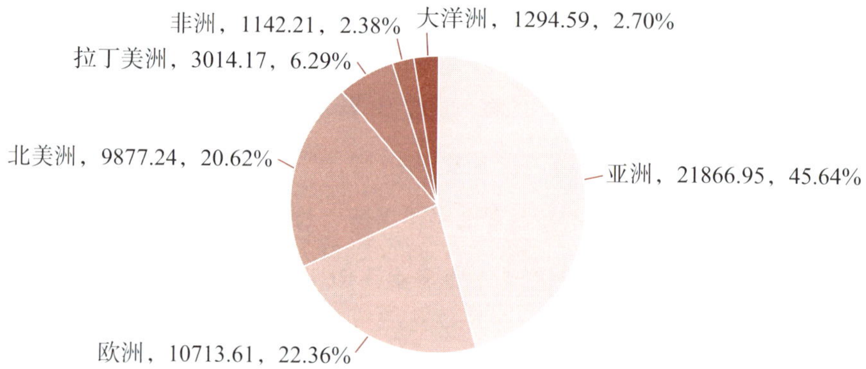

图 5-17　我国对各大洲出口情况（亿美元）

注：对于亚洲的出口额排除了对中国香港、中国台湾和中国澳门的出口额。
资料来源：国家统计局，兴业研究

（二）区域化趋势对我国中小企业的机遇

正如前文所言，全球化向区域化的转向将使得各国的中小企业都会面临产业链变迁和客户群体变迁的挑战和机遇。对于我国的中小企业而言，从国际贸易的角度看，也将面临相应的挑战和机遇。具体来看，我国中小企业面临的机遇将主要分为两个部分：进口替代与出口替代。

首先，是进口替代，由于全球和区域产业链重构，使得我国中小企业可以对此前我国部分进口产品进行替代。

随着区域化趋势的演进，部分产品区域与区域之间的贸易阻碍或将有所增加，相应产品的进口成本也将有所抬升，从而为国内中小企业开展技术攻关，替代这些进口产品提供了机会。根据上文分析，若区域化格局继续演进，甚至全球出现“三极化”的趋势，那么我国中小企业进口替代的目标或可集中于此前欧美等国对我国主要的进口产品上。

从2020年我国从美国进口的主要货物来看，按照HS2位编码分类，排除大豆、肉类等农产品、能源等矿物燃料相关产品后，我国从美国进口总额排名前9的产品品类分别为：电机、电气、音像设备及其零附件（85章，14.81%）；核反应堆、锅炉、机械器具及零件（84章，11.82%）；光学、照相、医疗等设备及零附件（90章，8.29%）；车辆及其零附件（87章，7.65%）；塑料及其制品（39章，4.58%）；药品（30章，3.47%）；杂项化学产品（38章，2.65%）；有机化学品（29章，2.23%）以及航空器及其零件（88章，1.93%）。若根据UNcomtrade数据库的数据，进一步**按照HS4位编码进行细分**，可以发现85章项下主要的进口产品为集成电路（8542），占到了我国从美国进口总额的10.46%；84章项下主要的进口产品为用于制造半导体单晶柱或晶圆、半导体器件、集成电路等的机器及装置（8486），涡轮喷气发动机等（8411），以及管道锅炉等的龙头、阀门、减压阀、恒温控制阀等制品（8481），分别占到了我国从美国进口总额的3.92%、2.68%和0.78%；90章项下主要的进口产品为医疗、外科、牙科或兽医用仪器及器具（9018），理化分析仪器及热量、声量或光亮的测量仪器等（9027），未分类的检测器具（9031），矫形器具、助听器及弥补残疾缺陷的工具（9021），分别占到了我国从美国进口总额的1.6%、1.53%、1.26%和0.93%；87章项下的主要进口产品则为用于载人的车辆（8703）和机动车辆的零件、附件（8708），分别占到了我国从美国进口总额的6.23%、1.6%；39章项下主要的进口产品为初级形状的乙烯聚合物（3901），占到了我国从美国进口总额的0.93%，30章项下主要的进口产品为人血、治病或防病用血制品、抗血清和疫苗（3002）以及由混合或非混合产品构成的治病或防病用药品（3004），分别占到了我国从美国进口总额的2.41%和1.57%。除了以上产品，88章项下的其他航空器（8802）也占到了我国从美国进口总额的1.49%。不难看出，除了农产品、矿产资源等初级产品外，我国从美国进口的产品主要集中于半导体和集成电路、精密仪器、车辆和飞机以及医药产品中。

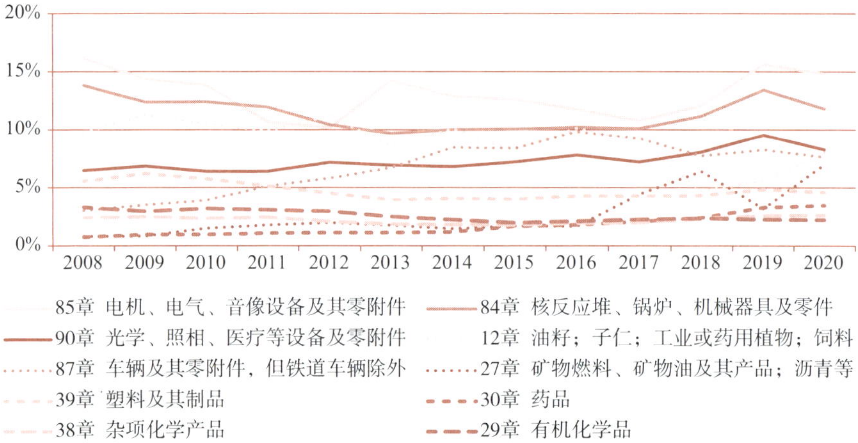

图5–18 我国从美国进口主要货物（按HS编码分类）

资料来源：WIND，兴业研究

从2020年我国从欧洲进口的主要货物来看，按照HS2位编码分类，排除各类农产品后，我国从欧盟27国进口总额排名前9的产品品类分别为：核反应堆、锅炉、机械器具及零件（84章，16.86%）；车辆及其零附件（87章，13.87%）；电机、电气、音像设备及其零附件（85章，13.54%）；药品（30章，8.51%）；光学、照相、医疗等设备及零附件（90章，7.45%）；塑料及其制品（39章，2.95%）；航空器及其零件（88章，2.55%）；香料制品及化妆盥洗品（33章，2.45%）以及有机化学品（29章，2.35%）。可以看出，我国从欧盟进口的主要产品结构类似于美国，也集中于精密仪器、车辆和飞机以及医药产品之中，此外，还包含居民消费使用的化妆品等产品。

综合来看，我国从欧美进口的主要产品集中于几个方面：一是集成电路和半导体、精密仪器以及车辆和飞机相关的高端制造业领域，二是医疗卫生产品相关的生物制品领域，三是居民高端消费需求的化妆品领域。这些领域都是未来我国中小企业可以关注开展研发并做好进口替代的潜在发力行业。

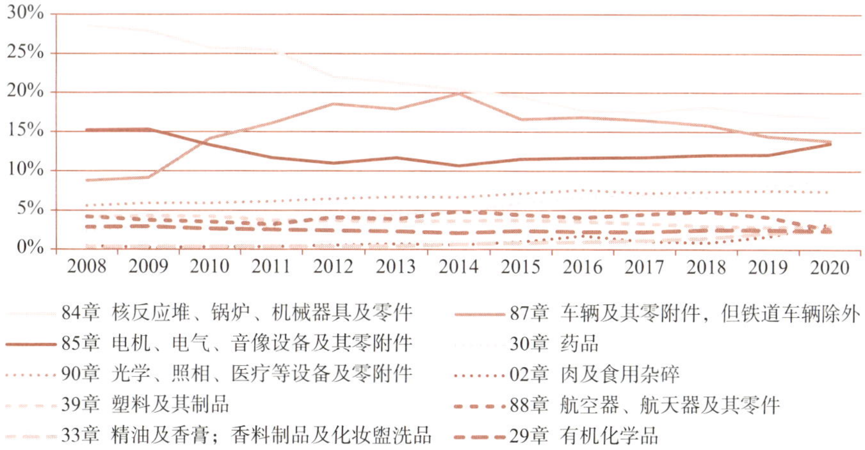

图5-19　我国从欧盟进口主要货物（按HS编码分类）

资料来源：WIND，兴业研究

其次，是出口替代。随着我国所加入的区域贸易协定逐步增多，我国也将在区域内构建起高水平的对外开放，我国中小企业也可以向区域内其他国家或地区增加出口，逐步替代此前来自区域外经济体的出口份额。

如前文所述，全球范围内的区域贸易协定不断增多，我国也在逐步加入各类区域贸易协定。我国加入的最为典型区域贸易协定就是RCEP。随着区域贸易协定的落地，区域内贸易自由化水平逐步提升，我国向区域内其他国家或地区出口产品的相对竞争优势也将提升。如果未来区域化逐步向三极化推进，或将使得同种产品在全球出现多个技术标准，出口替代的含义将不仅局限于产品的出口，事实上也是对“中国标准”的出口。因此，部分区域外经济体也可以成为未来我们出口替代的目标经济体。我国中小企业则可以在此过程中把握好机会，对区域内其他国家的主要进口产品开展替代，从而获得更大的发展空间。

以RCEP范围内的东盟为例，排除大豆、棉花等农产品以及石油等能源，按照HS4位编码的分类来看，**东盟从美国进口的主要产品为：**集成电路；涡轮喷气发动机；飞机及直升机的其他零件；合成橡胶及从油类提取的油膏；初级形态乙烯聚合物；制造半导体器件、集成电路的装置；坦克及其他装甲战斗车辆或零件；医疗用仪器及器具。**东盟从欧洲进口的主要产品为：**集成电路、治病或防病用药品；航空器、航天器等；涡轮喷气发动机；机动车辆的零件等；美容品或化妆品等；提箱、公文箱、旅行包等；二极管、晶体管及类似的半导体；血制品、疫苗等；飞机及直升机零件；载人机动车辆。其中，东盟对欧盟27国的集成电路和二极管等半导体实际净进口额为负数。由此可以看出，东盟从欧美进口的集成电路、半导体器件等有不少是经过加工后再出口到欧美等发达经济体的。因此，总体来看，东盟从欧美进口，且实际用于区域内经济体使用的产品主要还是飞机及机动车辆及其零件、疫苗等生物医药产品、化妆品和箱包等高端消费品。与我国从欧美进口的主要产品有较多的重叠。**若未来我国的中小企业能够在国内完成对欧美相关产品的进口替代，相应也将更容易的在东盟范围内替代欧美的这些主力出口产品。**

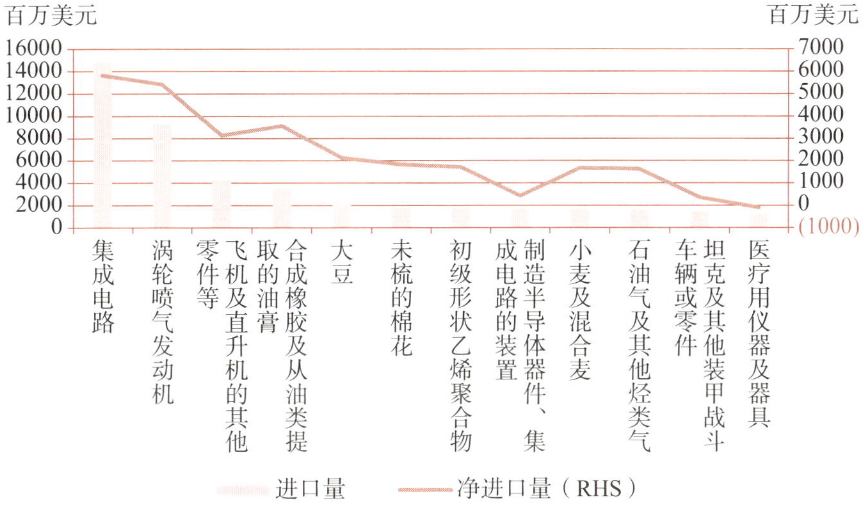

图5-20　东盟从美国进口主要货物（按HS4位编码分类）

资料来源：ASEANdata，兴业研究

除了货物贸易之外，近年来全球服务贸易也逐步增多。根据进口额和净进口金额，欧盟主要的服务贸易进口领域在于交通，电信、电脑及信息服务，专利使用权，保险和养老金服务。未来我国中小企业也可以以此为切入点，拓展东盟区域内服务贸易的出口。

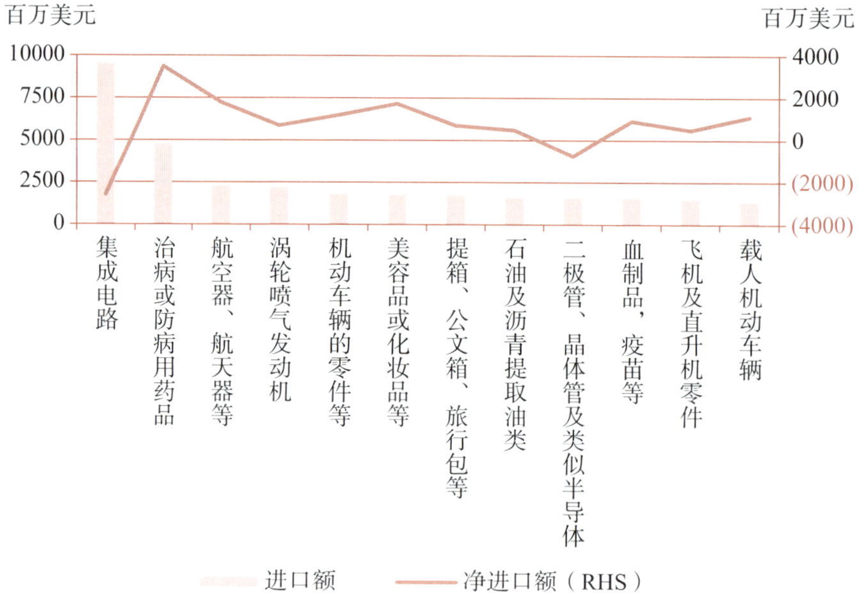

图5-21 东盟从欧盟27国进口主要货物（按HS 4位编码分类）

资料来源：WIND，兴业研究

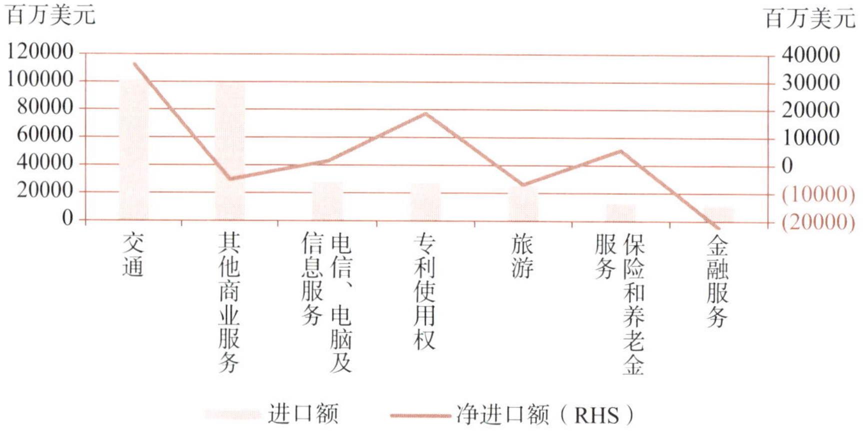

图5-22 东盟服务贸易进口额

资料来源：ASEANdata，兴业研究

若进一步将眼界拓宽到亚洲和非洲的发展中经济体，可以发现亚洲和非洲主要发展中经济体从欧美进口产品的种类与我国和东盟都具有较高的相似性。根据亚洲和非洲主要发展中经济体进口总额的排行，我们选取了排名前列的孟加拉国、巴基斯坦、埃及、南非和尼日利亚共5个国家，考察了其从美国进口金额排名前10的主要产品品类，可以发现有不少产品品类存在一定的共性。**经过梳理，排除农业品和能源产品，可以发现以下产品品类在5个样本国家中的2个或以上国家从美国进口的主要产品中排名前10：**核反应堆、锅炉、机械器具及其零件（84章，5个国家排名前10）；电气、音像设备及其零附件（85章，4个国家排名前10）；光学、照相、医疗德国设备及零附件（90章，3个国家排名前10）；塑料及其制品（39章，3个国家排名前10）；杂项化学产品（38章，3个国家排名前10）；航空器、航天器及其零件（88章，2个国家排名前10）；药品（33章，2个国家排名前10）；车辆及其零附件（87章，2个国家排名前10）；有机化学品（29章，2个国家排名前10）。

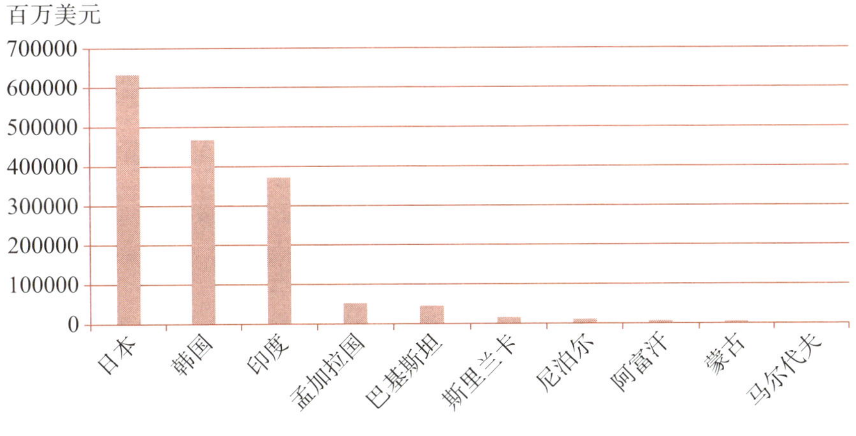

图5-23 亚洲部分主要经济体进口总额排行（除我国及东盟外）

注：以上排行数据不包括我国境内、中国香港、中国台湾、中国澳门以及东盟各国。
资料来源：UNcomtrade，兴业研究

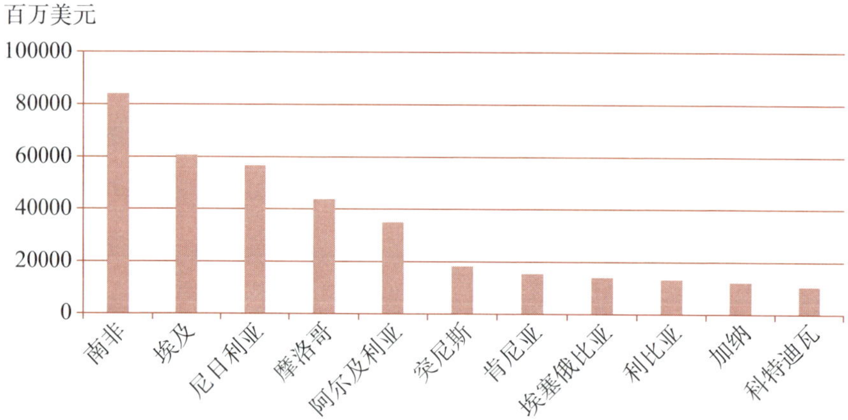

图5-24 非洲主要经济体进口总额排行

资料来源：UNcomtrade，兴业研究

表5-2 部分亚洲及非洲主要发展中经济体从美国进口主要产品（HS分类）

孟加拉国		巴基斯坦		埃及		南非		尼日利亚	
12章 油籽；子仁；工业或药用植物；饲料	316.1	52章 棉花	552	12章 油籽；子仁；工业或药用植物；饲料	1300	84章 核反应堆、锅炉、机械器具及零件	897.5	87章 车辆及其零附件，但铁道车辆除外	2000
88章 航空器、航天器及其零件	111.9	12章 油籽；子仁；工业或药用植物；饲料	358.9	84章 核反应堆、锅炉、机械器具及零件	369.8	90章 光学、照相、医疗等设备及零附件	389.7	84章 核反应堆、锅炉、机械器具及零件	716.2
84章 核反应堆、锅炉、机械器具及零件	108.5	72章 钢铁	319.5	27章 矿物燃料、矿物油及其产品；沥青等	295.1	38章 杂项化学产品	340.9	10章 谷物	533.1

续表

孟加拉国		巴基斯坦		埃及		南非		尼日利亚	
52章 棉花	75	84章 核反应堆、锅炉、机械器具及零件	217.4	39章 塑料及其制品	235.5	87章 车辆及其零附件，但铁道车辆除外	299.7	39章 塑料及其制品	303.2
23章 食品工业的残渣及废料；配制的饲料	56.6	27章 矿物燃料、矿物油及其产品；沥青等	197.3	02章 肉及食用杂碎	233.7	99章 其他未分类商品	299.6	27章 矿物燃料、矿物油及其产品；沥青等	265.6
85章 电机、电气、音像设备及其零附件	39.4	39章 塑料及其制品	141.1	30章 药品	152.9	85章 电机、电气、音像设备及其零附件	239.8	49章 印刷品；手稿、打字稿及设计图纸	190.5
72章 钢铁	37	38章 杂项化学产品	102.8	73章 钢铁制品	119.9	28章 无机化学品；贵金属等的化合物	228.4	22章 饮料、酒及醋	168.4
89章 船舶及浮动结构体	24.9	90章 光学、照相、医疗等设备及零附件	95	90章 光学、照相、医疗等设备及零附件	119.7	30章 药品	212.6	73章 钢铁制品	138
10章 谷物	24.2	29章 有机化学品	65	29章 有机化学品	111	27章 矿物燃料、矿物油及其产品；沥青等	208.1	85章 电机、电气、音像设备及其零附件	135.2

续表

孟加拉国		巴基斯坦		埃及		南非		尼日利亚	
05章 其他动物产品	23.5	63章 其他纺织制品；成套物品；旧纺织品	58.8	85章 电机、电气、音像设备及其零附件	106.8	88章 航空器、航天器及其零件	185	38章 杂项化学产品	81.1

注：单位为百万美元。

资料来源：UNcomtrade，兴业研究

对于发达经济体，考虑到韩国的总体进口量较大，与我国地理位置较为接近，且同属于RCEP签署国之一，因此我们选取韩国来考察其从欧美进口的主要货物，从而为我国中小企业未来对区域内发达经济体扩大出口提供指引。**从韩国对美国的进口情况来看，**除了农产品和能源产品外，韩国从美国净进口金额排名靠前的产品主要为：光学及医疗等设备；航空器及航天器；有机化学品；药品和杂项化学产品。**从韩国对欧洲的进口情况来看，**除了农产品和能源产品外，韩国从欧盟27国净进口金额排名靠前的产品主要为：核反应堆及机械器具；光学及医疗设备；皮革制品及箱包，动物肠线制品；车辆及其零附件；珠宝、贵金属及制品，仿首饰，硬币。不难发现，相较于发展中经济体，虽然韩国部分精密仪器和汽车对欧美的依赖程度有所降低，但是药品、部分高端设备仍然保持了对欧美较高的净进口额。

特别值得注意的是，相较于发展中经济体，韩国从欧美进口的箱包、贵金属首饰等奢侈品总额较大。随着我国人均居民收入的提高，未来对于箱包、首饰等奢侈品的需求也会进一步增大，未来我国中小企业也可以充分发掘其中的机会。

考虑到近期欧美与俄罗斯关系日趋对立，由于俄乌冲突，欧美等也对俄罗斯施加了多项制裁措施，欧美对于俄罗斯此前的出口量或也将受

到严重的负面影响，而此前，俄罗斯进口量排名前三的国家分别是中国、德国和美国。在此背景下，在保障合规、规避欧美制裁长臂管辖风险的情况下，我国中小企业在拓展面向俄罗斯对外贸易商或也将迎来相应的机遇。具体来看，2020年全年俄罗斯从欧盟27国与英国进口的主要产品为：核反应堆、锅炉、机械器具及零件（214亿美元）；电机、电气、音像设备及其零附件（85亿美元）；车辆及其零附件，但铁道车辆除外（82亿美元）；药品（74亿美元）；光学、照相、医疗等设备及其零附件（46亿美元）；塑料及其制品（42亿美元）。俄罗斯从美国进口的主要产品为：核反应堆、锅炉、机械器具及零件（11亿美元）；车辆及其零附件，但铁道车辆除外（6.12亿美元）；光学、照相、医疗等设备及其零附件（5.14亿美元）；药品（3.92亿美元）；电机、电气、音像设备及其零附件（3.87亿美元）；航空器、航天器及其零件（3.66亿美元）。

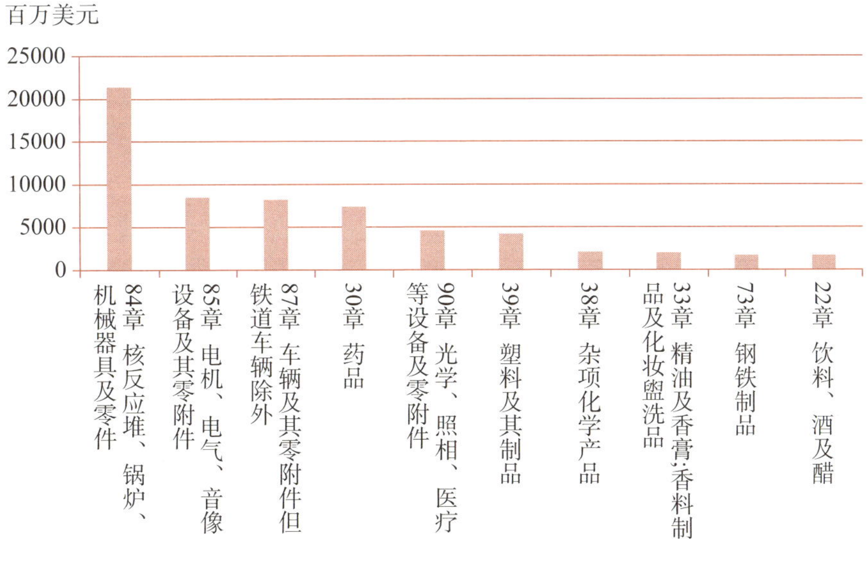

图5-25 俄罗斯从欧盟27国与英国进口主要产品

资料来源：UNcomtrade，兴业研究

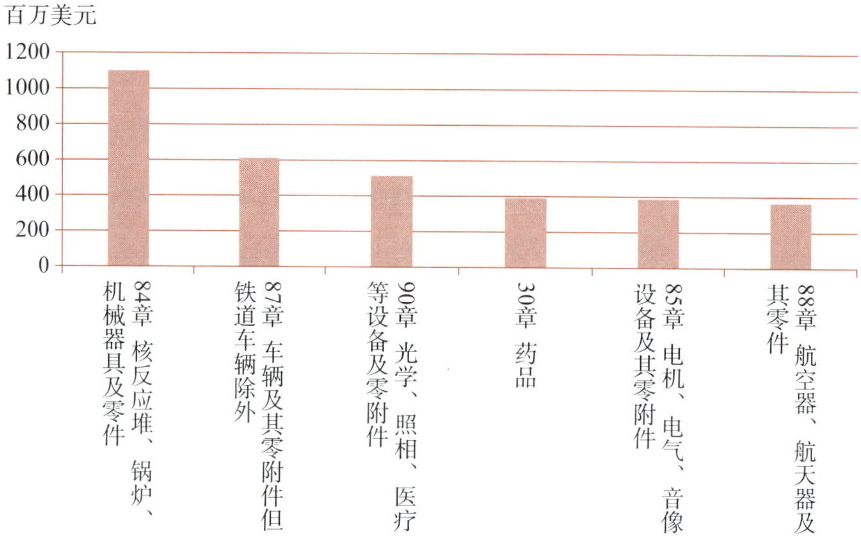

图5-26 俄罗斯从美国进口主要产品

资料来源：UNcomtrade，兴业研究

通过上文的分析，不难发现随着我国加入和签署RCEP等各类区域贸易协定，未来我国中小企业出口替代的目标产品领域和前文提到的进口替代产品有着一定的重叠。因此，为了在由全球化转向区域化的新格局之下适配新的产业链、供应链和贸易结构，无论是从进口替代还是出口替代的视角来看，未来我国中小企业可重点发力集成电路等半导体产业，精密仪器、机动车辆及其零部件、飞机及其零部件等高端制造业，疫苗药品等生物医药产业以及化妆品、箱包等奢侈品领域，从而在区域化的新时代把握住新的机遇。

应当指出的是，随着数字技术的发展，跨境电商（特别是B2C模式的跨境电商）成为跨境贸易增长的新引擎。根据联合国贸发会议（UNCTAD）的统计，2017年、2018年参与跨境电商的消费者人数同比增速分别为38.5%和19.13%，而跨境电商的贸易额也在同期取得了高速的增长。在区域化高度发展的未来，区域内跨境电商平台还可以借助距离的优势进一步深化跨境贸易的发展。我国各类中小企业在拓展跨境贸易出口额的过程中，也可以借助跨境电商平台实现高质量发展。

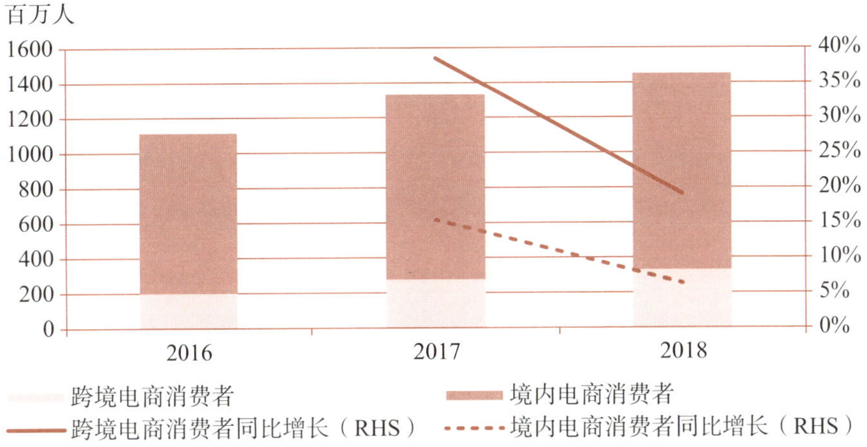

图5-27　境内与跨境电商参与人数（2016-2018年）

资料来源：UNCTAD，兴业研究

第六章 为有源头活水来——中小企业与金融

第一节　求索融资难、融资贵破解之道——中小企业融资问题概览

无论是对于发达经济体还是发展中经济体来说，中小企业在经济的健康发展中都起到了举足轻重的作用，若能为这些中小企业提供充足的低成本融资，将更为有效地促进经济发展，提高人民福祉。然而受制于多方面原因，各个经济体的中小企业都或多或少地面临融资难、融资贵问题，因此分析中小企业融资难、融资贵的原因，进而采取有针对性的措施来缓解这一情况成为各国的重要任务。

一、解决中小企业融资难问题的重要性

从经济增长、就业、税收等多个角度来看，中小企业（Small and Medium Enterprises，SME）在各个经济体中都占有不可或缺的地位。根据估

计，中小企业在低收入国家中对GDP的贡献超过了70%，对就业的贡献达到了60%；在中等收入国家，中小企业对GDP的贡献约为70%，对就业的贡献则超过95%（Ayyagari等，2003）。在我国，中小企业也具有“五六七八”的特征，贡献了50%以上的税收，60%以上的GDP，70%以上的技术创新，80%以上的城镇劳动就业，90%以上的企业数量。2019年8月，国务院促进中小企业发展工作领导小组会议指出：“中小企业是国民经济和社会发展的生力军，是建设现代化经济体系、推动经济实现高质量发展的重要基础，是扩大就业、改善民生的重要支撑，是企业家精神的重要发源地。做好中小企业工作，对稳就业、稳金融、稳外贸、稳外资、稳投资、稳预期，增强经济长期竞争力都具有重要意义。”

虽然中小企业在各经济体中都具有不可或缺的重要作用，但是由于多方面因素，中小企业融资缺口（Financing Gap）在各个经济体中也普遍存在。各个国家、国际组织、学术机构等都就中小企业所面临的融资缺口进行了相应估算，虽然各方估计的数字有较大差别，但是普遍认为：无论是发达国家还是发展中国家，中小企业都面临相当规模的融资缺口。经合组织（OECD）于2006年初出版的《中小企业融资缺口报告（第一部）：理论和实证》（The SME Financing Gap: Volume I Theory and Evidence，以下简称《报告》）指出：相比于发达经济体，发展中国家面临着更为严重的中小企业融资缺口。根据Peer等（2010）估算，全球4.2亿家至5.1亿家中小企业总共面临着3.1万亿美元至3.8万亿美元的融资缺口；在这些融资缺口中，发展中国家总数3.65亿家至4.45亿家的中小企业面临着2.1万亿美元至2.5万亿美元的融资缺口。而根据IFC（2018）测算，发展中经济体中小企业的总体融资需求约为8.9万亿美元，其中仅有3.7万亿美元的融资需求可以通过各种渠道予以满足，总体融资需求缺口约为5.2万亿美元。在这其中，根据IFC测算，中国境内约有5600万家中小企业，虽然对这些中小企业的融资供给总额达到了2.48万亿美元，但仍面临着约1.89万亿美元的融资缺口，融资缺口与GDP比值约为17%。而从实际的融资数量来看，我国2017年年末小微贷款余额为30.7万亿元，占银行业贷款余额的25.6%，中小企业所获得的融资与其对经济的重要贡献相比仍然偏低。

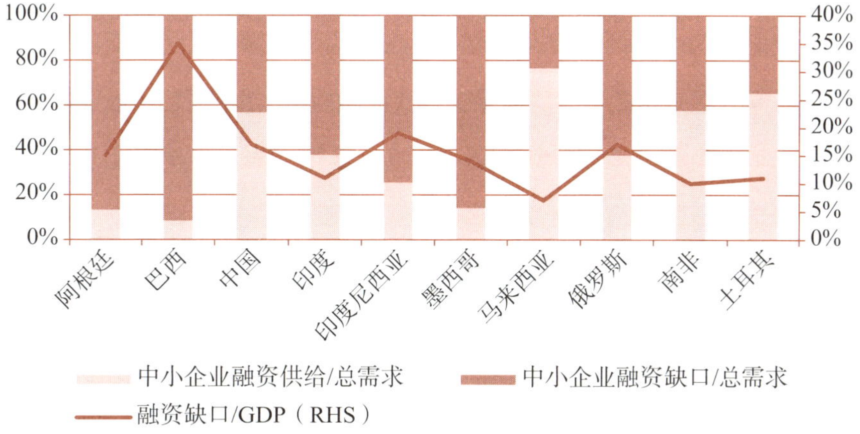

图6-1　部分新兴经济体中小企业融资缺口比较

资料来源：IFC，兴业研究

中小企业由于融资缺口而面临融资难问题的同时，还面临融资贵问题的困扰。从我国的情况来看，中小企业的融资价格近年来有所上升，民营企业所发债券的信用利差，即民企债券融资成本高于国债利率的部分，从2016年11月的162个bp扩大至2018年11月的367个bp。此后，民营企业债券信用利差虽略有回落，但截至2020年2月中旬，仍有260个bp以上。能够在市场上公开发行债券的中小企业，其资质已属于中小企业的个中翘楚，然而即使是这些出类拔萃的企业，其融资成本不仅绝对值远高于国债等无风险收益率，相对值近年来与其他企业相比也有非常明显的上升。由此可见，其余规模更小、不具备发债资质、融资渠道更为有限的中小企业的实际融资成本或许还更高。

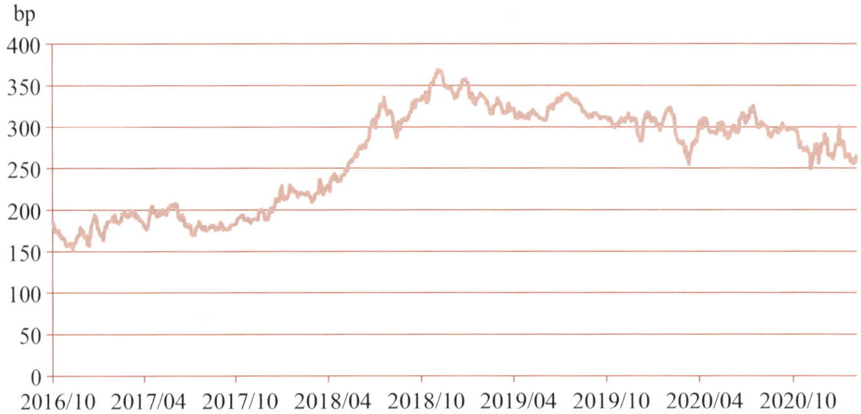

图6-2　民营企业债券信用利差（中位数）

资料来源：IFC，兴业研究

中小企业融资难、融资贵问题不仅制约了企业自身的发展，在宏观层面上也使得中小企业对于经济生活的正面作用难以充分展现。一方面，对于中小企业自身而言，若未能及时获得充足的融资，那么在规模扩张、创新技术等方面可能遇到资金不足的困难，甚至部分中小企业由于无法获得充足融资可能会面临财务风险乃至破产倒闭。在2018年出现的企业资金断裂案例中，好几家企业均是在经营正常的情况下，因融资未能及时到位而造成资金断裂。另一方面，从宏观的角度而言，融资难、融资贵对部分中小企业所造成的瓶颈或困顿限制了中小企业在创造就业岗位、推进技术进步、促进经济增长等多方面发挥更为有效的作用。因此，中小企业融资难、融资贵问题不仅是个微观问题，若不能有效地加以缓解，在宏观层面也会制约我国经济长远健康发展。

二、中小企业融资难问题的原因分析

造成中小企业融资难、融资贵的原因有很多，若要从根本上全面缓解，需要多系统、全方位的解决方案。为了更有针对性地对票据服务中小企业融资模式进行研究，本节仅就融资渠道和中小企业获取银行信贷两个角度进行讨论。

从融资的渠道看，与大型企业相比，中小企业从外部获得融资的渠道更为有限。对于大型企业而言，其可以通过IPO、公开定向增发、公开发行债券等多种方式公开募集股权形式或债权形式的资金，然而这些融资方式对企业整体资质要求较高，众多的中小企业难以满足公开募集资金的要求，自然也无法通过这些融资渠道进行融资。相对较少的可选融资渠道，一方面使得中小企业融资的难度有所上升，另一方面也降低了中小企业融资过程中的议价能力、抬高了其融资成本。即使是资质达标、可以使用这些渠道开展融资的中小企业，在开展上述公开融资的过程中，也需要聘用律师事务所等外部机构，准备财务报表等大量材料，消耗大量成本。相比于中小企业相对较小的融资总额，这些融资过程中所产生的成本也进一步抬升了中小企业的融资成本。

从中小企业获取银行信贷融资看，由于中小企业的融资渠道较为有限，银行信贷成为各国金融体系中中小企业最为重要、占比最大的融资渠道。**大体而言，中小企业在获取银行信贷融资存在困难的原因主要有**

以下几个方面：

一是信息不对称（asymmetric information）问题。相比于提供贷款的银行，中小企业的所有者更为了解企业的经营等信息情况。在获取贷款时，企业的所有者往往也有动机隐瞒一些企业可能存在的问题，选择性地向银行披露相关信息。在这样的情况下，商业银行难以通过公开渠道了解到中小企业值得信赖的相关信息，甚至无法了解企业的商业模式，自然商业银行出于审慎经营的考虑，难以向这类企业提供足够的、利率具有吸引力的贷款。

二是代理人（principal/agent problem）问题。代理人问题在多种金融活动中都普遍存在，中小企业融资的过程中这一问题尤为突出。企业主取得贷款后，有可能选择风险更高的项目进行投资，而这种倾向往往更容易出现在规模较小的企业之中。这是因为小企业中企业拥有者个人与企业之间的边界更为模糊，越小的企业信息不对称的情况也更为突出。此外，对于大型企业而言，若希望投资风险较大的项目，其一般会选择股权等类型的融资方式实现风险分担，而中小企业由于缺少股权等风险分担的融资渠道，只能通过银行贷款融资来从事风险较大的项目，这也进一步加重了中小企业银行借贷融资中的代理人问题。受制于对代理人问题的忧虑，银行对中小企业进行贷款的过程中也会慎之又慎，同时相应地提高融资成本以对冲潜在的风险。

三是日益严格的监管规则。安永（2012）认为，在《巴塞尔协议III》的新监管框架之下，金融机构为提高其面对冲击时的韧性，必须按照监管规则提高资本充足率及流动性的缓冲能力，而绝大多数对中小企业的贷款被认为具有较高的风险，因此在内评法下计算资本充足率时往往更为占用资本，因此采用内评法的银行往往会减少对中小企业的贷款或收取更高的利息来进行弥补。事实上，在《巴塞尔协议II》实施之前，不少研究者认为由于其对风险更为敏感（Risk-Sensitive）的特性将导致银行减少中小企业贷款。正因为如此，在正式版《巴塞尔协议II》中为了抵补这一副作用、促进中小企业信贷，在权重法下给予了中小企业信贷更为优惠的风险权重，在内评法下也差异化考量中小企业信贷风险权重，一定程度上缓解了这一问题。

第二节 票据市场服务中小企业融资模式探析

一、通过票据解决中小企业融资难问题的优势

与我国现有的其他融资工具、渠道相比，票据在解决中小企业融资难、融资贵问题上具有其独特的优势。这一优势主要体现在两个方面：一是票据为中小企业提供了低门槛、低成本的重要融资渠道；二是货币当局可以通过票据，以政策的方式更有针对性地定向解决中小企业融资难、融资贵问题。

（一）我国票据市场与境外票据市场的差异

我国的票据市场与境外的票据市场存在一定的差异，一方面我国票据市场的主要品种为银行承兑汇票，另一方面我国票据市场主要服务群体为中小企业。

首先，不同于美国等其他经济体商业票据（Commercial Paper）为主的结构，我国票据市场以银行承兑汇票（Banker's Acceptance）为主。虽然2004年修订的《票据法》仅要求“票据的签发、取得和转让，应当具有真实的交易关系和债券债务关系”。但在此后，“真实的交易关系”要求演进为“真实贸易背景”要求，并被广大监管部门所采纳，限制了融资性商业本票的发展，最终造成了商业票据总量较少的现状。在此背景下，我国票据市场的交易对象主要为银行承兑汇票。根据票交所统计数据，2021年全市场累计签发承兑票据为24.15万亿元，年末承兑余额14.97万亿元，其中银行承兑汇票累计签发承兑20.35万亿元，年末余额12.81万亿元；商业承兑汇票累计签发承兑3.80万亿元，年末余额2.16万亿元。由此可见，银行承兑汇票的签发承兑量占到了80%以上。然而与我国的情况不同，欧美等发达经济体的银行承兑汇票随着历史的演进已经逐渐式微，而具有融资功能的商业本票发行量和存续量占据了绝对优势。以美国为例，美国票据市场中的票据主要分为银行承兑汇票（Banker's Acceptance）和商业票据（Commercial Paper），其中银行承兑汇票一般要求有真实贸易关系，而商业票据主要被企业用来融资补充运营资本（Working Capital）。在20世纪60年代之前，美国的银行承兑汇票与商业票据的余额并无太大差异，甚至在部分时间段内，银行承兑汇票的余额还要大于商业票据。

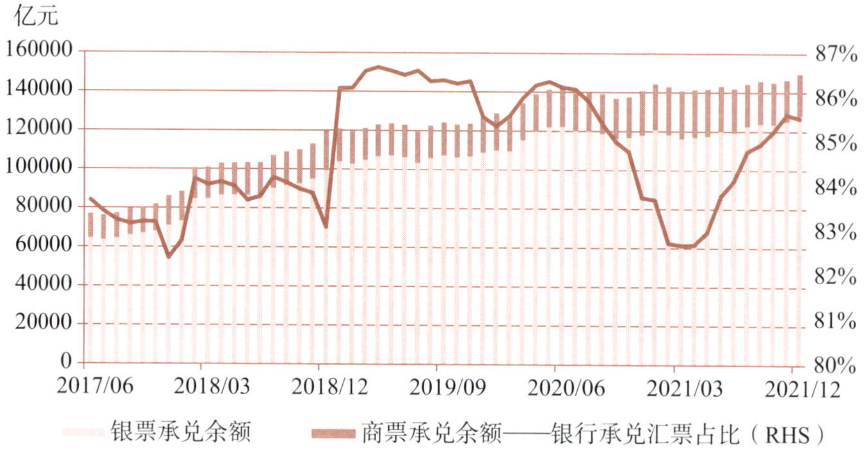

图6-3　我国票据市场签发承兑余额情况

资料来源：WIND，兴业研究

值得注意的是，与我国银行承兑汇票主要用于国内贸易的特征不同，美国的银行承兑汇票主要用于跨境贸易，而美国国内贸易使用的银行承兑汇票占比较低。历史上，美国金融市场中所流转的银行承兑汇票主要有三类用途：一是用于美国企业进出口贸易的支付使用，二是用于美国企业在国内贸易的支付使用，三是美国境外企业之间交易的使用。一般其中占比最高的用途是用于美国企业进出口贸易的支付，常年高于50%，而用于美国国内贸易的银行承兑汇票在所有银行承兑汇票中的占比随着时间的推移在1962年之后已降至不足5%。与此同时，银行承兑汇票的余额虽然在1970年之后曾继续增长了一段时间，但是相较于蓬勃发展的商业票据，银行承兑汇票在票据总额中所占的比例逐步缩小，特别是20世纪80年代之后，银行承兑汇票余额的绝对数也开始下滑。到2000年年底，美国金融市场中存续的商业票据余额已达到1.6万亿美元，其中既包括了实体企业用于运营资本融资的商业票据，也有金融机构用于补充短期资金的商业票据。而与之相对应，同期银行承兑汇票余额仅剩9.88亿美元，此后甚至由于银行承兑汇票余额过少，美联储等监管机构已不再更新相关数据。

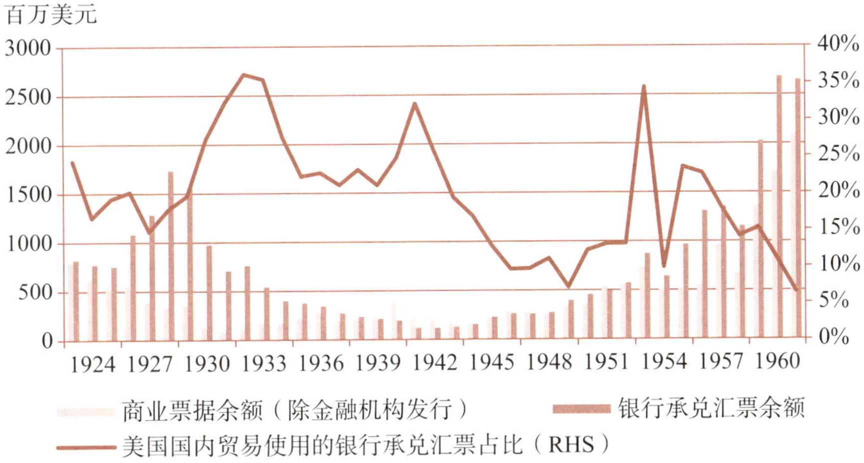

图6-4　美国票据市场概况（1924–1964年）

资料来源：WIND，兴业研究

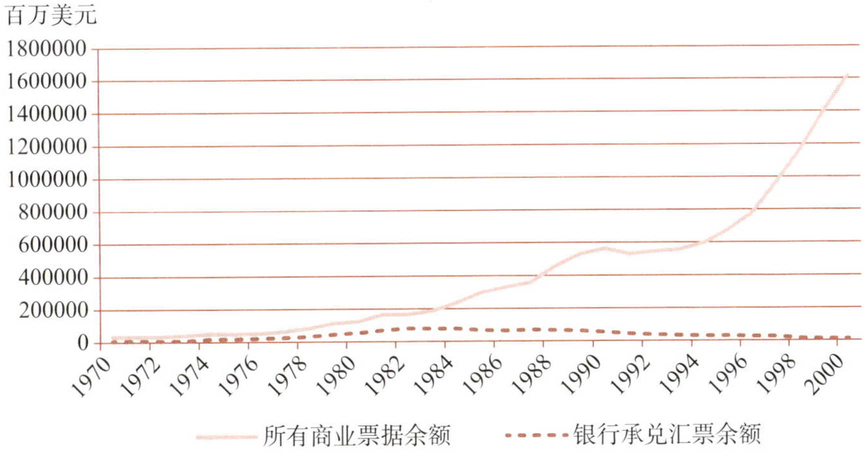

图6-5　美国票据市场概况（1970–2000年）

资料来源：WIND，兴业研究

其次，不同于美国等其他经济体中票据主要用来给大企业进行短期融资的情况，我国票据市场的服务对象主要为中小企业。我国票据市场中绝大多数实际的资金接收方为中小企业，根据人民银行和银保监会于2019年6月联合发布的《中国小微企业金融服务报告（2018）》显示，由中小型企业签发的银行承兑汇票约占所有票据总额的三分之二。除此之外，许多其他并非由中小企业签发的票据也有不少的接收方是中小企业。由此我国票据市场成为中小企业融资的重要渠道。与我国不同，许多发达经济体的票据市场中融资性的商业本票占比较高，而这些融资性商业本票的发行主体较多为信用评级较高的大型企业。以美国为例，美国商业票据主要由短期评级为AA或A2/P2（即两个最高评级）的企业发行。这是因为美国商业票据的主要投资者为货币市场基金，而根据美国《1940年证券法》中2a-7条款对货币基金的要求，货币基金可以购买的证券必须为合意证券（Eligible Security）。所谓合意证券即为剩余到期日小于397个自然日且短期评级在最高两级的证券。为了更好地限制货币基金的潜在风险，合意证券还分为了第一层级证券（First Tier Security）与第二层级证券（Second Tier Security），其中仅有评级处于最高一级的证券可被列为第一层级证券，货币基金可以自由购买持有。即使是对于次高评级的第二层级证券，货币基金也仅能持有剩余到期日不超过45天的第二层级证券。这一监管限制导致了美国商业票据主要由评级较高的大型企业所发行。与之类似，中国台湾地区的票据市场虽然也为部分中小企业提供了融资，但是更多的票据融资还是服务于大型企业。同时，相对于其他融资途径，中国台湾地区票据融资总量较小。根据中国台湾地区“经济部”所公布的数据，中国台湾地区大型企业、中型企业和小型企业有短期票券中所获得的融资占其负债总额分别为2.56%、0.1%、0.01%。

表6-1　中国台湾地区企业负债结构（2016年年底）

项目	大型企业占比	中型企业占比	小型企业占比
1.金融机构借款	38.64%	50.25%	50.3%
2.政府借款	0.04%	0.03%	0.01%
3.企业及个人借款	1.15%	0.9%	0.79%
4.境外借款	0.65%	0.11%	0.15%
5.短期票券	2.56%	0.1%	0.01%
6.境内公司债	4.82%	—	—
7.境外有价证券	0.26%	—	—
8.商业授信	49.56%	48.24%	48.71%
9.各项准备及其他	2.33%	0.36%	0.04%

资料来源：中国台湾地区"经济部"，兴业研究

（二）票据为中小企业提供了低门槛、低成本的重要融资渠道

票据具有便利性高、成本较低、流动性好等特点，兼具了融资属性和支付属性，实现了商业信用和银行信用的叠加，这些特性较好地契合了中小企业生产经营特点和融资需求，为中小企业提供了低门槛、低成本的重要融资渠道。

第一，票据为中小企业提供了重要融资渠道。从票据业务支持中小企业的角度看，根据票交所统计，2019年全市场累计签发承兑票据20.38万亿元。如上文所述，人民银行和银保监会于2019年6月联合发布的《中国小微企业金融服务报告（2018）》显示，由中小型企业签发的银行承兑汇票约占所有票据总额的三分之二。即使是其他由大企业签发的商业

汇票或银行承兑汇票，也有很大一部分票据的接收方是作为这些大企业供应商的中小企业。**从票据融资在社会总体融资额中占比的角度看，**近年来票据承兑余额在社融存量中的占比稳步提升，由2017年年中的不足4%，逐步提升到了5%左右。截至2021年年末，银行承兑汇票和商业汇票余额为14.98万亿元，在社融存量中的占比为4.77%。若更为精确地以票据贴现承兑余额在企业贷款中的占比来观察，截至2021年年末，票据贴现承兑余额达到了8.5万亿元，在企业贷款中的占比也由2018年年初的6.08%提升到了8.05%。考虑到大型企业可以更多地采用银行贷款、公开发行证券等方式进行融资，中小企业从票据贴现所获得融资的占比在总融资中的比例应较上述数字更高。由此可见，票据已经成为中小企业重要的融资渠道，支持票据市场发展，在相当大的程度上就是在定向支持中小微企业。

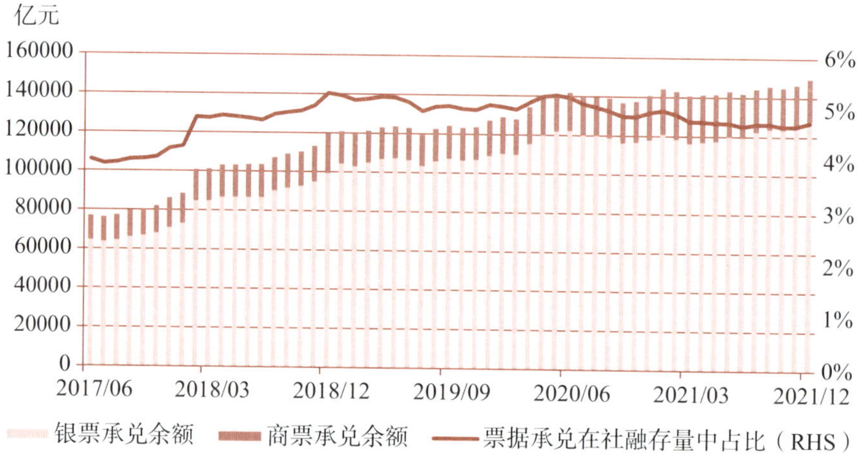

图6-6　票据承兑余额在社融存量中占比

资料来源：WIND，兴业研究

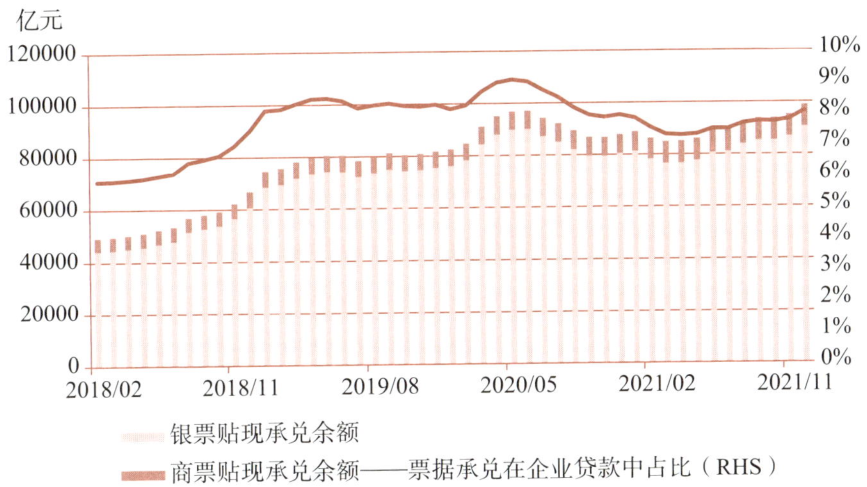

图6-7 贴现余额在企业贷款中占比

资料来源：WIND，兴业研究

第二，票据融资的门槛较低、便利性较高。在银行承兑汇票的开立环节，中小企业办理银行承兑汇票只需要缴纳少量的手续费，并在相应银行账户中存放部分保证金，就可以获得具有银行信用的银行承兑汇票。在银行承兑汇票的承兑贴现环节，随着票交所的建立，近年来票据由纸质向电子化转型，银行承兑汇票的真实性问题已基本解决。因此，持票人只要出具能够证明真实贸易背景的材料，都能通过银行的审批，将票据进行贴现。在材料完备的情况下，一天时间即可完成银行内部流程并向企业账户打款。由此可见，与其他融资方式比，票据融资更为高效便捷。与票据融资相比，对于中小企业而言，银行短期贷款往往需要较长时间审核，特别是当“受托支付”要求叠加信贷额度限制时，贷款就难以根据企业需求及时到位。发行债券融资则对企业资质要求较高，即使是能够达到相关资质要求的中小企业，还需要面对各类担保措施、复杂的注册备案流程、更高的信息披露和发行成本，等等。此前几年，各个政策部门力推的中小企业集合票据等面向中小企业设计的债务融资工具，其余额在2014年达到100亿元之后，由于种种原因，近年来已无新增发行，2018年6月之后更是再无存续余额。除此之外，根据《中国小微企业金融服务报告（2018）》披露，单张电票的平均面额逐步下降，由2017年的140.72万元下降到123.2万元，契合了中小企业金额小的融资特点，进一步便利了中小企业的融资。

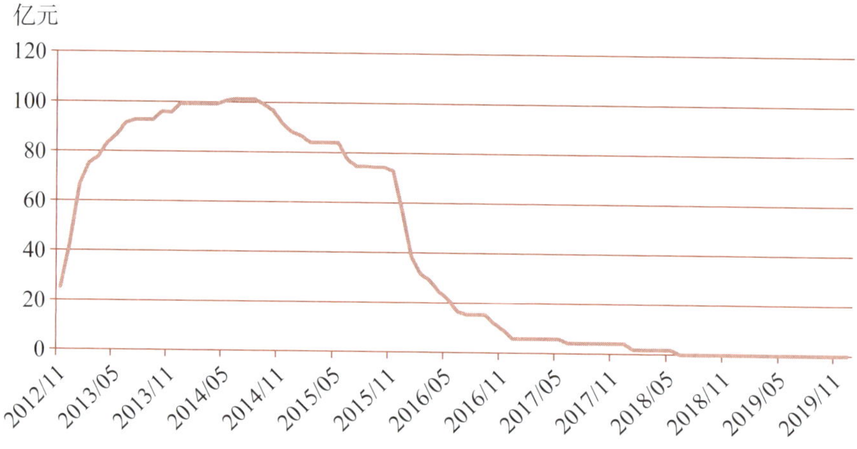

图6-8　中小企业集合票据托管量

资料来源：WIND，兴业研究

第三，票据融资成本较低。票据可以背书转让，比贷款的流动性更好。同时，票据有真实贸易背景作为保障，银行承兑汇票更是有相应银行的信用担保。随着票据的电子化改革，票据的真实性问题也得到了较好的解决，因此票据的信用风险相对较低。由于票据具有更低的信用风险和更高的流动性，因此票据融资利率在绝大多数情况下低于一般贷款利率，这有助于缓解中小企业的融资贵问题。从历史的角度来看，票据融资加权平均利率长期低于一般贷款的加权平均利率。按照人民银行发布的《2020年第四季度中国货币政策执行报告》，截至2020年12月底，金融机构一般贷款的加权平均利率为5.03%，1年期LPR的利率为3.85%，票据融资加权平均利率为3.10%。票据融资加权平均利率不仅低于一般贷款加权平均利率193bp，甚至还比一年期LPR利率低75bp。即使是考虑了票据签发过程中存在的保证金存款，票据的实际加权平均利率目前也低于一般贷款加权平均利率，更何况一般贷款加权平均利率中还有相当比重为大型国有企业所获得的低利率贷款。为了更好地测算票据实际融资利率，我们假设银行在签发银行承兑汇票时需要客户存入25%或50%的保证金存款，而客户将这些保证金存款全部以1年期大额存单的形式存入银行之中，该银行所支付的1年期大额存单利率参照国有大行2018年4月后顶格上浮1.5倍的标准为2.25%，则可以得出票据的实际融资加权平均利率。不难发现，在25%保证金要求的情况下，票据实际融资加权平均利率绝大多数情况都低于一般贷款加权平均利率。而在50%保证金要求的情况下，票据实际融资加权平均利率也有将近一半时间低于一般贷款加权平均利率。虽然在部分时段票据实际融资加权平均利率高于一般贷款加权平均利率，但是考虑到一般贷款加权平均利率中有相当大比重为银行向大型企业提供的低息贷款，而票据融资的主体主要是中小企业，不难得出中小企业通过票据融资在绝大多数情况下还是能获得更为低价融资的结论。由此可见，对于中小企业而言，票据融资的成本相对较低，有相应的潜力来进一步地用于缓解中小企业融资难、融资贵问题。

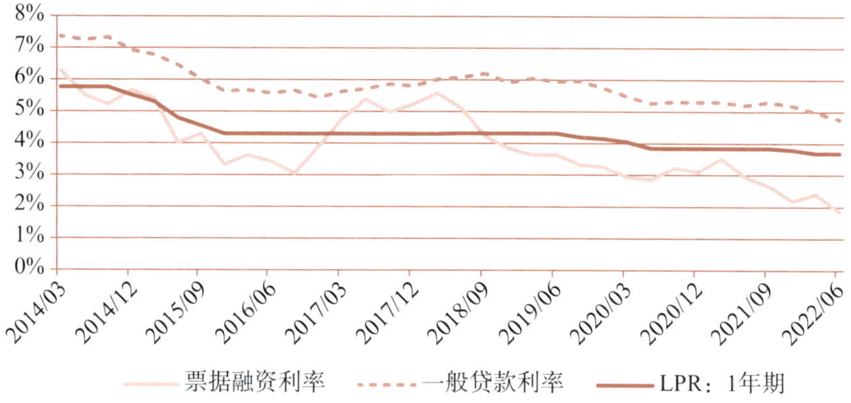

图6-9　票据融资成本和一般贷款融资成本

资料来源：WIND，兴业研究

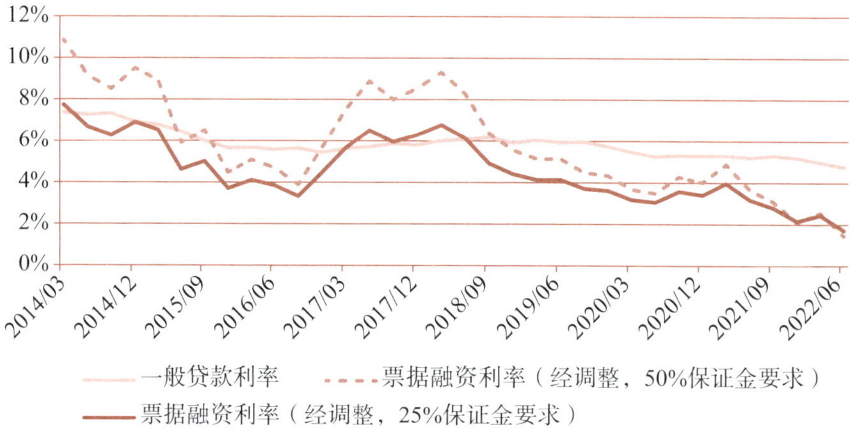

图6-10　票据融资成本和一般贷款融资成本比较（25%与50%保证金假设）

资料来源：WIND，兴业研究

（三）货币当局可以通过政策定向解决中小企业融资问题

如上文所提及的，票据是我国中小企业融资的重要渠道，由于这一突出的特点，我国的票据市场具有难以比拟的优势，为货币当局实施结构性货币政策、定向解决中小企业融资难、融资贵问题提供了独一无二的渠道。

首先，我国票据市场与实体经济紧密连接，是输血实体经济的重要途径。根据我国现行的监管要求，企业在开立票据时必须提供相关材料、接受真实贸易背景审查。虽然这一要求限制了融资性商业本票的发展，但是也使得我国的票据市场天然地与实体经济连接紧密。在纸质票据的时代，由于多方面因素，曾经出现了不少伪造、变造票据的事件。随着票据的电子化进程以及票交所的建立，当前已基本实现了电子化的票据，实际已不存在真实性问题。真实的贸易背景叠加真实性已不再存疑的票据，使得每一次票据贴现的背后都真实地反映了实体经济的经贸活动。此前，政府部门对于各类政策所释放的流动性和政策红利都存在“脱实向虚”的担忧。若能更好地运用票据这一工具，释放政策红利和流动性，则能更有针对性地定向帮助实体经济和中小企业准确获得政策“滴灌”。

其次，票据由于其特性，有助于定向疏通货币政策的肠梗阻。票据一头连着货币市场、连着人民银行的再贴现窗口，另一头又与实体经济和中小企业联系密切，因此，人民银行可以借助票据较好地实现货币政策从货币市场向实体经济的传导。例如，在加拿大，票据占整个货币市场的25%，是加拿大最大的非政府货币市场融资工具。加拿大央行将票据作为其常备流动性便利操作的合格抵押品，也会通过直接买卖票据来执行货币政策。而在我国，虽然近年来货币当局多次提升了票据再贴现的额度，定向用于扶贫、扶助小微企业等政策导向。然而从总体而言，票据再贴现的额度相较于票据的贴现承兑余额总量而言仍整体较低。根据人民银行货币政策执行报告所公布的数据，虽然人民银行的再贴现余额已经从2017年第一季度末的2862亿元提升至了2020年第四季度末的5784亿元，但是再贴现余额在票据贴现余额中的占比仍然仅有6.59%，与之相对应中小企业签发的票据占所有票据的三分之二。特别是与之相对应，为了应对新冠疫情的不利影响，再贷款余额由2019年年底的5434亿元，上升到了2020年年底的14328亿元。若能进一步扩大再贴现规模，提高再贴现余额在票据贴现总余额中的比例，将可以更为有效地定向疏通货币政策传导过程中的肠梗阻。而票据的“真实贸易背景要求”也可以避免再贴现的资金“脱实向虚”流向其他领域。

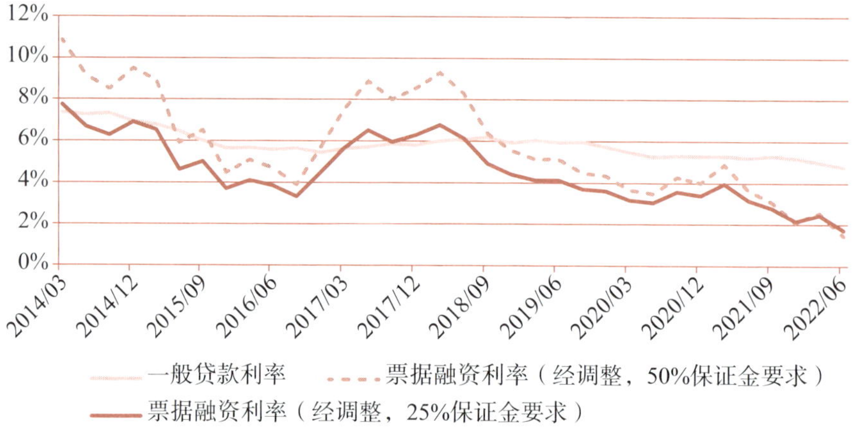

图6-11　票据融资成本和一般贷款融资成本比较（25%与50%保证金假设）

资料来源：WIND，兴业研究

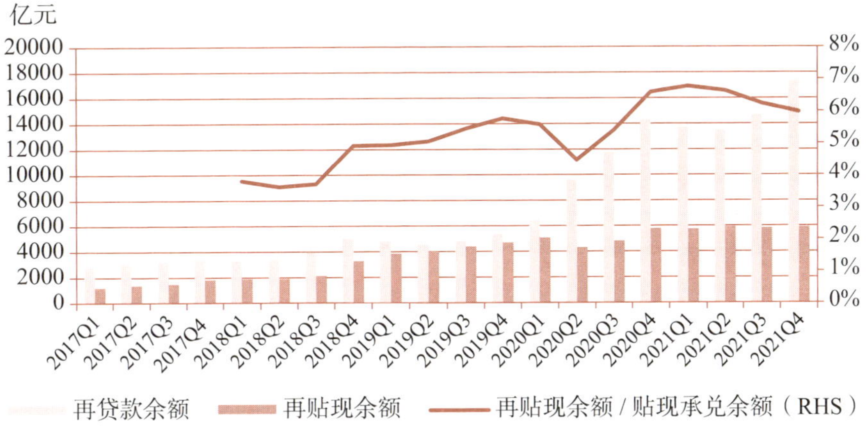

图6-12 人民银行再贷款和再贴现余额

资料来源：WIND，兴业研究

二、完善票据业务基础制度，激活中小企业融资

为了更好地充分激活票据业务活力，服务于中小企业融资，一方面要创新票据业务模式，另一方面要通过多种方式完善现有的票据业务制度，破除此前法律政策中不适应时代发展新环境的规则。若能进一步完善票据业务的法律基础、业务架构，将能够更为有效地通过票据业务促进、激活中小企业融资，这些举措包括修订《票据法》等法律制度、厘清票据的信贷属性、解决票据的可分性问题等。

（一）完善《票据法》，构建票据业务发展上层建筑

我国现行《票据法》已多年未经修订，早已无法满足金融机构、实体企业票据业务过程中的现实需求，未来若能尽早启动《票据法》修订工作，明确放弃追索权合法性、电票法律地位等一系列问题，不

仅有利于进一步促进中小企业融资，还能够起到防范化解重大金融风险的作用。

首先是亟须在《票据法》中明确票据约定放弃追索权的合法性。根据2004年修订的《票据法》规定：“汇票到期被拒绝付款的，持票人可以对背书人、出票人以及汇票的其他债务人行使追索权。汇票到期日前，有下列情形之一的，持票人也可以行使追索权：（一）汇票被拒绝承兑的；（二）承兑人或者付款人死亡、逃匿的；（三）承兑人或者付款人被依法宣告破产的或者因违法被责令终止业务活动的。”为了进一步地便利票据的流通、交易，同时避免风险资产的重复计提，银行间市场交易商协会在2016年发布了《票据交易主协议（2016年版）》（以下简称《主协议》），其中明确要求持票人放弃对前手背书人行使追索权。然而在实践之中，部分监管部门认为《主协议》相关条款不能凌驾于《票据法》的条款之上。由此，部分监管部门根据《票据法》的规定，要求转贴现行根据期限不同要计提20%到25%的资本。在实际业务中，转贴现行除了需要面对附加的资本要求，还面临着可能被追索的不确定性风险。约定放弃追索权的合法性问题使得票据的流转存在一定的障碍，进而影响到了部分银行向中小企业进行票据贴现的积极性。虽然未来跨部门的监管协调可能可以“治标”的缓解潜在的法律风险，但是若要一劳永逸解决相关问题，还需要修订作为上位法的《票据法》。相关的修改也为防范化解金融风险奠定坚实的基础。

表6-2 票据追索权相关规定

时间	文件	部门	具体要求
2004年8月28日	《票据法》	全国人大	汇票到期被拒绝付款的，持票人可以对背书人、出票人以及汇票的其他债务人行使追索权。汇票到期日前，有下列情形之一的，持票人也可以行使追索权：（一）汇票被拒绝承兑的；（二）承兑人或者付款人死亡、逃匿的；（三）承兑人或者付款人被依法宣告破产的或者因违法被责令终止业务活动的。
2016年12月30日	《票据交易主协议（2016年版）》	交易商协会	持票人放弃对前手背书人行使追索权，但保留对票据出票人、承兑人、承兑人的保证人、贴现人、贴现人的保证人（若有）及贴现人前手背书人的追索权。

资料来源：全国人大，交易商协会，兴业研究

其次是需要在《票据法》之中明确电子票据的法律地位。在我国《票据法》颁布之初，因仅存在纸质票据，相关法律条文都是以纸质票据的特点和特征进行规定。在2004年《票据法》进行修改之时，电子票据依然没有出现，因此现行《票据法》相关条款并未考虑电子票据的形式和特点。随着信息科技的不断发展，为解决票据真实性问题，提高票据业务效率，人民银行在2009年推出电子商业汇票及其系统。随后，人民银行陆续出台了《电子商业汇票业务管理办法》（中国人民银行令〔2009〕第2号）、《电子商业汇票系统管理办法》（银发〔2018〕152号）等一系列文件陆续规范了电子票据的发展，为电子票据业务开展提供了保障。随着监管部门推动在大额票据交易和跨省票据交易中使用电子票据，近年来电子票据的规模快速上升，2019年电子票据在所有商业汇票签发量中占比已达到96%。电子商业票据的推广，一方面解决了票据真实性问题，降低了票据交易中存在的风险；

另一方面提高了票据交易效率，不再需要如纸质票据时投入大量的人力、物力。此前，票据市场曾发生一系列风险事件，为了防范化解相应风险、提高票据交易效率，人民银行组织设立了票据交易所，出台《票据交易管理办法》（人民银行公告〔2016〕第29号），逐步实现了纸质票据的电子化交易和统一登记托管。虽然在实践中，票据市场已经实现了由纸质票据向电子化票据的转型，但是已多年未经修改的《票据法》并不能适应当前的市场状况，不仅电子化票据的合法地位未能得到《票据法》的明确认可，而且当前《票据法》的相关条款不能很好地适用于电子化时代的票据交易。虽然在实践中，这一瑕疵在正常情况下暂未对票据交易等各项业务产生负面影响。但是其潜在的法律风险可能会在特殊情况下影响金融机构通过票据对中小企业开展融资的积极性。因此，在未来的《票据法》修订中尽早根据票据电子化的客观情况修改相应条款刻不容缓。

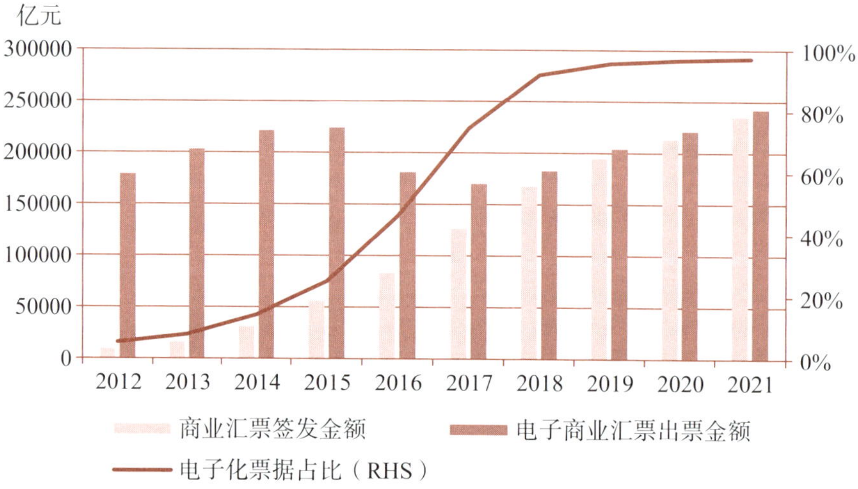

图6-12　电子票据在全部商业汇票签发金额中的占比

资料来源：WIND，兴业研究

最后是票据冻结问题和取得票据“重大过失”的认定标准问题。根据《中华人民共和国刑事诉讼法》和《人民检察院扣押、冻结涉案款物工作规定》(高检发〔2010〕9号)。公安机关、检察机关和人民法院都拥有冻结票据的权利。然而，票据不同于普通财产，若未充分考虑票据的自身属性，不仅不能达成冻结财产的目的，可能还会损害正当持票人的合法权益。一旦票据背书转让，就可能拥有正当持票人，在不能控制票据的情况下对票据冻结止付，就可能损害正当持票人的合法权益。除此之外，2004年修订的《票据法》规定：“*持票人因重大过失取得不符合本法规定的票据的，也不得享有票据权利。*”但是在实践中对于“重大过失”的认定也缺少详细的标准和内容。虽然按照人民银行发布的《票据交易管理办法》，非交易票据过户需由当事人向票据市场基础设施提供合法有效的法律文件，原则上金融机构不会出现被无辜冻结的情况。但是，票据冻结问题和“重大过失”的认定缺少详细、具体的内容，容易影响持票人的权利，从而影响票据的流转和票据业务的开展。若未来能通过修改《票据法》或司法解释等形式对以上问题进行明确，将有利于票据流转，进而能够促进票据市场的进一步健康发展。

(二)厘清票据信贷属性，推动票据业务长期健康发展

虽然票据融资在支持中小企业融资方面具有较大优势，但由于票据融资目前纳入信贷规模统计，使得票据融资成为部分金融机构调节信贷规模的手段。若能将票据贴现调出信贷规模统计，既可以提高信贷规模统计数据质量，还可以促进票据市场健康发展，达到“一箭双雕”的效果。

人民银行在1996年发布的《贷款通则》指出：“票据贴现，系指贷款

人以借款人未到期商业票据的方式发放的贷款。”与这一规定一致，在人民银行和银保监会的信贷统计实务操作中，也将票据贴现、转贴现纳入信贷规模统一管理。正是这样的统计操作，形成了票据贴现被金融机构作为灵活调节信贷规模的现象。不仅影响了信贷规模统计的可靠性，也使票据融资规模波动较大。相较于其他信贷资产，票据资产流动性较好，在一般信贷投放较为旺盛时，商业银行会大幅压降票据资产规模，以期保持总体信贷规模的合意；而在实体经济一般信贷需求不足时，商业银行往往会增配票据资产，确保总体信贷规模相关要求的落实。甚至，部分商业银行会通过票据资产规模来调整不良贷款率。这一现象最终在2019年1月份导致票据融资规模大增，进而使得李克强总理在2019年2月20日的国务院常务会议上“点名”票据融资可能造成了融资规模的虚高①。

若能将票据贴现调出信贷规模统计，则能在以下方面起到相应优化作用：

一是有利于提高信贷规模统计数据质量。将票据融资调出信贷规模统计后，商业银行腾挪贷款规模的操作空间将被压缩，有利于信贷规模统计指标准确反映实际信贷投放情况。商业银行信贷投放将更能发挥逆周期调控的作用，统计数据与信贷投放实际情况将更加吻合。数据真实性的增强也有助于人民银行准确研判信贷情况，更好地开展相关宏观调控、发挥货币政策作用。2019年2月国常会上李克强总理所提出的担忧，也有望从根本上予以解决。

二是有利于消除扭曲，促进市场健康发展。将票据融资调出信贷规模统计，将消弭此前商业银行通过票据融资调节总体信贷规模的套利行

① 2019年2月20日，国务院常务会议相关新闻稿http://www.gov.cn/xinwen/2019-02/20/content_5367205.htm。

为。票据融资从信贷规模调出后，票据市场创新将回归业务本源，有利于规范市场行为，促进市场规范健康发展。与此同时，票据业务的开展也将不受信贷规模的约束，银行可根据收益、风险、流动性等因素综合考虑票据业务的经营策略、票据资产的配置需求，票据利率中的“信贷规模溢价”也将消失。我们通过定量的测算方式，明确地发现了票据利率不仅取决于市场资金情况，还受到了信贷规模松紧的影响。**一般而言，当信贷宽松时，票据利率通常下行（或者上行幅度不及资金利率）；反之，当信贷紧张时，票据利率通常上行（或者下行幅度不及资金利率）。**从调整后的收益率来看，考虑税收差异后，NCD利率在多数时间略高于票据转贴利率，体现出票据的信贷属性溢价，**6个月NCD利率和6个月转贴现利率的利差平均为16bp左右，当信贷规模紧张时，上述利差收窄；当信贷规模宽松时，上述利差走阔。**采用2014年3月至2019年7月之间的考虑资本占用和税收调整后的NCD利率和票据利率价差（spread）和信贷增速（loangrowth）月度数据进行回归，回归结果如下：

$$\text{Spread} = 0.007908 - 0.000468 \times \text{loangrowth}$$

$$(2.22) \qquad (-1.79)$$

通过回归分析，可以发现价差和信贷增速之间存在负相关关系，上述关系在90%的置信水平下显著。即信贷增速越高，NCD利率和票据利率之间的价差越小，这与通常认为的信贷规模较为紧张时，票据利率相对NCD利率上行、二者之间利差收窄的观点一致。因此，若能将票据调出信贷规模统计，信贷规模情况对于票据的影响将得到有效消弭，票据融资规模和票据市场利率将更加平稳，不仅可以使得票据业务回归“本源”，便利商业银行能更好地通过票据业务支持中小企业融资，还可以减小票据市场整体规模的波动。

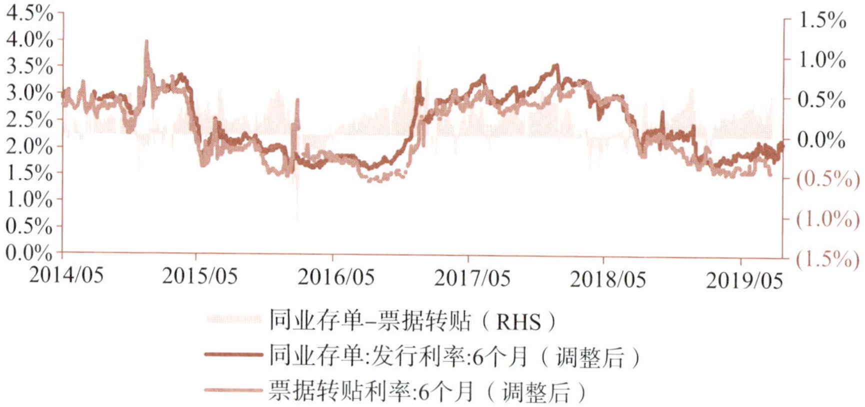

图6–13 票据转贴现和NCD收益率比较（调整后）

注：调整后的收益率=市场收益率/（1+增值税率）×（1–所得税率）–风险权重×资本充足率×资本利润率–信用成本

资料来源：WIND，兴业研究

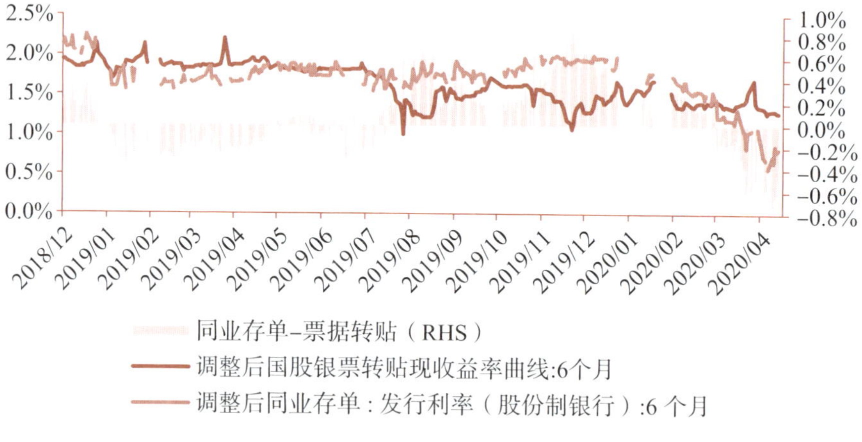

图6–14 国股转贴现和股份制银行NCD收益率比较（调整后）

注：调整后的收益率=市场收益率/（1+增值税率）×（1–所得税率）–风险权重×资本充足率×资本利润率–信用成本

资料来源：WIND，兴业研究

三是有利于弱化票据信贷属性，进一步拓展票据融资资金来源。由于票据资产具有信贷属性，非银金融机构、资管产品等参与票据交易面临较大监管约束，票据市场资金来源较为单一，市场参与者行为同质化，市场波动时易发生共振、加剧风险。将票据融资调出信贷规模统计后，随着票据信贷属性的弱化，票据市场参与主体将不断扩容，票据市场资金来源更为丰富，市场的广度和深度都将得到提升。参考国际经验，美国商业票据（Commercial Paper）市场的主要投资者即为货币市场基金。

从历史上来看，在美国商业票据的发展之初，货币市场基金并非其主要投资者。1975年年末商业票据余额为477亿美元，货币市场基金持有的商业票据仅有4亿美元，这主要是由于彼时美国货币市场基金整体规模较小，仅有37亿美元。随着时间的推移，美国货币市场基金规模逐渐上升，商业票据市场的规模也逐步扩大，到1990年时，美国货币市场基金已经持有了超过35%的商业票据。截至2010年年底，美国货币市场基金持有41.40%的商业票据，为其最大持有人，其他持有人依次为外国企业、融资公司、地方政府和共同基金，分别持有了17.78%、7.72%、7.61%和7.27%的商业票据，此外其他投资者持有了剩余的18.22%商业票据。

综上所述，若能将票据融资调出信贷规模统计，不仅有利于更有效地释放银行信贷资源，引导银行贷款流向中小企业；同时还能进一步促进票据市场的健康发展，丰富票据市场交易者结构，提高市场活跃度和流转效率。

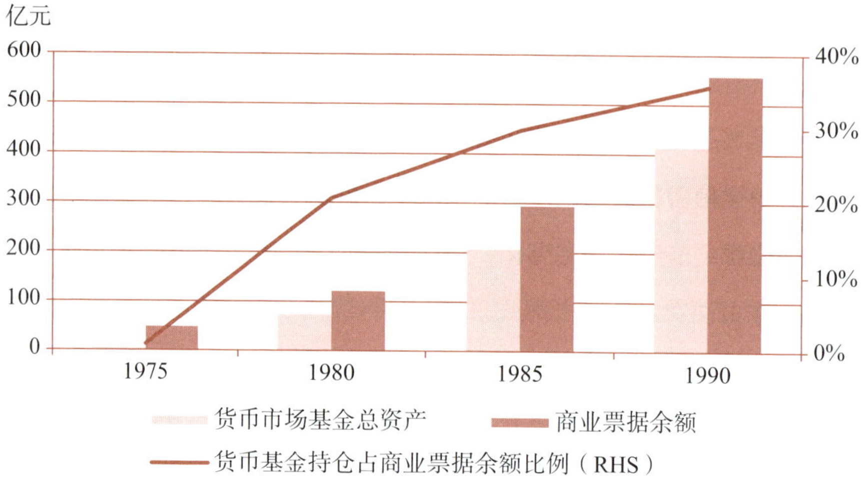

图6-15　美国商业票据余额与货币市场基金总资产

资料来源：美联储，兴业研究

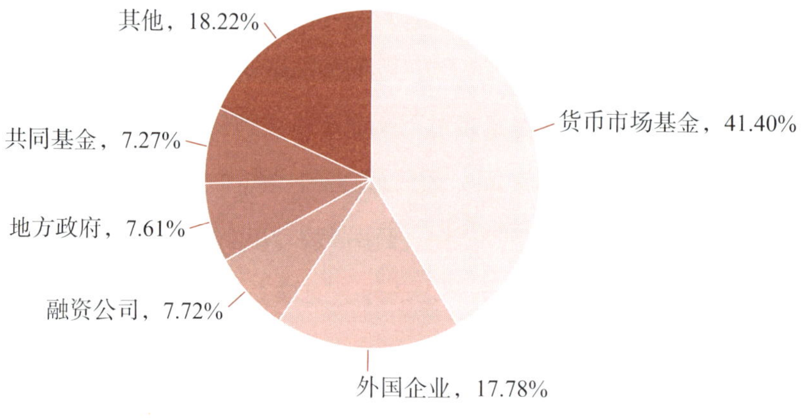

图6-16　2010年年底美国商业票据持有人结构

资料来源：美联储，兴业研究

（三）解决电票可分性问题，进一步便利票据流转

当前，虽然票据电子化的普及使得分割电票在操作上成为可能，但

是由于多方面因素电票的可分性问题尚未得到解决，在实际业务过程中不仅制约了票据流转的便利性，同时使得中小企业使用票据时不能充分发挥其支付功能。

根据现行《票据法》第三十三条规定：“将汇票金额的一部分转让的背书或者将汇票金额分别转让给二人以上的背书无效。”这一要求的出发点一方面是由于对于票据所有者权利的保护，另一方面也是受制于当时纸质票据无法进行分割的缺陷。然而在2009年之后，随着人民银行等监管部门的大力推进，票据电子化程度不断提高，截至目前我国境内已基本完全实现了票据的电子化，电子化信息的可追溯性和高度可分性已经为电子票据进一步拓展边界提供了多种可能。在此情况下对于单张票据进行分割或对多张票据进行合并在操作上已经成为可能，并且还能有效地兼顾持票人的合法权益。此前票据不可分割的要求已不能满足金融机构和实体企业的实际业务需求，若能通过立法或其他方式解决电票可分性问题，使得票据能够获得类似债券的最小的可分面额。将可以在以下几个方面促进票据市场长远健康发展：

首先，将拓展票据的支付功能，避免当前实体企业在“大票换小票、小票换大票”过程中遭遇的烦琐流程。在中小企业通过票据进行支付的过程中，可能存在票据面额与相应货款难以完全对等的情况。特别是对于中小企业而言，各类货款的金额较小，若其持有的票据总体金额较大时，则需要寻找银行进行“大票换小票”的操作。反之，也会有企业面临“小票换大票”的问题。在实践中，当企业将银行承兑汇票向承兑行进行“大票换小票”或“小票换大票”申请时，由于涉及票据的注销和新开立，出于审慎经营的考虑和风险管理的要求，银行需要重新对相关企业进行授信，并重新开立票据。这一烦琐的流程造成了银行业务人员难以有动力去开展以上操作，即使实际进行了这一业务操作也需要较长的时间，从而影响实际运用票据时的便利程度。若能在《票据法》层面解决票据的可分性问题，同时推动票据交易基础设施在技术层面做好相应准备，则可以解决当前中小企业和金融机构在面临“大票换小票”“小票换大票”过程中所面临的困难，更为充分地发挥票据所具有的支付功能。

其次，票据可分性问题的解决也将便利票据的流转，进而提高票据的流动性。虽然票据已经基本实现了电子化交易，但是由于相关制度并未更新等原因，其还残留了许多纸质票据交易的弊端，例如每一张票据都具有其特异性的金额、到期期限等要素。不同于一般每张面额为100元的债券等其他债权融资工具，受制于票据的可分性问题，单张票据的面额远大于100元。根据人民银行和银保监会发布的《中国小微企业金融服务报告（2018）》显示，2018年年末单张电票的平均面额为123.2万元。单张电票面额过大也造成了票据流转过程中存在障碍。受制于票据单张面额较大的问题，票据交易双方在交易时所确定的交易量可能与其合意交易量存在一定偏差。这一偏差对于大型机构和企业而言确实是“九牛一毛”，但是对于小型机构特别是小微企业而言则可能难以承受。由此也限制了票据的流转，限制了市场流动性。为了更好地解决单张票据的特异性问题，人民银行和票交所等已于近期开始试点标准化票据，将承兑人、贴现行、保证人等信用主体核心要素相似、期限相近的票据归集作为基础资产，构建基础面额较小的标准化票据。考虑到当前票据已基本完成电子化转型，若能参照债券等资产，直接将票据最小交易单位缩小至100元或其他金额，将有利于票据的流转，提高单张票据的流动性。

最后，若能解决票据的可分性问题，也有利于票据成为《资管新规》

中所认定的标准化债权类资产。根据人民银行等金融监管部门2018年4月27日发布的《资管新规》要求，标准化资产应当满足等分化，可交易；信息披露充分；集中登记，独立托管；公允定价，流动性机制完善；在经国务院同意设立的交易市场交易等条件。2019年10月12日，人民银行发布《标准化债权类资产认定规则（征求意见稿）》，其中指出“等分化，可交易”的具体要求为：“以簿记建档或招标方式非公开发行，发行与存续期间有2个（含）以上合格投资者，以票面金额或其整数倍作为最小交易单位，具有标准化的交易合同文本。”受制于票据的可分性问题和其他问题，票据在当前情况下难以成为监管文件所认可的“标准化债权类资产”，由此则需要接受更为严格的监管要求，包括“存续期不得短于资管产品封闭期”以及投资比例、额度限制等一系列要求。为了便利票据在《资管新规》完全落地后的流转和交易，能够顺利完成“非标转标”。人民银行和票交所等于2019年开始尝试构建“标准化票据”，并在2020年2月14日发布《标准化票据管理办法（征求意见稿）》。在2019年10月15日举行的2019年第三季度金融统计数据新闻发布会上，人民银行金融市场司司长邹澜表示：“业界也关注到了商业汇票的认定，根据资管新规的原则，它应该属于非标产品……标准化票据还在完善过程中，信息披露、规则确定、流动性机制、定价还有一个逐步完善的过程。随着这些方面的完善，标准化票据将可能成为一种接续过去非标产品的很好的选择。”然而，若能直接从票据自身解决可分性问题以及其他制约其直接成为标准化资产的要素，使得票据直接成为标准化债权类资产，那么则可以免去“标准化票据”这一中间流程，既节省了成本，还便利了票据的流转，甚至还能进一步拓展票据的交易主体范畴，吸引各种类型、风险偏好的主体参与票据流转。

三、创新票据业务模式，更有效解决中小企业融资难问题

未来，随着时代的发展，现有的票据市场结构和票据业务模式也可能发生改变。除了解决当前票据业务过程中所存在的制度性瑕疵，还可以进一步紧随时代步伐、创新票据业务模式，便利中小企业通过票据进行融资。这些创新形式包括：以“票付通”平台为基础，拓展金融科技在票据中运用的广度和深度；推动票据无因性试点，尝试发行融资性商业本票；探索开拓票据国际业务，服务人民币国际化战略等。

（一）以“票付通”平台为基础，拓展金融科技在票据业务中运用

票据业务是贸易融资的一个重要组成部分，金融科技在贸易融资和供应链融资中的运用使得市场结构和业务模式都有进一步拓展的空间。当前，票交所已经上线并逐步扩大了“票付通”产品的试点范围，并搭建了数字票据交易平台，未来若能进一步在票据业务中创新性地运用金融科技，将可以更好地支持中小企业融资。

当前票交所已上线并逐步扩大“票付通”产品的试点范围，未来可以进一步拓展票付通的合作平台和机构，为更多的中小企业提高高效便利的贸易融资交易。“票付通”产品是上海票据交易所基于供应链、B2B电商场景提供的线上票据支付服务。根据票交所的介绍，“票付通”产品的运作模式是：“买卖双方通过互联网平台（B2B电商、供应链平台）在线上达成交易后，买方通过嵌入B2B电商平台的票据支付控键选择使用‘票付通’产品，线上一站式完成票据签发、背书和提交申请，同时锁定

相关票据；当互联网平台确认交易完成后，票据自动解锁，卖方可以直接线上签收票据”。[①]按照票交所《关于适当扩大“票付通”业务试点范围的通知》（票交所发〔2019〕54号），“‘票付通’产品提供两项功能：一是票据支付见证功能，通过票据锁定、解锁服务，解决票据支付‘打飞’问题，弥补票据支付安全性短板；二是通过互联网线上处理模式，实现票据签发和企业背书全线上、一站式处理，弥补票据支付便捷性短板”。简单来说，“票付通”在票据交易流程中加入票据锁定、解锁功能，让供应链的买卖双方实现“一手交票，一手交货”，解决陌生的交易双方之间的信任问题，类似于票据版的“支付宝”；企业借助B2B电商平台+“票付通”的交易模式，可以加强交易链条风控和交易对手审核，理论上可以降低票据交易中的“打飞”和“背飞”风险[②]。

“票付通”业务将电子票据支付和B2B平台交易场景相结合，解决了两方面的痛点：一方面，由于许多B2B平台没有获得支付牌照，不能直接开展第三方支付业务，因此，采用“平台统一收款+向下‘二次清分’”的模式（所谓的“二清”）属于违规行为，通过与金融机构合作开发基于“票付通”的票据支付体系，可以解决B2B平台交易的支付环节的“二清”问题和交易流程的安全性问题，尤其是实际交易中以票据支付为主的行业平台。**另一方面，**B2B平台也为电子票据在企业端的应用和推广提供了实际交易场景，在“票付通”推出之前，通过接入票交所的ECDS系统，金融机构间的票据转贴现可以实现票款对付（一手交钱，

---

① 请见票交所网站，2019年1月26日文章《上海票据交易所“票付通”产品成功上线投产》，http://www.shcpe.com.cn/info_11_itemid_1427.html，本节作者于2020年4月29日查询。

② 票据交易中，“打飞”指的是资金付出去了但没收到票据，“背飞”指的是票据交付给对方但没收到资金。

一手交票），但是贴现前的企业间电子票据流转的支付见证（一手交票，一手交货）和票款对付（一手交钱，一手交票）功能尚未实现，“票付通”业务补齐了企业间支付型票据流转的见证功能，解决了企业使用电子票据作为支付手段的安全隐患，整合B2B平台和票据支付系统，由B2B平台和金融机构共同确保客户身份信息的真实性，降低企业间票据流转的操作风险，有利于在企业端推广电子票据支付。**从企业实际线上采购业务的支付需求来看，**企业支付的单笔金额通常较大，这也与B2C业务仅仅是小额支付、互联网平台可以通过获得支付牌照进行支付存在显著差异，企业大额支付的用户习惯和产品需求存在差异（包括以票据支付、要考虑票税不符问题等），大额支付必须要有银行类机构或经人民银行许可的专门产品来满足上述需求。**从第三方支付产品来看**，尽管人民银行2015年12月28日发布的《非银行支付机构网络支付业务管理办法》（中国人民银行公告〔2015〕第43号）仅对个人账户的余额支付限额进行了规定、未对单位账户的支付限额进行规定，但实际中第三方支付产品如“企业支付宝”对于企业账户向他人公司支付宝账户转账设定了单笔10万元、单日200万元的限额，无法满足企业在大规模采购活动中的支付和见证需求。为满足企业在B2B平台交易中的大额支付需求，**对于企业的现金方式的支付和见证**，在常见的合作模式中，由商业银行和B2B平台合作，商业银行承担账户开立和资金监管责任，交易双方分别在银行开立对公账户，并结合B2B平台提供的交易流程信息，对资金进行冻结和解冻，实现支付见证功能。**为进一步提高效率，响应国家支持小微企业、降低企业融资成本的号召，“票付通”产品通过提供电子票据支付的交易见证，由商业银行或财务公司作为合作金融机构和开户机构，很好地满足了上述需求。**此前2018年12月6日，票交所发布了“票付通”产品；2019年1月26日，票交所“票付通”产品首批试点上线投产；2019年7月10日，票交所发布《关于适当扩大“票付通”业务试点范围的通知》（票交所发〔2019〕54号），进一步扩大“票付通”产品运用范围，则可以更好地便利中小企业融资。

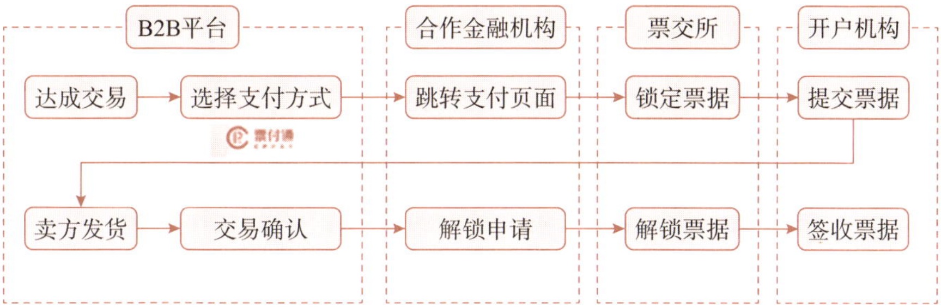

图6–17　“票付通”流程示意图

资料来源：票交所网站，兴业研究

以“票付通”产品为基础，未来可以进一步拓展区块链、智能合约的金融科技方式在票据业务中的运用。2019年5月，习近平总书记在中央政治局第十八次集体学习时强调：“要把区块链作为核心技术自主创新的重要突破口，明确主攻方向，加大投入力度，着力攻克一批关键核心技术，加快推动区块链技术和产业创新发展。”这一表态意味着区块链等技术未来会更为广泛地运用于实际生活和金融市场之中。根据人民银行数字货币研究所区块链课题组（2020）此前的研究，区块链技术具有业务数据可信化的优势，与传统分布式数据库有所不同，区块链引入了“人人记账”的理念，每个参与主体都有权记账，大家各自保存最新账本和所有历史记录。这种数据高度冗余的存储方式，可提升不互信主体之间的信息透明度，实现账本数据不可篡改和全程留痕，进而促进多方信息共享和协同操作。在实际业务中，通过业务数据上链，可实现纸质单据的电子化和电子信息的可信化，降低多主体之间不信任的摩擦成本，解决传统业务方式耗费大量人力物力进行单据、票据真实性审核的问题，也便于金融机构实施风险管控。目前，在现有的银行承兑汇票业务逻辑下，银行很难深入地了解企业端的实际供应链情况，因此也就难以为供应链上所有的企业，特别是中小企业提供一视同仁便捷到位的金融服务。这主要是由于银行作为金融机构天然缺乏对贸易背景的实际掌握，只能通过企业提交的材料等有限的信息来进行审核，对于企业的实际业务信息难以进行深入的了解。通过业务数据上链的方式，可以更为透明地展示企业的业务信息、便利银行获取更为有效的信息，从而根据业务实际风险给予相应贷款利率，起到缓解中小企业融资难、融资贵的作用。**除了区块链在票据上潜在的运用可能，未来智能合约（Smart Contract）在进一步提升票据业务效率方面也有着较大的潜力。**智能合约指的是将金融合约各个条款、信息以及交易各方所需履行的权责转化为电子形式，上传到电子分布式账簿（或区块链）上。智能合约的目的在于保证合约的各个条款和各方的职责能够在分布式账簿中自动执行。因此，智能合约自身也被赋予了接入和修改相应分布式账簿（或区块链）各个节点账簿的权限。由于智能合约直接被写入了账簿之中，因此若能确保分布式账簿（或区块链）信息更新的准确和信息安全，则也可以保障智能合约能受到相应的保护免受攻击。智能合约的运用一方面可以大大缩短票据存续过程中签发、开立、交易、清算、结算各个环节的时间周期，另一方面可以为票据市场基础设施和金融机构自动化地进行清算、结算、支付等流程奠定基础，从而提高票据签发、贴现、转贴现直至最后兑付等一系列业务流程的效率，降低潜在的操作风险。此前，在国际上已经有部分金融市场基础设施（包括交易所、中央对手方、交易结算机构等）

开始在部分流程中引入和试验分布式记账技术和区块链技术，具体的运用包括三个方面：一是决议投票（Proxy Voting），二是了解你的客户（KYC）和反洗钱要求，三是尝试在清算和结算系统中进行运用。因此，未来若能够将分布式记账技术和区块链的运用领域拓展到票据市场基础设施和金融机构之间，不仅能够践行国家战略导向，同时还能进一步提高票据业务的效率，有力地缓解中小企业融资难、融资贵问题。

（二）推动票据无因性试点，尝试发行融资性商业本票

当前我国监管部门对于票据融资“真实贸易背景”要求的严控，虽然从一个侧面加深了票据与实体经济的联系，但是更大程度地限制了中小企业直接融资，导致中小企业直接融资渠道的“倡而不通”。未来若能推动票据无因性试点，尝试允许中小企业发行融资性商业本票，或将能够更好地服务于中小企业融资。

虽然2004年版的现行《票据法》仅要求：“*票据的签发、取得和转让，应当具有真实的交易关系和债权债务关系。*”但自2001年人民银行《关于切实加强商业汇票承兑、贴现和再贴现业务管理的通知》中严禁承兑、贴现不具有真实贸易背景的商业汇票的规定，“真实交易关系”要求演进为“真实贸易背景”要求后，相关监管规则便一直沿袭了这一要求。对于真实贸易背景的“一刀切”要求复杂化了整体开票流程，提高了企业的实际融资成本，还催生了民间票据市场，不利于票据市场长期健康稳定发展。事实上，我国银行间市场与票据极为相似的短融、超短融，均没有具体的资金用途限制（即包括贷款、债券在内的其他金融工具均没有真实贸易背景要求）。从国外成熟的监管经验来看，可以通过信息披露、杠杆约束机制等市场化约束机制采取将单个企业的开票规模控制在

其业务规模一定比例的方式（例如限制企业商业票据融资规模不得超过营运资本（Working Capital）的一定比例）来避免企业过度融资。而不需要教条地使用“真实贸易背景”要求来进行限制和监管。若能适当放松“真实贸易背景”要求，则可以达到以下目的：

一是更好满足实体经济融资需求，降低中小企业实际融资成本。一方面，适当放宽“真实贸易背景”要求可以减少中小企业进行票据融资过程的事前文件审核，提高票据融资效率，有利于降低中小企业票据融资过程的实际成本。另一方面，实体经济真实交易融资需求不等于真实贸易背景，如果回归本源，参照现行2004年版《票据法》的规定，若交易对手不接受商业汇票支付，则中小企业需要先融资后交易，难以通过票据融资获取资金。在此情形下，放宽“真实贸易背景”要求可以释放此前被桎梏的实体企业真实融资需求。

二是便利融资性票据发展，激活票据市场潜力。除了贸易往来的资金需求，企业还面临着营运资金和其他短期资金周转需求。若能探索发展融资性票据，则有助于拓宽实体企业融资渠道，为拓宽中小企业直接融资方式渠道、补足融资光谱断档起到积极作用。

三是借鉴国际经验，推动完善票据市场体系。有利于与国际接轨，便利境外主体参与我国票据市场。根据国际成熟经验，随着社会信用体系完善，融资性票据在票据市场中占比将不断提高。同时，参照国际经验，通过完善的事中与事后市场化约束机制和监管，即使事前并未严格要求“真实贸易背景”，也可有效防范合规风险。此外，截至2010年第一季度末，外国投资者持有了17.78%的美国票据，拓展融资性票据发展也有利于丰富市场主体，吸引外资投资。

不过值得注意的是，若推动票据无因性试点，放开无贸易背景融资

性商业本票发行，可能也会随之产生相应的潜在问题，不过这些问题可以通过多种方式进行解决。

首先，是融资性商业本票如何与现行非金融企业债务融资工具等公司信用类债券差异化错位发展的问题，该问题可以通过发行方式的创新、目标对象的错位等进行解决。当前，在我国的银行间和交易所债券市场之中，公司债券、企业债券、非金融企业融资工具等公司信用类债券已经实践了较长时间，而且在2020年3月1日新版《证券法》施行之后，各类公司信用类债券已基本都实现了注册制。然而，当前各类公司信用类债券的融资主体主要是大型企业，此前部分拟用于中小企业直接融资的公司信用类债券品种也并未取得所期望的成果。未来，为了实现融资性商业本票与其他公司信用类债券的错位发展，可以将融资性商业本票的融资主体限制为中小企业。一方面，可以延续此前票据融资服务中小企业的传统与“本源”；另一方面，也可以有效避免此前债券市场“九龙治水”状态下各种债券品种趋同可能产生的监管套利等恶性竞争。除此之外，为了更好地区别融资性商业本票和公司信用类债券，还可以进一步地创新融资性商业本票的发行方式。以美国商业票据为例，美国企业在商业票据发行的过程中并不需要在证监会进行注册，证监会或相关监管机构会根据企业的申请出具“不行动函”，允许企业在一定额度内发行商业票据进行融资，具体的发行时间和额度等要素可以由企业自行确定，企业只需要保证其任何时点存续的商业票据总额不超过限定的额度即可。这一方式大大地简化了企业通过商业票据的融资流程，提高了商业票据的融资效率。未来我国试点发行融资性商业本票时也可以给予相应借鉴。

其次，是如何避免融资性商业本票“脱实向虚”被挪用于投资甚至

投机的问题，该问题可以通过限制企业发行余额和运用金融科技手段监测资金使用等方式进行解决。相较于当前的票据融资模式，推动票据无因性试点的重大突破就在于删减了繁杂的“真实贸易背景”材料准备，不过这也随之带来了潜在的担忧：若无法证实相关交易的“真实贸易背景”，是否意味着企业有可能通过虚构交易来套取融资用于其他不合规的投资甚至投机领域？这一担忧可以通过限制单个企业的发行余额总量，并运用金融科技大数据监测资金使用流向的方式进行良好的解决。一方面，可以参考美国票据市场的经验，在监管部门批准企业票据融资总量时对企业财务信息进行考察，测度企业潜在的合理运营资本（Working Capital）规模，并据此确定企业可以发行票据进行融资的总额，从量的方面避免企业脱离其实际融资需求进行过度融资；另一方面，当前随着金融科技的进步和未来数字货币（DC/EP）的推出，通过技术手段监测、监管企业资金流向的便利性和准确度也有所上升。此前，为了避免公司信用类债券所募集资金被挪用，监管部门还要求企业与债券主承销商或受托管理人开立专门的账户存放和使用所募集资金。展望未来，随着各种监管科技的发展，企业资金流向的监测将更为便捷和快速，只需要通过大数据分析等形式监测、监管相关企业，对于挪用融资性本票所募资金的企业施以重罚，便可以有效地杜绝此类现象。

最后，是如何普惠性地发展融资性商业本票，避免其成为大型企业独享特权的问题，该问题可以通过小微企业融资担保机制、金融机构担保等方式进行解决。如前文所述，美国票据市场在发展的过程中，融资性的商业票据逐步替代了银行承兑汇票成为市场的主流。不过在这一过程中，由于货币市场基金等投资主体所受监管要求和风险偏好等因素的影响，造成了商业票据发行主体逐渐只剩下信用评级较高、资质水平较高的大型企业。当前，我国的银行承兑汇票已经成为一种事实上“借用”银行信用“私募发行、公开流转”的债券，如果未来在试点发展融资性商业本票时发行主体不能“借用”银行信用，那么规模相对较小、资质相对较差、融资历史不是那么完美的中小企业所发行的融资性商业本票所获得的评级很可能较差，融资贵的问题也难以解决。特别是在同一起跑线下，若不通过多种方式进行引导，甚至还可能发生大型企业“挤出”中小企业的问题，从而进一步加剧中小企业融资难、融资贵问题。因此，若要精准解决中小企业融资问题，在试点开展融资性商业本票发行的过程中，不能仅仅依靠发行主体的自身信用，还需要国家或地方的融资担保机构、金融机构对发行主体进行相应的担保，使其能“借用”相应的高等级信用评级。唯其如此，才能在发展融资性商业本票的同时，精准解决中小企业融资难、融资贵问题。

（三）探索开拓票据国际业务，服务人民币国际化战略

票据创设的初始目的即为贸易融资，特别是跨境贸易融资所服务，未来随着人民币国际化的推进，跨境票据业务或将成为新的增长点，也能够为中小企业进出口贸易融资提供相应的便利。

历史上，美元计价的银行承兑汇票不仅用于美国国内贸易及美国进出口贸易，还用于与美国本土无关的境外贸易之中。美国的银行承兑汇票最主要的用途在于美国的进出口贸易，1924年美国金融市场中存续的8.21亿美元银行承兑汇票中，有75.64%是由美国进出口贸易所产生的银行承兑汇票，有24.36%是由美国国内贸易所产生的银行承兑汇票。此时，美元已开始逐步取代英镑成为国际贸易之中所使用的结算和定价货币，在此情况下美元计价的银行承兑汇票成为美国进

出口贸易使用较多的支付结算方式。在美元取代英镑成为国际通行计价货币的同时，美元也逐步取代英镑成为各国的储备货币，从而使得美元逐渐成为国际接受的储备和贸易计价货币。因此，美元计价银行承兑汇票的使用不再仅仅限制于美国国内贸易和美国进出口贸易，其他国家或地区之间所进行的贸易行为也开始使用美元计价的银行承兑汇票。根据美联储公布的数据，纯粹基于美国境外贸易所使用的美元计价银行承兑汇票在所有美元计价银行承兑汇票中的占比由1924年年底的0%逐步上升到了1932年年底的32.11%。虽然这一比例此后有所下降，不过在20世纪50年代之后该比例又重新回升，到了1963年年底，这一比例甚至上升到了45.57%。由此可见，随着美元国际地位的加强，美元计价的银行承兑汇票在国际上所使用的广度和深度也不断拓展。

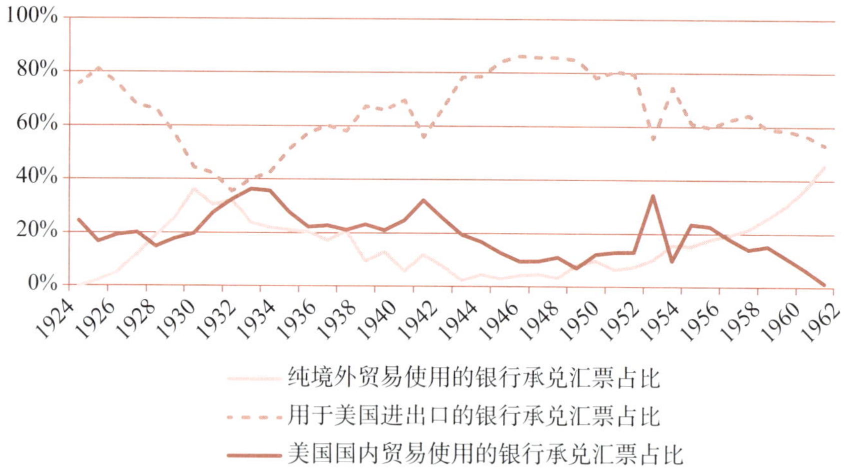

图6-18　美国（美元计价）银行承兑汇票各类用途占比（1924–1962年）

资料来源：人民银行，WIND，兴业研究

随着人民币国际化的推进，票据或将改变目前主要用于国内贸易的现状，更多地适用于跨境甚至离岸交易之中。当前，人民币在国际支付中全球市场份额逐步稳定在2%左右，国际货币中排名稳定在第5名左右。未来，随着人民币国际化的加快，人民币在国际贸易中用于计价的占比还将有所提高，长远来看甚至也会被用于其他国家之间贸易的计价。在这一过程中，票据的签发、转让、交易等流程不仅可能更多地涉及跨境机构和企业，甚至可能出现完全不涉及境内企业的交易。此前，人民银行在2020年2月14日发布的《关于进一步加快推进上海国际金融中心建设和金融支持长三角一体化发展的意见》（银发〔2020〕46号）就指出："*在临港新片区内试点开展境内贸易融资资产跨境转让业务。研究推动依托上海票据交易所及相关数字科技研发支持机构建立平台，办理贸易融资资产跨境转让业务，促进人民币跨境贸易融资业务发展。*"这或许意味着我国票据、福费廷等一系列贸易融资资产跨境转让渠道将进一步打开，未来人民币计价的票据在国外的接受度也可能将有所提升。在我国的对外贸易领域，也有着众多的中小企业，受制于多方面因素，绝大多数中小企业目前更多地使用其他的以美元计价的支付转账收款方式，不仅面临着外汇管理方面复杂手续的限制，同时还需要面对潜在的汇兑风险。如果未来能够及时地探索开拓票据国际业务，不仅能够服务于人民币国际化战略，丰富离岸人民币市场的金融产品，还能够服务于我国对外贸易的中小企业，丰富其贸易过程中的交易渠道，以期便利这一部分的中小企业融资。

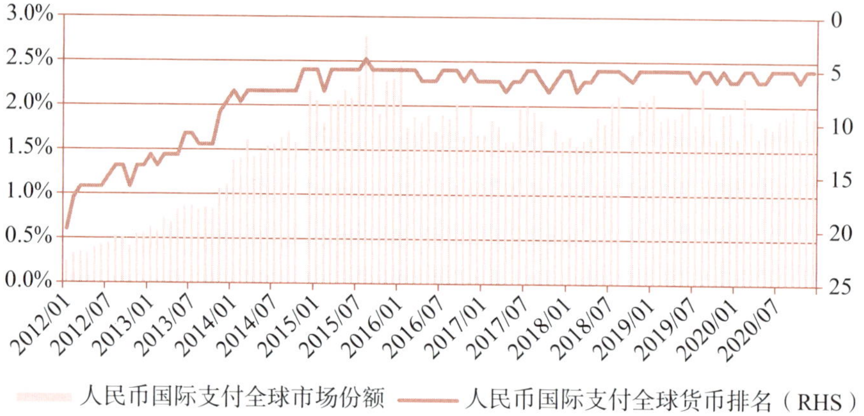

图6-19　人民币国际化水平

资料来源：WIND，兴业研究

四、总结

通过前文的分析，我们不难发现中小企业融资难、融资贵问题是由于多方面因素所导致，这其中既有客观存在的中小企业融资渠道较少的原因，也包括了长期存在的金融机构和企业之间信息不对称、代理人问题等因素。而由于中小企业在我国经济社会中贡献了50%以上的税收、60%以上的GDP、70%以上的技术创新、80%以上的就业和90%以上的企业数量，进一步解决中小企业融资难、融资贵问题不仅成为一个经济发展所必须解决的问题，更是落实保障社会就业的必然要求。

在我国金融市场中，在服务中小企业融资，缓解融资难、融资贵问题上，相较于其他融资渠道，票据市场具有无法比拟的优势。这主要是由于我国票据市场的产品品种主要为银行承兑汇票，且主要服务群体为中小企业。银行承兑汇票，为中小企业“借用”银行信用进行低成本融资开展经贸活动提供了可能。这也造成了由中小企业签发的银行承兑汇票占所有票据总额三分之二的现象。除此之外，票据的“真实贸易背景”要求，也使得这些中小企业的融资需求与真实经济活动紧密相连。考虑到票据服务中小企业融资无可比拟的优势，未来建议我国监管部门能够进一步扩大再贴现规模，并以票据为切入点通过多种渠道定向“滴灌”中小企业，实施结构性货币政策，定向解决中小企业融资难、融资贵问题。

而从更为长远的角度来看，为了更好地充分激活票据业务活力，发挥其服务中小企业融资的潜力，未来还需要监管部门、票据市场基础设施和金融机构多方面合力，一方面要完善现有的票据业务制度，破除此前法律政策中不适应时代发展新环境的规则；另一方面要创新票据业务模式，探索发展未来更好服务中小企业和国家战略的票据业务。

从完善现有票据业务制度的角度来看，主要应从以下几个方面着手：

一是尽早启动《票据法》修订，完善票据业务发展上层建筑。当前施行的《票据法》为2004年修改出台，早已不能适应票据业务发展的需要。其中对于票据追索权的规定与交易商协会《票据业务主协议（2016年版）》中约定放弃追索权的条款存在冲突，从而使得约定放弃追索权的合法性尚待明确，为票据的流转和银行机构向中小企业进行贴现的积极性产生了影响。与此同时，当前《票据法》诞生于纸质票据的时代，许多条款与电子化票据的相关情况已不能完全适用，造成了金融机构开展票据业务、对中小企业进行融资过程中潜在的法律风险。除此之外，票据冻结问题和取得票据“重大过失”的认定标准也有待进一步地明确。

二是厘清票据信贷属性，推动票据业务长期健康发展。由于票据融资目前纳入信贷规模统计，票据融资成为部分金融机构调节信贷规模的手段，不仅影响了票据利率和规模，干扰了中小企业正常通过票据贴现进行的融资；同时影响了信贷规模统计数据质量，不利于为货币政策决策提供有效参考。若能进一步厘清票据的信贷属性，还可以进一步拓展票据融资资金来源，便利非银金融机构、资管产品等直接投资票据。

三是尽快解决电票可分性问题，进一步便利票据的流转。虽然票据的电子化为电票可分性提供了操作可能，但是受制于《票据法》等相关规则的约束电票可分性当前仍未能得到根本的解决。解决电票可分性问题不仅可以避免实体企业在“大票换小票”“小票换大票”过程中的烦琐流程，还可以便利票据流转、提高票据流动性，甚至方便票据直接被认定为“标准化债权类资产”，有效地助力中小企业通过票据进行融资。

从创新票据业务模式的角度来看，可以以以下几个角度作为切入点。

一是以“票付通”为基础，拓展金融科技在票据业务中的运用。“票付通”平台通过此前的实践已经获得了市场的认可，并开始了进一步拓展试点的进程。以此为基础，未来可以进一步拓展分布式记账技术、区块链技术在票据业务过程中的运用，从而消弭此前由于信息不对称等问题对中小企业融资所造成的困扰。而在更长远的未来，数字化票据、智能合约与数字货币的结合使用也可以进一步提高票据业务效率，更为便利票据业务的开展和中小企业融资的进行。

二是推动票据无因性试点，尝试发行融资性商业本票。虽然当前我国对于票据融资“真实贸易背景”要求的严控加深了票据与实体经济的联系，但是也限制了中小企业的直接融资渠道，导致中小企业直接融资的“倡而不通”。参照境外经济体的经验，融资性的商业本票有较好的发展空间。不过若要更有针对性地帮助中小企业通过融资性商业本票进行融资，还需要在定位上与债券等进行错位，并加强各类担保机构和金融机构对其的担保力度，确保其能如当前银行承兑汇票一样“借用”更高等级的信用进行融资。

三是探索开拓票据国际业务，服务人民币国际化战略。参照美国票据市场的发展经验，随着美元成为各国储备货币和国际贸易计价货币，美元票据不再仅限于国内贸易使用，更多地适用于美国进出口贸易甚至无美国企业参与的国际贸易之中。未来随着人民币国际化战略的推进，人民币在国际上地位的提升也将拓展人民币储备货币的地位和在国际贸易中计价的使用。在此情况下开拓票据国际业务，不仅有利于服务人民币国际化战略，还能便利国际贸易过程中中小企业开展相关融资。

第三节　中小企业的融资支持：政策要求、传统途径与数字化新尝试

中小企业主体量多面广，一直都是我国培育经济新动能的重要源泉，在推动经济增长、促进就业增加、激发创新活力等方面发挥着重要作用。但由于自身信用的脆弱性，中小企业长期以来存在“融资难、融资贵”问题。为了提高中小企业信贷供给，我国形成了货币支持、信贷引导、财政优惠“几家抬”的融资支持政策体系。而在近年来，随着金融科技的运用，银行等金融机构开始探索运用金融科技方式提升对中小企业的信贷支持质效。本节将梳理我国中小企业相关的信贷支持政策，并对未来金融科技赋能中小企业信贷支持政策进行展望。

一、创新结构性货币政策，精准滴灌中小企业

面对小微企业融资难、融资贵问题，人民银行积极创新结构性货币政策，发挥好其“精准滴灌”的作用，推出多项创新型结构货币政策工具，引导金融机构信贷流向，推动信贷支持中小企业。

（一）以TMLF和再贷款为基础，对小微企业开展常态化定向支持

近年来，监管部门着力探索进一步充分发挥货币政策的结构性作用，以定向中期借贷便利（TMLF）和再贷款等结构性货币政策工具为基础，加强对小微企业的“精准滴灌”。

第一，创设定向中期借贷便利（TMLF），定向支持小微企业信贷供给。2018年12月19日，人民银行发布《创设定向中期借贷便利定向支持金融机构向小微企业和民营企业发放贷款》[①]的新闻稿，“为加大对小微企业、民营企业的金融支持力度”，人民银行创设定向中期借贷便利（Targeted Medium Lending Facility，TMLF），“根据金融机构对小微企业、民营企业贷款增长情况，向其提供长期稳定资金来源”。为了激励金融机构，TMLF还给予了优惠的利率，“定向中期借贷便利资金可使用三年，操作利率比中期借贷便利（MLF）利率优惠15个基点”。

第二，加大对小微企业的再贷款投放力度，促进金融机构对小微企业的信贷投放。新冠疫情发生之后，2020年2月26日，人民银行下发

---

① 资料来源：人民银行官网，《中国人民银行决定创设定向中期借贷便利　定向支持金融机构向小微企业和民营企业发放贷款》，（2018/12/19）［2022/3/28］，http://www.pbc.gov.cn/goutongjiaoliu/113456/113469/3719703/index.html。

《关于加大再贷款、再贴现支持力度促进有序复工复产的通知》（银发〔2020〕53号）[①]提出：“增加再贷款再贴现专用额度5000亿元，同时，下调支农、支小再贷款利率0.25个百分点至2.5%。为企业有序复工复产提供低成本、普惠性的资金支持，切实解决企业复工复产面临的债务偿还、资金周转和扩大融资等迫切问题。”2020年6月1日，人民银行等部门发布的《关于加大小微企业信用贷款支持力度的通知》（银发〔2020〕123号）提出：“人民银行会同财政部使用4000亿元再贷款专用额度，通过创新货币政策工具按照一定比例购买符合条件的地方法人银行业金融机构普惠小微信用贷款，促进银行加大小微企业信用贷款投放，支持更多小微企业获得免抵押担保的信用贷款支持。”2021年9月，人民银行发布新闻稿，明确再新增3000亿元支小再贷款额度，人民银行要求“贷款平均利率在5.5%左右，引导降低小微企业融资成本。3000亿元支小再贷款采取‘先贷后借’模式发放，地方法人银行先发放小微企业和个体工商户贷款，之后等额申请支小再贷款，以确保再贷款政策的精准和直达作用。”截至2021年年底，人民银行的支小再贷款余额已经达到了12351亿元。

为了应对新冠疫情对小微企业的负面冲击，监管部门创造性提出两项货币政策直达工具，以期应对疫情冲击，达到“稳企保岗”的效果。2020年6月1日，为了应对新冠疫情的影响，人民银行创设了“普惠小微企业贷款延期支持工具”和“普惠小微企业信用贷款支持计划”两项货币政策直达工具。

① 资料来源：中国九江网，《中国人民银行关于加大再贷款、再贴现支持力度促进有序复工复产的通知》，（2020/11/20）［2022/3/28］，https://www.jiujiang.gov.cn/xxgk/zdlyxxgk/yhyshj/hqzc/gj/202011/t20201120_4670657.html。

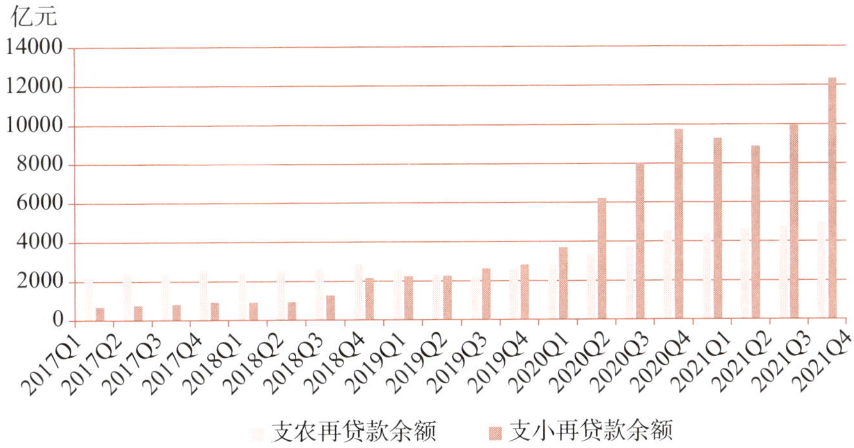

图6-20　金融机构支农支小再贷款余额

资料来源：WIND，兴业研究

对于普惠小微企业贷款延期支持工具，其目的在于鼓励地方法人银行对普惠小微企业贷款“应延尽延”，面向对象为所有地方法人银行。具体操作为人民银行以再贷款资金，通过特定目的工具（SPV）与地方法人银行签订利率互换协议，向地方法人银行提供延期贷款本金1%的激励资金。根据《中国货币政策执行报告（2021年第四季度）》披露，截至2021年年末，人民银行通过普惠小微贷款延期支持工具累计提供激励资金217亿元，直接带动地方法人银行对2.17万亿元普惠小微企业贷款实施延期。

对于普惠小微企业信用贷款支持计划，其目的在于支持地方法人银行向小微企业投放信用贷款，面向的对象为央行金融机构评级为1–5级的地方金融机构，支持的贷款为地方法人银行在2020年3月1日至2021年年底发放普惠小微企业信用贷款。具体操作方式为人民银行为地方法人银行实际发放信用贷款本金的40%提供优惠资金。从实际效果来看，截至2021

年年底，人民银行通过普惠小微信用贷款支持计划累计提供优惠资金3740亿元，实际直接带动了地方法人银行发放小微企业信用贷款1.05万亿元。

表6–3　两项货币政策直达工具

	普惠小微企业贷款延期支持工具	普惠小微企业信用贷款支持计划
面向对象	地方法人银行	最近一个季度央行金融机构评级为1–5级的地方法人银行
针对的贷款	地方法人银行延期还本付息的普惠小微企业贷款	地方法人银行发放的普惠小微企业信用贷款
提供资金总额	事前评估：拟提供400亿元再贷款资金，通过特定目的工具（SPV）与地方法人银行签订利率互换协议的方式，向地方法人银行提供激励，激励资金约为地方法人银行延期贷款本金的1%。 事后总结：截至2021年年末，实际累计提供激励资金217亿元。	事前评估：按地方法人银行实际发放信用贷款本金的40%提供优惠资金，期限1年。 事后总结：截至2021年年末，实际通过普惠小微信用贷款支持计划累计提供优惠资金3740亿元。
带动贷款总额	事前估算：预计可以支持地方法人银行延期贷款本金约3.7万亿元。 事后总结：截至2021年年末，实际直接带动2.17万亿元贷款本息实施延期，撬动全国银行业金融机构共对16万亿元贷款本息实施延期。	事前估算：预计信用贷款支持可带动地方法人银行新发放普惠小微企业信用贷款约1万亿元。 事后总结：截至2021年年末，实际直接带动地方法人银行发放小微企业信用贷款1.05万亿元，撬动全国银行业金融机构累计发放普惠小微信用贷款10.3万亿元。

资料来源：人民银行，兴业研究

（二）将阶段性定向货币政策转为常态化政策，持续支持小微企业

考虑到小微企业在国民经济中的重要作用，这两项货币政策直达工具在2021年年底到期后，国务院常务会议要求开展接续转换工作。2022年1月1日，人民银行发布《实施两项直达工具接续转换　加大对小微企

业支持力度的通知》，具体来看有如下两项措施。

一是将普惠小微企业贷款延期支持工具转换为普惠小微贷款支持工具。不同于此前的延期支持工具主要目的在于鼓励地方法人银行对普惠小微企业贷款开展延期还本付息，普惠小微贷款支持工具则主要鼓励地方法人银行发放普惠小微贷款。在2022年1月1日至2023年6月底期间，人民银行对符合条件的地方法人银行发放的普惠小微贷款，将按照余额增量的1%提供资金，鼓励新增普惠小微贷款。

二是将普惠小微企业信用贷款支持计划并入支农支小再贷款管理。该项工具的支持对象和目的改变较小，主要变化在于统一并入支农支小再贷款统一管理。此前用于支持普惠小微信用贷款的4000亿元（截至2021年年末已使用3740亿元）再贷款额度将可以滚动使用，并可能在必要时进一步增加额度。符合条件的地方法人银行将可以在发放普惠小微信用贷款后，向人民银行申请支农支小再贷款优惠资金支持。

二、做好信贷政策部署，引导金融机构加强中小企业服务

我国金融体系以间接融资为主，结构性货币政策也仅能定向有限支持部分贷款，因此通过多方面的信贷政策导向，支持银行加大对小微企业信贷支持也是我国监管机构的关注点。从2017年开始，原银监会及银保监会每年都会发布通知，部署当年小微企业金融服务的目标。从具体的信贷政策要求上看，正如银保监会在2020年7月1日发布的《关于2020年推动小微企业金融服务“增量扩面、提质降本”有关工作的通知》（银保监办发〔2020〕29号）中所言，监管部门推动银行对小微企业进行

信贷支持的总体目标为“增量扩面、提质降本”。

表6-4　2017年至2022年底银保监会（含原银监会）小微企业信贷支持政策

时间	文件名	主要内容
2017/3/20	《关于做好2017年小微企业金融服务工作的通知》（银监办发〔2017〕42号）	提出“三个不低于”目标，要求小微企业贷款增速不低于各项贷款平均增速、户数不低于上年同期户数、申贷获得率不低于上年同期水平。同时要求银行业金融机构积极落实无还本续贷监管政策。
2018/2/11	《关于2018年推动银行业小微企业金融服务高质量发展的通知》（银监办发〔2018〕29号）	提出“两增两控”目标，“两增”即单户授信总额1000万元以下（含）小微企业贷款同比增速不低于各项贷款同比增速，有贷款余额的户数不低于上年同期水平；“两控”即合理控制小微企业贷款资产质量水平和贷款综合成本（包括利率和贷款相关的银行服务收费）水平。并明确银行分类实施考核的相关要求。
2019/3/4	《关于2019年进一步提升小微企业金融服务质效的通知》（银保监办发〔2019〕48号）	优化“两增两控”指标相应口径，进一步对不同类型银行分类实施差异化考核目标。同时，将普惠小微贷款的不良容忍率提升到“不高于各项贷款不良率3个百分点”。
2020/6/19	《关于2020年推动小微企业金融服务“增量扩面、提质增效”有关工作的通知》（银保监办发〔2020〕29号）	在“两增两控”的基础上，首次提出要着力提高当年新发放小微企业贷款户中“首贷户”的占比，并且首次要求提高信用贷款和续贷业务占比。同时，提出了进一步推动降低融资成本，鼓励对小微企业让利的要求。
2021/4/9	《关于2021年进一步推动小微企业金融服务高质量发展的通知》（银保监办发〔2021〕49号）	在继续提出“两增”目标以及“首贷户”占比目标的同时，要求普惠性小微企业贷款利率在2020年基础上继续保持平稳。首次提出探索完善科技型小微企业金融服务的要求。

续表

时间	文件名	主要内容
2022/4/8	《关于2022年进一步强化金融支持小微企业发展工作的通知》（银保监办发〔2022〕37号）	维持“两增”和“首贷户”占比目标的同时，首次明确提出扩大对新市民的金融覆盖要求，同时要求着力改善金融资源投放的区域均衡性。明确健全完善金融支持抗疫救灾长效机制，并且要求银行业金融机构多措并举满足小微企业非信贷金融需求。

资料来源：银保监会，原银监会，兴业研究

（一）增量、扩面、提质、降本的具体要求和成效

一是“增量”，即增加对小微企业贷款数量，为此监管部门提出了“两增”的目标，并开展专项统计和考核。为了准确统计小微企业贷款的总量情况，人民银行及银保监会分别设置了“普惠小微贷款”和“普惠型小微企业贷款”两项统计口径。目前，除了细微差异之外，以上两项指标的统计口径相对统一[①]，因此都能较好地衡量小微企业贷款增长情况。出于方便考虑，本节主要采用人民银行统计，从2018年的“普惠小微贷款”进行分析。2018年开始，根据原银监会《关于2018年推动银行业小微企业金融服务高质量发展的通史》要求，银行业金融机构小微企业金融服务目标由“三个不低于”升级为“两增”目标，即“单户授信总额1000万元以下（含）小微企业贷款同比增速不低于各项贷款同比增速，有贷款余额的户数不低于上年同期水平”，加大了对于小微企业贷款支持力度的要求。

① 人民银行普惠小微贷款包含单户授信1000万元（含）以下的小型、微型企业贷款，所有个体工商户经营贷款，所有小微企业主经营贷款；银保监会普惠型小微企业贷款包含单户授信1000万元（含）以下的小型、微型企业贷款、个体工商户经营贷款、小微企业主经营贷款。二者主要差异在于单户授信1000万元以上的个体工商户经营贷款和小微企业主经营贷款。

因此，2018年之后金融机构小微企业贷款余额同比增速始终保持在10%以上，甚至一度最高达到34.3%。截至2021年年底，根据人民银行统计，银行业金融机构普惠小微贷款余额已经达到19.23万亿元。同期，所有金融机构人民币各项贷款余额为192.69万亿元，银行业金融机构普惠小微贷款余额已经占到了所有金融机构人民币各项贷款余额的10%左右。

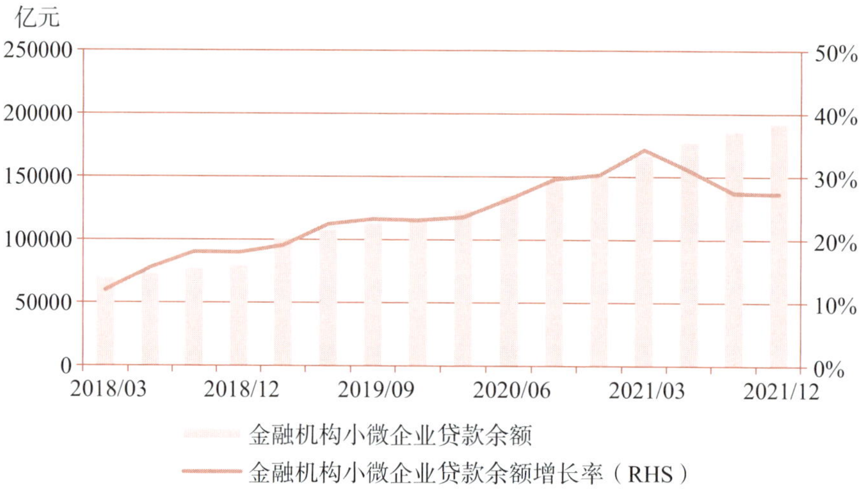

图6-21 金融机构普惠小微企业贷款余额及增长率（人民银行口径）

资料来源：WIND，兴业研究

值得注意的是，为了避免银行为满足相关考核降低贷款发放标准，进而造成潜在风险，在提出“两增”目标的同时，监管部门在2018年和2019年两次提出“两控”的目标，其中就包括“合理控制小微企业贷款资产质量水平”的目标。虽然，普惠小微贷款的不良容忍率在2019年由“不超过自身各项贷款不良率2个百分点”提升到了“不高于各项贷款不良率3个百分点以内”。不过，各家银行也能够在普惠小微贷款“两增”的同时，控制好普惠小微贷款的整体不良率水平，从而保证好银行整体的不良资产情况。

表6-5 小微企业贷款的不良容忍度的变化

时间	机构	文件名称	相关要求
2015/05/15	原银监会	《关于2015年小微企业金融服务工作的指导意见》（银监发〔2015〕8号）	《意见》要求，在内部考核方面，对小微企业业务设立专门指标，强化绩效考核倾斜。**小微企业贷款不良率高出全行各项贷款不良率年度目标2个百分点以内（含）**的，不得作为银行内部对小微企业业务主办部门考核的扣分因素。
2018/08/31	银保监会	《关于2018年进一步提升小微企业金融服务质效的通知》（银保监办发〔2018〕29号）	《通知》要求，各银行业金融机构要在商业可持续前提下，结合小微企业不良贷款容忍度的监管要求，加强对小微企业贷款的风险管理，**努力将全口径小微企业贷款不良率控制在不超过自身各项贷款不良率2个百分点的水平**。
2019/03/04	银保监会	《关于2019年进一步提升小微企业金融服务质效的通知》（银保监办发〔2019〕48号）	《通知》要求，商业银行在目前小微企业信贷风险总体可控的前提下，**将普惠型小微企业贷款不良率容忍度放宽至不高于各项贷款不良率3个百分点**。
2020/03/31	银保监会	《关于2020年进一步推动小微企业金融服务高质量发展的通知》（银保监办发〔2020〕29号）	《通知》要求各银行业金融机构要进一步细化小微企业不良贷款容忍度和授信尽职免责的要求，明确**“普惠型小微企业贷款不良率不高于各项贷款不良率3个百分点以内”的容忍度标准。对受疫情影响严重地区的分支机构，要适当提高其小微企业不良贷款容忍度**。对受疫情影响发生的小微企业不良贷款，有充分证据证明的，可对经办人员和相关管理人员免予追究责任。对小微企业受疫情影响严重导致的贷款损失，适当简化内部认定手续，加大自主核销力度。

续表

时间	机构	文件名称	相关要求
2021/04/09	银保监会	《关于2021年进一步推动小微企业金融服务高质量发展的通知》（银保监办发〔2021〕49号）	《通知》要求，银行业金融机构要认真执行**“普惠型小微企业贷款不良率不高于各项贷款不良率3个百分点以内”的容忍度标准**，在内部考核中明确区分不良贷款容忍度与贷款质量管理目标，准确向基层传达政策导向。**要将授信尽职免责与不良容忍度有机结合**，普惠型小微企业贷款实际不良率在容忍度以内的分支机构，对分支机构负责人、小微业务部门和从业人员，无违反法律法规和监管规范制度行为的，可免予追责。

资料来源：银保监会，兴业研究

二是“降本”，即降低小微企业贷款融资成本，监管部门也多次明确提出了相关要求。早在2018年“两控”目标提出伊始，银保监会就明确了“合理控制小微企业贷款综合成本（包括利率和贷款相关的银行服务收费）”的目标，一方面要求“合理设定小微企业贷款利率”；另一方面要求“进一步主动向小微企业减费让利”，从而达到降低小微企业贷款综合成本的目的。

2019年，银保监会在提出“巩固2018年银行业小微企业贷款减费让利成效，继续将普惠型小微企业贷款利率保持在合理水平”的同时，还要求各个银行要建立差异化的小微企业利率定价机制，特别是“普惠型小微企业贷款利率明显高于同类机构同类产品平均水平的银行，要进一步加大贷款利率压降力度”。

2020年，为了应对疫情影响、助企纾困，银保监会不仅明确要求“力争2020年普惠型小微企业贷款综合融资成本在2019年基础上再有较大幅度下降”，而且对于不同类型银行的小微企业贷款利率进行了差异化安排。**对于政策性银行**，其主要任务为"通过转贷款机制着力引导合作银行对小微企业贷款给予优惠利率"，并"明确约定转贷款资金发放给借款人的贷款平均利率不得高于当地同类机构同类贷款平均水平"。**对于大型银行**，其主要任务为"继续发挥降成本的'头雁'作用"。**对于股份制银行**，则要"主动将定向降准政策利好传导到贷款定价上"，而且普惠小微企业贷款利率偏高的股份制银行"要重点加大利率压降力度"。**对于地方性法人银行**，则要"主动申请运用专项再贷款政策，以优惠利率资金支持小微企业"。

2021年，在2020年小微企业贷款利率有所降低的基础上，银保监会要求银行"根据贷款市场报价利率（LPR）走势，合理确定小微企业贷款利率，确保2021年新发放普惠型小微企业贷款利率在2020年基础上继续保持平稳态势"。

2022年，银保监会要求在确保信贷投放增量扩面的同时，要"力争总体实现2022年银行业新发放普惠型小微企业贷款利率较2021年有所下降"。

从近年来的企业贷款利率走势来看，随着LPR的下调，金融机构的一般贷款利率也逐步下行。从2019年开始，1年期贷款市场报价利率（LPR）由2019年年初的4.31%逐步下行到了2022年年初的3.7%，下降了0.61个百分点。与此同时，金融机构的一般贷款利率也由2019年3月份的6.04%，下降到了2021年年底的5.19%，下降了0.85个百分点。

虽然同期面向小微企业的普惠小微贷款利率并没有明确的数据披露，不过根据人民银行披露[①]，2021年11月新发放的普惠小微企业贷款加权

---

① 资料来源：人民银行官网，《小微企业金融服务和绿色金融新闻发布会文字实录》，（2021/12/30）［2022/4/22］，http://www.pbc.gov.cn/goutongjiaoliu/113456/113469/4436065/index.html。

平均利率为4.98%，较2020年12月下降了0.1个百分点。由此不难推论，普惠小微贷款利率相较金融机构的一般贷款利率更低，且也在相应的时间区间发生了一定幅度的下降。

应当指出的是，除了贷款利率的下降，在监管部门的引导下，金融机构也降低了对小微企业提供金融服务时所收取的手续费、担保费等一系列费用，甚至部分地方监管部门还对部分机构向企业转嫁成本的行为进行了严厉的处罚。通过这一系列措施，监管部门希望达到降低小微企业综合融资成本的目的。

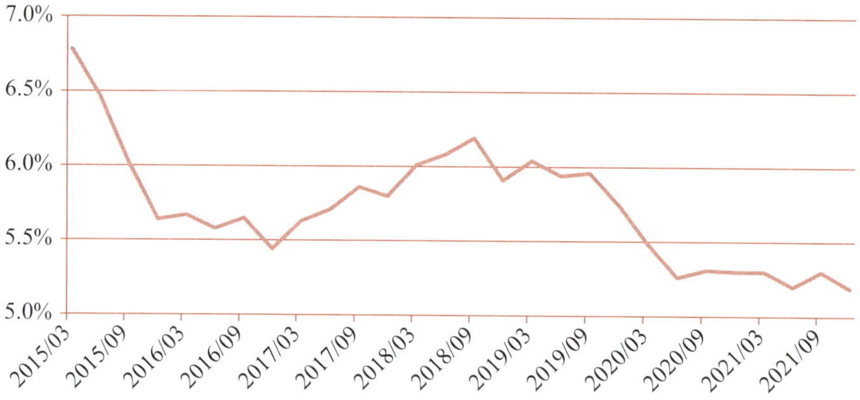

图6-22　金融机构一般贷款利率变化

资料来源：WIND，兴业研究

三是“扩面”，即增加普惠小微企业金融服务的惠及面，为此监管部门多次强调增加首贷户的要求。早在2017年，原银监会所提出的“三个不低于”中就已经包括了“小微企业贷款户数不低于上年同期户数”的目标。2020年，银保监会又将这一指标予以了升级，着力强调了新发放小微企业贷款户中“首贷户”的占比。银保监会指出，提高“首贷户”占比的主要考虑在于“扩大服务覆盖面，切实防范对优质小微企业的‘垒小户’”。从实践中来看，根据人民银行统计，我国普惠小微贷款所惠及的经营主体累计数从2019年年底的2704万户增加到了2022年3月末的5039万户，这一数字始终保持了20%以上的同比增长，并且在2021年之后持续上升。根据此前我们在前文一文中统计，截至2018年年末，我国共有小微企业1796万家，个体工商户6295.9万家，8091.9万家，即使考虑到小微企业总数可能有一定的变化，部分曾经获得普惠小微贷款的经营主体已退出市场或规模升级，金融机构累计投放过普惠小微贷款的主体数量也已经占到了潜在小微客户主体的大多数。未来，金融机构对于“首贷户”的竞争也将更为激烈，监管部门或也将考虑灵活调整相应指标。

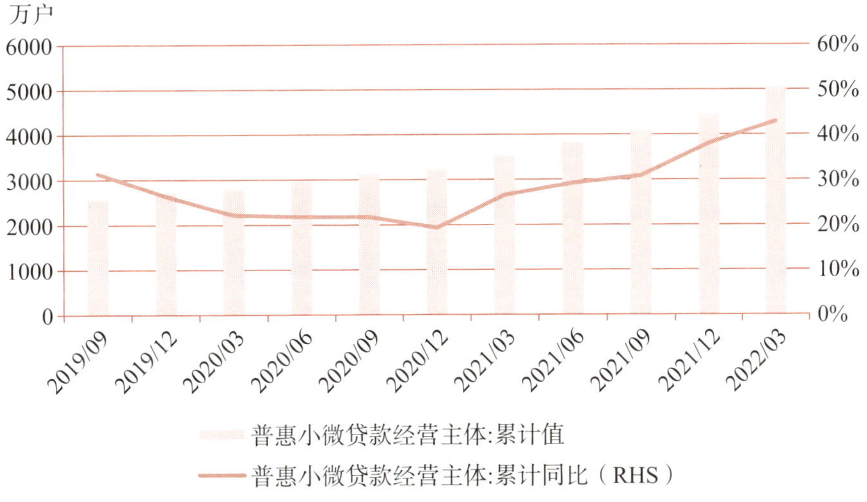

图6-23　普惠小微贷款惠及主体累计情况

资料来源：WIND，兴业研究

四是“提质”，即提升小微企业金融服务的便利度和满意度，从具体举措来看既包括了信用贷款和续贷比例的提升、效率的提高，也涵盖

了非传统信贷服务的加强。近年来，监管部门着重强调了要加强小微企业的信用贷款和续贷力度。**对于信用贷款**，2020年5月，李克强总理在《政府工作报告》中明确提出了“鼓励银行大幅增加小微企业信用贷、首贷、无还本续贷”的要求。此后，银保监会在历年服务小微企业的相关通知中都对银行增加信用贷款比例提出了要求。2022年，银保监会发布的《关于2022年进一步强化金融支持小微企业发展工作的通知》（银保监办发〔2022〕37号）不仅在比例上明确提出“力争普惠型小微企业贷款余额中信用贷款占比持续提高”的要求，而且在质上要求“银行业金融机构要加大信贷产品创新力度，加强对小微企业信用信息的挖掘运用，着重提高信用贷款发放效率”。**对于续贷业务**，早在2017年原银监会就已要求各银行积极落实无还本续贷相关政策，“合理提高无还本续贷业务在小微企业贷款中的比重”，此后历年监管部门也多次重申这一要求。例如，在2022年银保监会发布的《关于2022年进一步强化金融支持小微企业发展工作的通知》中，就明确：“加大续贷政策落实力度，主动跟进小微企业融资需求，对符合续贷条件的正常类小微企业贷款积极给予支持。”

值得注意的是，在遭受新冠疫情冲击时，为了缓释对小微企业经营的负面影响，监管部门还引导银行等金融机构对有发展前景的小微企业开展延期还本付息等政策。如前文所言，根据人民银行在《2021年第四季度货币政策执行报告》中所披露的信息，截至2021年末，全国银行业金融机构共对16万亿元贷款本息实施延期。

（二）促进机构内部体系改革，探索构建科学化评估体系

除了对银行等金融机构明确提出的一系列面向中小企业的降本、扩

面、体制、增效举措之外，银保监会等监管部门还探索促进金融机构内部体制机制改革，以期畅通信贷政策的传导和落地。与此同时，监管部门也尝试以整体评估体系的方式来科学量化和激励金融机构加强小微企业的服务。

首先，促进金融机构内部体制机制改革，疏通内部传导机制。

一是建立内部专营部门。2017年国务院《政府工作报告》提出，鼓励大中型银行设立普惠金融事业部。截至2018年年末，工农中建交5家国有大行均已建立普惠金融事业部门，10家股份制银行也在总行层面设立普惠金融事业部或服务中心。从地方性中小银行来看，早在2014年，就已经有2家位于山东和湖北的城商行分别成立了独立持牌的“小微企业贷款中心”“小微企业金融服务中心”。而数量众多的农商行、农村信用社、村镇银行等农村金融机构在服务小微企业方面更是有着长久的历史和传统。除了在总行层面建立普惠金融事业部，以便专业化开展普惠小微金融服务之外，不少银行也在分行层面设置专门的团队加强小微金融服务，并与总行相关部门构建了矩阵式经营团队。

二是加强内部资金转移优惠价格的落实。2019年，银保监会就在《关于2019年进一步提升小微企业金融服务质效的通知》（银保监办发〔2019〕48号）中首次提出了“实行小微企业贷款内部资金转移定价优惠”的要求。2020年6月，为了进一步加强对小微企业的信贷支持，助力小微企业应对行管疫情冲击，银保监会在《商业银行小微企业金融服务监管评价办法（试行）》中进一步明确了不同类型银行的内部资金转移定价优惠。**对于国有大行和股份制银行**，只有在满足“对普惠型小微企业贷款给予优惠的内部资金转移定价（FTP）或通过利润损失补偿机制，力度在50个基点以上（含）的”时，相关评分才能获得满分；对于地方性法人银行，则只需要“对普惠型小微企业贷款给予优惠的内部资金转移定价（FTP）或实施利润损失补偿机制”，就可以在相关评分中获得满分。值得注意的是，2021年年中监管部门逐渐重视信贷在省域和区域之间的平衡。为了着力改善金融资源投放的区域均衡性，2022年银保监会在《关于2022年进一步强化金融支持小微企业发展工作的通知》（银保监办发〔2022〕37号）中还进一步提出了可适当针对欠发达地区在内部资金转移定价等方面进行倾斜。

三是银行内部考核和绩效激励。早在2018年，人民银行和银保监会就在《关于进一步深化小微企业金融服务的意见》（银发〔2018〕162号）中提出了“降低小微金融从业人员利润指标考核权重，增加贷款户数考核权重，提高从业人员积极性”的要求。2020年6月，人民银行等八部门发布的《关于进一步强化中小微企业金融服务的指导意见》中进一步细化了对银行内部绩效和考核评价机制的要求，指出：“商业银行要提升普惠金融在分支行和领导班子绩效考核中的权重，将普惠金融在分支行综合绩效考核中的权重提升至10%以上。”在近年来的实践中，由于监管部门对于银行金融支持小微企业有着相应的考核体系，银行为了达标相应的监管指标，也根据监管要求和监管部门的导向设置了相对应的内部考核体系和绩效激励指标。

四是完善尽职免责和容错纠错机制。早在2016年，银保监会就发布了《关于进一步加强商业银行小微企业授信尽职免责工作的通知》（银监发〔2016〕56号），明确要求银行对小微企业金融服务的授信流程落实尽职免责的相关要求，并明确了相关的免责情形。2018年，此后，在历年的小微金融服务具体要求上，监管部门都对银行小微授信尽职免责框架的构建和实施情况作出了具体要求。不过，在实践中由于多方面原因，尽职免责的边界何在成为银行等金融机构落地禁止免责要求的一大困扰。若边界过宽，可能会导致潜在的道德风险，甚至可能会出现部分铤而走险的骗贷行为；若边界过窄，则难以落地尽职免责的要求，银行客户经理和授信人员也难以在授信和放贷过程中免除被追责的后顾之忧。

其次，在监管部门的层面上，探索构建全方位科学评价和激励体系。

在2020年之前，监管部门对于银行开展小微金融服务的监管督导和考核评价等更多地限于监管机构的内部评价机制，不仅标准未能明确公开，而且不同地区的银保监局、银保监分局等所采用的指标、衡量标准、相关权重及激励措施等并不能完全统一。为了更为系统化地对金融支持小微企业开展统一、科学、连贯的评价体系，并辅以相关的激励和奖惩措施。银保监会在2020年正式发布了《商业银行小微企业金融服务监管评价办法（试行）》（以下简称《办法》），通过系统化的评估体系和科学设置的激励奖惩机制，以期构建银行服务小微企业额长效机制。

具体来看，《办法》的打分分为常规指标和加分指标两类，具体考察的项目包括以下几方面内容：**一是小微企业信贷投放情况。**常规指标具体涵盖贷款增速或信贷计划完成情况、贷款户数、贷款成本、资产质量、普惠型小微企业贷款占各项贷款之比、不同类型银行的小微企业客户分层、小型微型企业首贷户服务情况等；若银行能在普惠型小微企业贷款占比超过一定比例之后普惠小微贷款增长继续达标，或普惠性小微企业贷款成本在同类机构中压降力度较大的，那么银行还能获得额外加分。该部分评分最高分为43分，最低分为-8分。**二是**

体制机制建设情况。常规指标具体涵盖经营战略定位、顶层设计、组织机构建设、普惠型小微企业贷款不良容忍度、信贷计划、内部资金定价、小微企业贷款考核指标、小微企业业务条线其他指标、分支机构考核奖励；若银行还为小微业务从业人员和分支机构设立专项激励工资或营销奖励费用，或者对分支机构主要负责人的考核中明确列出了小微服务服务指标、与年度考核结果挂钩的情况，那么银行还能获得额外加分。该部分评分最高分为21分，最低分为0分。**三是重点监管政策落实情况。**常规指标具体涵盖续贷机制及产品、续贷业务增长、制度建设、工作机制落地、尽职免责与不良容忍度相结合、在年报中披露小微企业金融服务信息。该部分评分最高分为14分，最低分为-10分。**四是产品及服务创新情况。**常规指标具体涵盖银税互动、利用其他信用信息资源、合理设置贷款期限和还款方式、制造业小微企业贷款、担保方式创新、优化贷款审批流程、小微企业信用贷款占比情况、小微企业中长期贷款占比情况；若政府性融资担保机构担保贷款余额和占比均有上升的，若充分将政策性银行转贷款和相关优惠用于普惠性小微企业的，那么银行还能获得额外加分。该部分评分最高分为23分，最低分为0分。**五是监管督导检查情况。**常规指标具体涵盖规范服务收费和经营行为、对民营小微企业公平提供金融服务、一般性数据差错、企业划型不准错误、贷款分类不准错误，若银行配合监管部门完成小微企业金融服务的当年重大任务则还能获得额外加分。该部分评分最高分为14分，最低分为-10分。

《办法》明确将所有银行根据得分情况分为四个级别，并根据分级情况决定银行奖惩措施。《办法》要求，最终得分在90分（含）以上的银行为一级，得分在75-90分的银行为二级，得分在60-75分的银行为三级，得分在60分以下的银行为四级。其中二级和三级还以5分为级距，具体分为了2A、2B、2C、3A、3B和3C三个子类。单家银行的评价结果将抄送组织部门、纪检监察部门、财政部门、国资部门以及人民银行等相关部门。

奖励措施包括："小微企业金融服务相关的评先创优、政策试点、奖励激励，应当将评价结果作为主要依据，监管部门应当优先选择或推荐评价结果为一级或二A级的商业银行。"而对于评价结果为三级的银行，监管部门将要求其提出有针对性的改进措施，并加强监管督导。对于评价结果为四级的银行，**惩罚措施**将包括："监管部门应专题约谈其主要负责人，责令限时制定专项整改方案，并跟踪督促评估其后续落实情况。……在相关现场检查立项中应作为重点检查对象。"若整改措施不力或下一年度监管评价仍无明显改善的银行，监管部门还有权对其采取暂停部分业务、停止批准开办新业务等一系列监管措施。

表6–6 评价结果及具体运用奖惩措施

评价结果	得分	运用
一级	评价得分在90分（含）以上者为一级	小微企业金融服务相关的评先创优、政策试点、奖励激励，应当将评价结果作为主要依据，监管部门应当优先选择或推荐评价结果为一级或二A级的商业银行。
二级	得分在［75，90）区间者为二级，其中得分在［85，90）区间者为二A，［80，85）区间者为二B，［75，80）区间者为二C	小微企业金融服务相关的评先创优、政策试点、奖励激励，应当将评价结果作为主要依据，监管部门应当优先选择或推荐评价结果为一级或二A级的商业银行。

续表

评价结果	得分	运用
三级	得分在［60，75）区间者为三级，其中得分在［70，75）区间者为三A，［65，70）区间者为三B，［60，65）区间者为三C	评价结果为三级的商业银行，监管部门应要求其提出针对性的改进措施，并加强监管督导。
四级	得分在60分以下者为四级	评价结果为四级的商业银行，监管部门应专题约谈其主要负责人，责令限时制定专项整改方案，并跟踪督促评估其后续落实情况。 评价结果为四级，或小微企业信贷投放、监管政策落实、监管督导检查等评价要素中扣分较多的商业银行，在相关现场检查立项中应作为重点检查对象。 对于违反银保监会相关规定，整改措施不力或下一年度监管评价时仍无明显整改效果的商业银行，监管部门可根据《中华人民共和国银行业监督管理法》第三十七条规定，区别情形，对其采取暂停部分业务、停止批准开办新业务等监管措施。

资料来源：银保监会，兴业研究

（三）做好非传统信贷金融服务，简化、优化账户开立手续

近年来，除了传统的信贷服务，监管部门也着力引导银行等金融机构向小微企业提供更为优质的非信贷服务。2021年，银保监会在《关于2021年进一步推动小微企业金融服务高质量发展的通知》（银保监办发〔2021〕49号）中首次提出“着力优化开立对公账户、支付结算等基础金融服务”的要求。2022年，银保监会在《关于2022年进一步强化金融支持小微企业发展工作的通知》（银保监办发〔2022〕37号）进一步明确相

关要求，指出："要加快推进小微企业简易开户服务，根据企业需求，针对互联网新业态、疫情防控要求等具体情况，改进开户流程，设置与客户身份核实程度、账户风险等级相匹配的账户功能，相应地适当简化辅助证明文件材料要求，改善用户体验。"

近年来，为了与国际标准相接轨，加强潜在风险的防范与化解，我国监管部门逐步完善反洗钱相关监管政策，进一步提高了反洗钱相关的监管要求。随之而来，银行对包括企业和个人在内的各类主体新开立账户、进行支付转账的背景和目的审核也更加严格。受此影响，部分小微企业和个体工商户开户和转账难度也有所提升。

三、财政优惠与政府担保助力，全方位降低中小融资成本

从小微企业信贷投放的角度来看，财政补贴及税收优惠政策可以对小微企业更好地降低融资成本起到有益的助力。与此同时，政府融资担保等一系列财政支持的信用增进措施，则可以帮助更多弱资质、未有贷款历史的小微企业、个体工商户提升信用资质水平，从而更易获得金融机构的市场化信贷支持。

（一）通过财政税收优惠及补贴政策，降低中小企业融资成本

为了推动普惠金融发展，财政及税务部门出台了一系列相关的税费优惠、财政补贴等政策。具体来看，主要包括以下几个方面：

首先，是针对小微企业、个体工商户的税费优惠政策。

一是金融机构小微企业及个体工商户小额贷款利息收入免征增值税。根据财政部、税务总局2018年发布的《关于金融机构小微企业贷款利息收入免征增值税政策的通知》（财税〔2018〕91号）等相关监管规定，2023年12月31日前，金融机构向符合划型标准的小微企业和个体工商户发放小额贷款取得的利息收入，免征增值税。其中所谓的小额贷款指的是单户授信或贷款余额在100万元以下的贷款。对于单户授信或贷款余额在100万-1000万元之间的贷款，则可以对一部分利息收入免征增值税。

二是金融机构农户小额贷款利息收入企业所得税减计收入。参照2017年财政部、税务总局发布的《关于延续支持农村金融发展有关税收政策的通知》（财税〔2017〕44号）等文件的要求，2023年12月31日前，对金融机构农户小额贷款的利息收入，在计算应纳税所得额时，按90%计入收入总额。

三是金融机构涉农和中小企业贷款损失准备金税前扣除。依照2019年财政部、税务总局发布的《关于金融企业涉农贷款和中小企业贷款损失准备金税前扣除有关政策的公告》（财政部2018年第85号公告），除了正常类贷款外，对于参照“五级分类”标准分类为其他类别的贷款，金融机构可以对按照一定比例计提的贷款损失准备金，在计算应纳税所得额时扣除。具体来看，关注类贷款，计提比例为2%，次级类贷款，计提比例为25%；可疑类贷款，计提比例为50%；损失类贷款，计提比例为100%。

四是金融机构涉农和中小企业贷款损失税前扣除。参照税务总局2015年发布的《关于金融企业涉农贷款和中小企业贷款损失税前扣除问题的公告》（税务总局2015年第25号公告），单户贷款余额在1000万元以下的贷款，金融机构可根据贷款余额的多寡，对相关损失进行税前扣除，从而使得金融机构享受相应税收优惠。

五是金融机构与小型微型企业签订借款合同免征印花税。根据《关于支持小微企业融资有关税收政策的通知》（财税〔2017〕77号）及相关后续文件，2023年12月31日前，金融机构与符合工信部划型标准的小微企业签订的借款合同免征印花税。

除了上述税收及费用优惠之外，财政部、税务总局针对小额贷款公司、融资担保和再担保机构等支持小微企业信贷融资也设置了相应的优惠政策。

其次，对部分重点行业的小微企业进行贴息等补贴支持。

2020年2月2日，财政部发布《关于支持金融强化服务做好新型冠状病毒感染肺炎疫情防控工作的通知》（财金〔2020〕3号），其中明确："加大对受疫情影响个人和企业的创业担保贷款贴息支持力度。对已发放的个人创业担保贷款，借款人患新型冠状病毒感染肺炎的，可向贷款银行申请展期还款，展期期限原则上不超过1年，财政部门继续给予贴息支持，不适用《普惠金融发展专项资金管理办法》（财金〔2019〕96号）关于'对展期、逾期的创业担保贷款，财政部门不予贴息'的规定。对受疫情影响暂时失去收入来源的个人和小微企业，地方各级财政部门要会同有关方面在其申请创业担保贷款时优先给予支持。"2020年3月1日，财政部又发布《关于加快拨付贴息资金强化疫情防控重点保障企业资金支持的补充通知》（财办金〔2020〕13号），进一步强化政策力度，指出："为加快贴息资金拨付进度，地方各级财政部门应与本级人民银行分支机构、贷款银行加强沟通，实时掌握优惠贷款发放进度，主动上门对接服务，宣传贴息政策，可采取'先拨后结'方式，先行安排贴息资金，及时拨付至符合条件的企业，全力支持相关企业扩大产能。"

最后，财税部门对小微企业融资担保业务设置了一系列奖补支持措施。

2018年10月15日，财政部、工信部发布的《关于对小微企业融资担保业务实施降费奖补政策的通知》(财建〔2018〕547号)明确:“中央财政在2018-2020年每年安排资金30亿元，采用奖补结合的方式，对扩大小微企业融资担保业务规模、降低小微企业融资担保费率等政策性引导较强的地方进行奖补。”2021年4月5日，财政部、工信部发布《关于继续实施小微企业融资担保业务降费奖补政策的通知》(财建〔2021〕106号)，相较于2018年发布的文件，通过增设“分档定额奖励系数”的方式，“鼓励地方将小微企业融资担保费率降低至1.5%及更低水平”。例如，某省财政厅联合省工信厅、人民银行当地分行和当地银保监会排除机构对省金融机构小微企业贷款建立利率奖补机制，对各类金融机构符合条件的小微企业贷款，按照不超过0.5‰的标准给予奖励。2021年共为符合条件的小微企业贷款855亿元[①]。

(二)着力拓展政府担保与保险运用范围，做好风险分担与信用增进

小微企业“融资难、融资贵”的一大原因在于不少小微企业存在财务体系不健全、征信信息不完备、生产经营不稳定的情况，从而导致银行等金融机构与小微企业之间信息不对称，进而造成不少银行担心这些小微企业信用资质差，不敢向其投放信贷资源。为此，由政府支持的信用担保和信用增进机构参照“保本微利”的原则，结合相关部门的风险

① 参考资料：http://www.shaanxi.gov.cn/xw/sxyw/202108/t20210808_2185937.html。

补偿措施，加强了对中小微企业的金融支持力度。

首先，发挥融资担保机构风险分担作用，探索中小企业增信新渠道。

一是创设、整合政府性融资担保基金，引导金融资源流向小微企业。2018年7月，国家融资担保基金注册成立。国家融资担保基金遵循“聚焦支小支农、银担合作分险、引导降费让利”的原则，开展对小微企业和“三农”领域的担保业务。根据要求，国家融资担保基金收费不高于基金承担风险责任的0.5%，对其中单户担保金额500万元及以下的，收费进一步降至不高于基金承担风险责任的0.3%。除此之外，近年来各地为了更好地向小微企业提供融资担保服务，陆续成立、整合了各级政府融资担保机构。例如，某省近年来为了整合提升政府性融资担保机构的展业水平，将全省政府性融资担保、再担保机构进行整合，形成了20家全省政府性融资担保机构。[①]

二是引导、激励融资担保机构与银行、政府合作，为小微企业提供风险分担与增信服务。2018年10月15日，财政部、工信部发布《关于对小微企业融资担保业务实施降费奖补政策的通知》（财建〔2018〕547号），其中明确：“中央财政在2018-2020年每年安排资金30亿元，采用奖补结合的方式，对扩大小微企业融资担保业务规模、降低小微企业融资担保费率等政策性引导较强的地方进行奖补。”2021年4月5日，财政部及工信部发布《关于继续实施小微企业融资担保业务降费奖补政策的通知》（财建〔2021〕106号），相较于2018年发布的文件，该文件进一步细化了奖补给予的标准以及融资担保费率的目标，指出：“通过增设

---

① 资料来源：https://baijiahao.baidu.com/s?id=1739305814000871086&wfr=spider&for=pc。

‘分档定额奖励系数’，鼓励地方将小微企业融资担保费率降低至1.5%及更低水平。”除了价格之外，监管机构也在着力推动融资担保的扩面，2022年6月，人民银行发布的《关于推动建立金融服务小微企业敢贷愿贷能贷会贷长效机制的通知》要求：“各金融机构要积极与政府性融资担保机构开展‘见贷即担’‘见担即贷’批量担保业务合作。”

在实践中，某市推出“4321”新型政银担合作，致力于形成融资担保机构与银行等金融机构互动、共担风险的新型服务体系。在该市的“4321”合作之中，若贷款项目出现风险，将由承保的地方性政府担保机构、省级信用担保机构、贷款银行以及地方政府专项资金分别按40%、30%、20%、10%承担风险责任。

三是推动融资担保机构降低费率，提高风险容忍度。在2020年的政府工作报告中，提出了“大幅拓展政府性融资担保覆盖面并明显降低费率”的要求。2020年4月，财政部在发布的《关于充分发挥政府性融资担保作用为小微企业和“三农”主体融资增信的通知》中，提出了“力争将小微企业综合融资担保费率降至1%以下”的目标。2020年8月，银保监会等七部门发布《关于做好政府性融资担保机构监管工作的通知》（银保监发〔2020〕39号），其中要求财政部门“突出支小支农、拓展覆盖面、降费让利等导向，降低盈利要求，提高风险容忍度”；明确地方政府应当“推动政府性融资担保机构发挥功能作用，实现可持续经营，逐步降低支小支农贷款担保费率”。

其次，用好保险机构融资保险与增信功能，为中小企业提供增信支持。

一是充分运用银保监会成立的契机，发挥好保险在银行贷款过程中的增信分险功能。在2018年银保监会成立之后，银保监会开始逐步在银行信贷支持小微企业的政策文件中提升对于保险的运用力度。2019年，银保监会发布的《关于2019年进一步提升小微企业金融服务质效的通知》（银保监办发〔2019〕48号）提出了进一步加大“银保合作”力度的要求，指出：“鼓励保险公司在风险可控情况下，为小微企业获得银行贷款提供增信支持。鼓励保险公司针对小微企业的还贷方式，提供更灵活的银行小微企业贷款保证保险产品。持续推进保险资金支农支小融资业务试点。”2020年，银保监会针对疫情影响，在《关于2020年推动小微企业金融服务“增量扩面、提质降本”有关工作的通知》中提出了“鼓励保险机构向受疫情影响的小微企业提供纯信用保证保险、质押贷款保证保险等产品”的要求，并且鼓励保险公司对“受疫情影响暂时资金困难的在保小微企业给予减免保险费、延期缴费等优惠措施”。2021年，银保监会在《关于2021年进一步推动小微企业金融服务高质量发展的通知》（银保监办发〔2021〕49号）中则将保险支持小微企业的重点放在了贸易融资方面，指出：“支持保险机构稳健发展出口信用保险和国内贸易信用保险，提升承保能力，合理降低小微企业投保成本。鼓励银行业金融机构为小微企业提供信用保险项下的贸易融资服务。”2022年，银保监会在《关于2022年进一步强化金融支持小微企业发展工作的通知》（银保监办发〔2022〕37号）还在原有基础上，进一步增加对于科技相关保险服务的供给，提出了“强化科技保险服务，进一步推进首台（套）重大技术装备保险试点和新材料首批次应用保险试点，丰富知识产权保险业务品种”的要求。

二是构建政府、银行、保险的合作模式，“几家抬”共同分担小微企业信用风险。2018年6月25日，人民银行、银保监会等五部门联合印发《关于进一步深化小微企业金融服务的意见》（银发〔2018〕162号）提出：“发挥保险增信分险功能。稳步推动小微企业信用保证保险业务的发展，进一步总结完善‘政府+银行+保险’模式的试点经验，因地制宜推广成熟做法。按照权责均衡、互利共赢的原则，构建合理的风险共担与利益分配机制，为小微企业提供综合性的优质服务。进一步深化银行和保险公司合作机制，优化小微企业银保合作业务流程，改善小微企业融资服务。”

在实践中，各地结合当地实际制定了相应的“政银保”合作方案。以汕头市为例，2021年，汕头市政府印发《关于汕头市“政银保”融资合作项目实施方案》（汕金〔2021〕102号）[①]，根据方案要求，对于贷款发生本金逾期违约的情况，政府、银行和保险将按照以下原则进行风险分摊：**首先**，在年度赔付总金额不超过保险机构年度保单实收保费总额的180%时，保险机构和银行按照80%∶20%进行风险分担；**其次**，在年度赔付总金额超过保险机构年度保单实收保费总额的180%后，保险机构不再承担赔偿责任，此时，政府（专项资金）和银行按照80%∶20%进行风险共担。**最后**，银行负责按有关协议依法追索欠款，追索所得扣除追偿费用后按银行、保险、政府（运营管理方）三方承担风险比例返还至三方账户。

最后，积极推进小微企业信用体系建设，健全小微企业信用信息征集、评价与应用机制，治本解决小微企业信用信息缺乏问题。

一是搭体系，构建信用信息共享、查询和使用的平台。2018年6月23日，人民银行、银保监会等五部门联合印发《关于进一步深化小微企

① 资料来源：https://www.shantou.gov.cn/cnst/jdhy/zcjd/content/post_1932394.html。

业金融服务的意见》（银发〔2018〕162号）提出："人民银行分支机构要积极推进小微企业信用体系建设，健全小微企业信用信息征集、评价与应用机制。充分发挥人民银行征信中心、征信机构作用，加强小微企业信用信息采集和服务，推动各级政府依托信用信息共享平台，强化公共信用信息的归集、共享、公开和开发利用。"在做好小微企业信用信息征集、评价相关系统的基础上，监管部门才能鼓励"银行等金融机构开发适合小微企业的信用融资产品"。

二是促共享，推动可以助力小微企业融资的信用信息加快在政府、公用事业单位、企业和金融机构之间进行共享。为了解决信用信息共享的梗阻问题，国务院在2021年12月发布了《加强信用信息共享应用促进中小微企业融资实施方案》（国办发〔2021〕52号），明确要以"中小微企业、个体工商户融资业务需求"为导向和目标，在确保信息安全和合法合规的前提下，推动"纳税、社会保险费和住房公积金缴纳、进出口、水电气、不动产、知识产权、科技研发"逐步纳入共享范围。从共享的层面来看，"已实现全国集中管理的信息"原则上将在国家层面由全国融资信用服务平台共享；其他信息在地方层面共享，"由地方人民政府负责归集整合"。文件所列的信用信息共享清单，包含了14个大类的信息，具体包括：市场主体登记信息（营业执照、变更信息、所属行业类型、股东及出资信息、分支机构信息、股权出质登记信息、企业年报、列入经营异常名录情况、列入严重违法失信企业名单情况、抽查信息），司法信息（法院判决信息、终结本次执行案件信息、失信被执行人信息、破产信息），纳税信息（纳税信用登记信息、非正常纳税户信息、欠税信息、纳税信息），住房公积金信息，社会保险信息（社会保险费缴纳情况、欠缴信息），生态环境领域信息，进出口信息（海关注册信息、海关信用登记），商标和专利信息（企业商标信息、企业专利信息），软件著作权信息，不动产信息（企业名下不动产登记情况、企业名下房产抵押信息），行政管理信息（行政许可信息、行政处罚信息、行政强制信息），水电气费缴纳信息（税费信息、电费信息、燃气费信息），科技研发信息，新型农业经营主体信息等。

三是推交易，通过各地的大数据交易场所和相关交易机制，推动企事业单位与金融机构交易相关替代数据。以上海数据交易所为例，上海数据交易所达成的首单交易即为由上海市电力公司与工行上海分行达成[①]，交易的产品为上海市电力公司的“企业电智绘”产品。在该产品中，电力公司将“运用一整套多维指标体系和评价模型，对基于《供用电条例》合法采集到的企业用电数据进行脱敏和深度分析”，最终形成涵盖企业用电行为、用电缴费、用电水平、用电趋势等特征内容的数据产品，从而帮助银行在授信和贷款全流程中进行决策提供参考。

近年来，随着风险分担机制的完善与落实、小微企业信用信息共享制度等一系列配套制度的完善，银行也能够更多地向小微企业提供信用贷款，缓解小微企业由于缺乏抵质押物所造成的融资困难问题。从国有六大行信用贷款整体占比的情况来看，近年来国有六大行整体信用贷款占比从2015年年底的27.58%上升到了2021年年底的31.76%。

---

① 资料来源：https://wenhui.whb.cn/third/baidu/202111/25/435950.html。

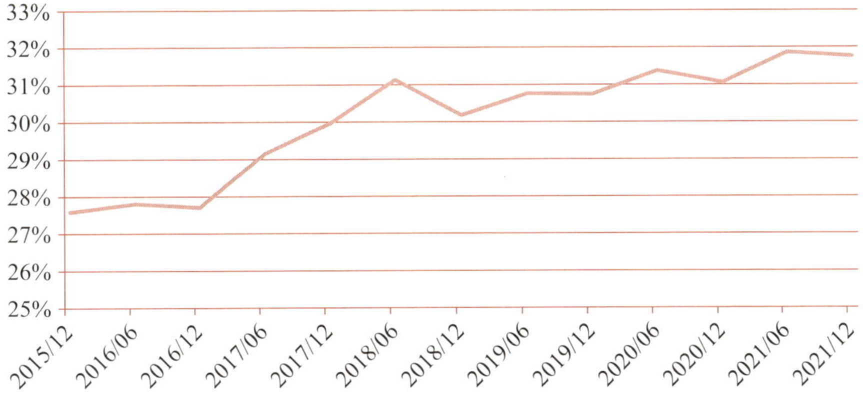

图6-24　国有六大行信用贷款占比情况

资料来源：WIND，兴业研究

四、探索金融科技运用，促进更好普惠服务中小企业

互联网、大数据、云计算等信息技术推动金融支持小微企业融资起到了至关重要的作用。近年来，人民银行积极引导金融机构合理运用科技手段，不断提升服务实体经济和防范金融风险的能力，有效发挥金融科技在破解小微融资难题中的积极作用。

（一）金融科技助力普惠小微发展的政策要求

一般而言，金融科技的运用可以通过扩大客户触达面、提升客户服务效率和服务体验，以及提高对客户授信能力、更准确给予客户最优贷款利率等两种主要渠道来助力普惠金融的进一步发展。监管部门也从这几个方面着手推动金融科技助力普惠金融落地。

第一，运用数字化手段提升普惠金融服务效率和客户体验，扩大银行客户群体触达面。

在2019年8月，人民银行发布《金融科技发展规划（2019–2021）》（银发〔2019〕209号），其中就明确指出，要“依托电信基础设施，发挥移动互联网泛在优势，面向‘三农’和偏远地区尤其是深度贫困地区提供安全、便捷、高效的特色化金融科技服务，延伸金融服务半径，突破金融服务‘最后一公里’制约”。事实上，随着当前金融业务的线上化转型，银行的线下网点数量逐步减少，越来越多的银行更多地选择线上的方式进行展业。根据上海新金融研究院统计，从2018年开始，我国境内银行当年的新设网点数已经开始低于关闭网点数，即银行网点数已开始出现净减少。为了适配这一新趋势，人民银行在2022年1月发布的《金融科技发展规划（2022–2025年）》提出了搭建多元融通的服务渠道要求，提出“探索构建5G消息手机银行等新一代线上金融服务入口，持续推进移动金融客户端应用软件（APP）、应用程序接口（API）等数字渠道迭代升级”的要求，从而“推动金融服务向云上办、掌上办转型”。

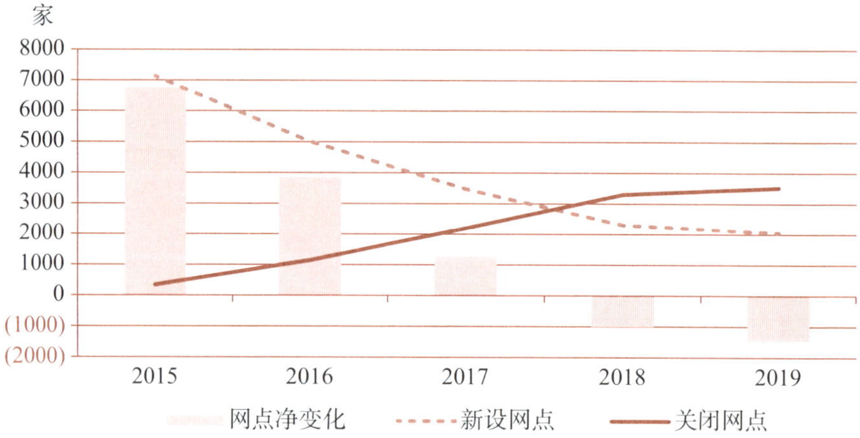

图6–25　银行网点数量变化情况

资料来源：上海新金融研究院，兴业研究

对于产业链中的上下游小微企业，银保监会还在2020年6月发布的《关于2020年推动小微企业金融服务“增量扩面、提质降本”有关工作的通知》中提出了“积极运用金融科技，优化对产业链上下游小微企业的金融服务”要求。通过“主动对接大型制造业、物流、电商平台等产业链核心企业”，来提升对产业链上下游小微企业的触达，进而“帮助产业链上下游中小微企业解决流动资金紧张等问题”。

第二，通过人工智能、大数据等对于替代数据的运用，提升银行对小微企业的授信能力、贷款定价水平和服务能力。

2018年时，在银保监会发布的《关于2018年推动银行业小微企业金融服务高质量发展的通知》（银监办发〔2018〕29号）中，仅要求部分专注线上业务的银行业金融机构，“充分运用大数据和信息技术优势，提升小微企业金融服务的效率”。2019年，银保监会在《关于2019年进一步提升小微企业金融服务质效的通知》（银保监办发〔2019〕48号）中进一步提出“将资源向小微企业金融服务领域倾斜，进一步加强与互联网、大数据的融合，深度挖掘自身金融数据和外部征信数据资源”的要求。2021年，银保监会发布《关于2021年进一步推动小微企业金融服务高质量发展的通知》（银保监办发〔2021〕49号），更是进一步提出银行应当积极参与“银税互动”“银商合作”“信易贷”等信息共享机制的要求，从而进一步推动银行可以使用大数据等科技手段，实现金融资源向长尾客户的精准“滴灌”。2022年1月，人民银行在发布的《金融科技发展规划（2022–2025年）》中明确，要“运用联合建模、图计算、数据可视化、数字孪生等技术手段，对海量多样化多维度数据资源进行价值挖掘和关联分析，建立面向用户、面向场景的大数据知识图谱和综合分析能力。以市场为导向、以需求为牵引，深挖数据综合应用场景，发挥数据和技术双轮驱动作用”，从而“在服务实体经济、惠及百姓民生、创新驱动发展、助力乡村振兴等领域实现数据综合应用与多向赋能”。

事实上，对于大数据等技术的运用不仅可以在贷前做好授信和贷款定价工作，还能有效地提升贷后管理的质效。从而能够降低小微企业贷后的相关风险，缓解银行在面向小微企业开展贷款前的顾虑，2022年6月，人民银行在发布的《关于推动建立金融服务小微企业敢贷愿贷能贷会贷长效机制的通知》中，提出了“积极打造智能化贷后管理系统，通过大数据分析、多维度监测等手段，及时掌握可疑贷款主体、资金异常流动等企业风险点和信贷资产质量情况，有效识别管控业务风险”的要求。

（二）金融科技助力普惠小微融资的具体实践

依据相关政策，监管部门、银行等金融机构以及各相关方充分运用互联网渠道、金融科技方式创新发展各类适用于普惠小微融资的相关产品。

1.“信易贷”平台的创设与运用

“信易贷”平台全称为全国中小企业融资综合信用服务平台，该平台建立的目的是整合信用相关信息，并为银行提供接口，方便其获取相关信息，提升信贷质效。早在2016年，发改委副主任连维良在出席首届中国社会信用体系建设论坛时[①]，就提出要“推动开发‘税易贷’‘信易贷’‘信易债’等创新产品”。在经过一段时间的探索和实践之后，发改委、银保监会在2019年9月发布《关于深入开展“信易贷”支持中小微

① 资料来源：https://www.ndrc.gov.cn/fzggw/wld/lwl/lddt/201604/t20160428_1167572.html?code=&state=123。

企业融资的通知》(发改财金〔2019〕1491号),开始着力推动“信易贷”信息归集、金融机构范围的进一步扩大,并且鼓励地方政府出台“信易贷”的相关支持政策,将“信易贷”平台、产品的推广和使用作为各地发展改革机构、监管机构和金融机构的重要任务。2020年11月,发改委发布《关于支持“信易贷”平台向金融机构推荐信用状况良好企业有关工作的通知》(发改办财金〔2020〕785号),支持各地通过“信易贷”平台向金融机构推荐具有融资需求,且信用状况良好的企业名单,推动这些企业获得更多的融资支持。

根据发改委统计,截至2020年12月底[①],全国“信易贷”平台已于178个地方平台或站点实现技术对接和数据交互,累计注册企业419.3万家,发放信用贷款总额1.01万亿元。2021年3月末[②],“信易贷”平台连通地方平台或站点总数达230个,累计注册企业615.4万家,通过相关平台发放贷款突破2万亿元。“信易贷”平台有力地支持了小微企业融资。

2.基于人工智能的养殖产业金融服务

2022年,百信银行与安永共同发布了《数字筑机,创变为先——产业数字金融研究报告(2021)》,其中提出了农村数字金融的发展模式。也包含了基于人工智能的养殖产业“养殖贷”及系列金融服务。

“养殖贷”依托百信银行和百度智能云共同搭建的养殖产业金融服务平台,通过百度生态数据、养殖场景数据和第三方公共数据,从而为养殖户提供数据驱动的信用贷款及相应的配套养殖产业链服务。百信银行通过拥有饲料厂、养殖服务企业、养殖户、屠宰场等的一系列对公结

① 资料来源:https://www.ndrc.gov.cn/xxgk/jd/wsdwhfz/202101/t20210129_1266249.html?code=&state=123。

② 资料来源:http://credit.jms.gov.cn/411.news.detail.dhtml?news_id=31908。

算账户、个人结算账户等，从而可以全流程掌握养殖产业链的资金流动。与此同时，通过百度所拥有的地图、养殖场景数据以及外部引入的公共数据，不仅可以进行贷款的授信，还能开展贷后的风险预警和评判。

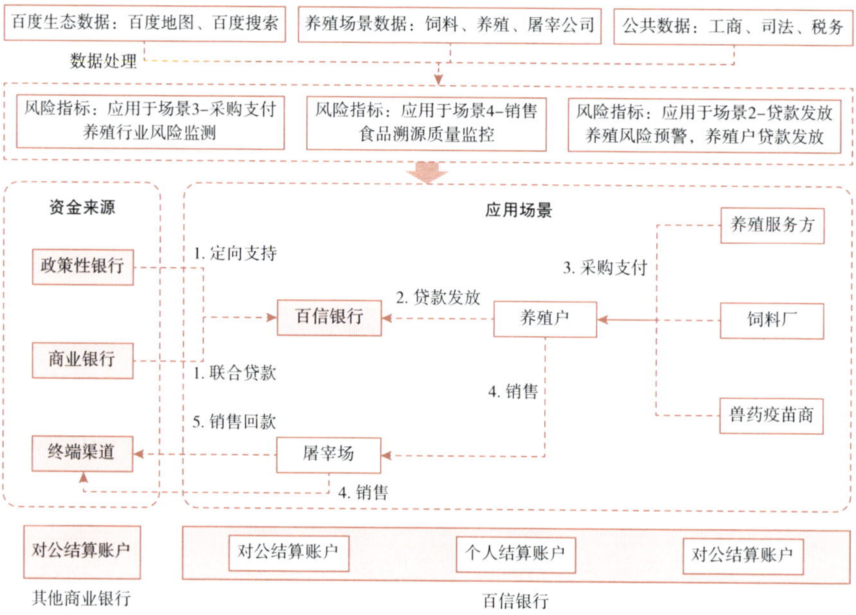

图6-26　基于人工智能的养殖产业金融服务平台

资料来源：百信银行&安永《产业数字金融研究报告（2021）》，兴业研究

3.浙江省推出的“贷款码”系统

2021年3月，人民银行杭州中支联合浙江省市场监管局创新推出了“贷款码”产品，该产品将浙江省企业信用信息服务平台和浙江省小微企业云平台互联互通。

“贷款码”实际为一个二维码标识，小微企业等市场主体可以免注册登录，通过手机“扫一扫”的方式填写需求后，后台通过相应信息服务平台和数据库自动匹配电子营业执照等信息，融资申请信息将直接推送至各金融机构。金融机构在接到相关申请后，按照“135”融资响应机制[①]，即“1日内受理、3日内对接，符合条件的原则上5日内放款”，以此实现方便、高效解决小微企业融资需求的目的。通过“贷款码”及其背后的系统，实现需求发布、对接、受理、审核、反馈的一站式精准服务。

表6-7 近年来小微企业支持监管政策

时期	发文部门	文件名
2018/2/11	银保监会	《关于2018年推动银行业小微企业金融服务高质量发展的通知》（银监办发〔2018〕29号）
2018/4/2	银保监会	《关于印发〈融资担保公司监督管理条例〉四项配套制度的通知》（银保监发〔2018〕1号）
2018/6/6	证监会	《关于修改〈首次公开发行股票并上市管理办法〉的决定》（证监会令第141号）
2018/10/26	证监会	《〈非上市公众公司重大资产重组管理办法〉第十八条、第十九条有关规定的适用意见——证券期货法律适用意见第14号》（证监会公告〔2018〕33号）
2018/6/25	人民银行、银保监会等五部门	《关于进一步深化小微企业金融服务的意见》（银发〔2018〕162号）
2018/9/5	财政部、税务总局	关于金融机构小微企业贷款利息收入免征增值税政策的通知》（财税〔2018〕91号）
2018/10/15	财政部、工信部	《关于对小微企业融资担保业务实施降费奖补政策的通知》（财建〔2018〕547号）
2018/10/15	交易商协会	《微小企业贷款资产支持证券信息披露指引（2018版）》（中国银行间市场交易商协会公告〔2018〕24号）

① 参考资料：https://baijiahao.baidu.com/s?id=1728615843127305673&wfr=spider&for=pc。

续表

时期	发文部门	文件名
2018/12/19	人民银行	《创设定向中期借贷便利　定向支持金融机构向小微企业和民营企业发放贷款》
2019/3/4	银保监会	《关于2019年进一步提升小微企业金融服务质效的通知》（银保监办发〔2019〕48号）
2019/1/17	财政部、税务总局	《关于实施小微企业普惠性税收减免政策的通知》（财税〔2019〕13号）
2019/8/22	人民银行	《金融科技发展规划（2019–2021）》（银发〔2019〕209号）
2019/9/2	交易商协会	《双创专项债务融资工具信息披露表》（中国银行间市场交易商协会公告〔2019〕17号）
2019/11/29	人民银行	《应收账款质押登记办法》（中国人民银行令〔2019〕第4号）
2020/2/2	财政部	《关于支持金融强化服务做好新型冠状病毒感染肺炎疫情防控的通知》（财金〔2020〕3号）
2020/3/1	银保监会	《关于对中小微企业贷款实施临时性延期还本付息的通知》（银保监发〔2020〕6号）
2020/3/1	财政部	《关于加快拨付贴息资金　强化疫情防控重点保障企业资金支持的补充通知》（财办金〔2020〕13号）
2020/3/31	银保监会	《关于2020年推动小微企业金融服务“增量扩面、提质降本”有关工作的通知》（银保监办发〔2020〕29号）
2020/6/1	人民银行等八部	关于进一步强化中小微企业金融服务的指导意见》（银发〔2020〕120号）
2020/6/1	人民银行、银保监会、财政部、发改委、工信部	《关于加大小微企业信用贷款支持力度的通知》（银发〔2020〕123号）
2020/7/1	银保监会	《关于2020年推动小微企业金融服务“增量扩面、提质降本”有关工作的通知》（银保监办发〔2020〕29号）

续表

时期	发文部门	文件名
2020/10/15	人民银行	《关于对中小微企业贷款实施临时性延期还本付息的通知》（银发〔2020〕122号）
2020/12/31	人民银行、银保监会、财政部、发改委、工信部	《关于继续实施普惠小微企业贷款延期还本付息政策和普惠小微企业信用贷款支持政策有关事宜的通知》（银发〔2020〕324号）
2021/4/2	财政部、税务总局	《关于实施小微企业和个体工商户所得税优惠政策的公告》（财税〔2021〕12号）
2021/4/5	财政部、工信部	《关于继续实施小微企业融资担保业务降费奖补政策的通知》（财建〔2021〕106号）
2021/4/25	银保监会	《关于2021年进一步推动小微企业金融服务高质量发展的通知》（银保监办发〔2021〕49号）
2021/7/5	人民银行	《关于深入开展中小微企业金融服务能力提升工程的通知》（银发〔2021〕176号）
2021/12/29	人民银行	《动产和权利担保统一登记办法》（人民银行令〔2021〕第7号）
2022/1/13	最高法	《关于充分发挥司法职能作用　助力中小微企业发展的指导意见》（法发〔2022〕2号）
2022/2/18	发改委	《关于促进服务业领域困难行业恢复发展的若干政策》（发改财金〔2022〕271号）
2022/3/18	人民银行、银保监会、证监会、外汇局、浙江省政府	《关于金融支持浙江高质量发展建设共同富裕示范区的意见》（银发〔2022〕60号）
2022/4/8	银保监会	《关于2022年进一步强化金融支持小微企业发展工作的通知》（银保监办发〔2022〕37号）
2022/4/15	银保监会	《关于金融支持货运物流保通保畅工作的通知》（银保监办发〔2022〕40号）
2022/5/26	人民银行	《关于推动建立金融服务小微企业敢贷愿贷能贷会贷长效机制的通知》（银发〔2022〕117号）

资料来源：各监管部门及行业协会等，兴业研究

第四节　银行参与科创中小企业融资渠道全梳理

随着我国经济由高速发展进入高质量发展的新时期，科技创新成为未来发展的关键，而开展科技创新的主力军就在于我国数量庞大的科创中小企业。为了全方位支持科创中小企业高质量发展，监管部门引导我国金融机构对科创中小企业开展了多样化的融资支持。2021年12月3日，银保监会发布《关于银行业保险业支持高水平科技自立自强的指导意见》（银保监发〔2021〕46号，以下简称《指导意见》）。本节根据《指导意见》的新要求以及现有政策，总结归纳了当前银行参与科创企业融资的主要渠道。

一、间接融资新模式的开拓

从银行表内的间接融资来看，不同于传统制造业、工业企业等，科技创新企业具有固定资产相对较少的特点，这就使得传统的固定资产质押融资方式难以满足科技创新企业的融资需求。《指导意见》指出，银行要“加大科技型中小企业知识产权质押融资、信用贷款、首贷和续贷投放力度”。为满足科创企业贷款需求，银行一方面着力拓宽质押物的范畴；另一方面应当做强信用融资本领。此外，还可通过金融租赁公司探索符合科创企业需求的各类融资租赁业务。

（一）知识产权质押贷款和股权质押贷款

在拓宽质押物范畴方面，银行不仅可以将科技创新企业的核心技术、知识产权、专利等作为新型抵押物，在多层次资本市场完善之后，还可以将科创企业的未上市股权纳入抵押物范畴。

一是提升知识产权、专利权质押融资能力，增加贷款总额与户数。不同于重资产的传统制造业，科技创新企业往往缺少大额有形资产，其核心资产和竞争力往往为专利权、知识产权、核心技术人员等无形资产，甚至部分企业仅有创新的“点子”。因此，为了更好地对科技创新企业进行融资，银行应当将抵质押物的范围由传统的厂房、机器等，转变为知识产权、专利权等。在2021年年初发布的《中华人民共和国国民经济和社会发展第十四个五年规划和2035年远景目标》（以下简称“十四五”规划纲要）中，就明确提出了“鼓励金融机构发展知识产权质押融资”的要求。根据国家专利总局所披露的数据，2020年全年，我国专利、商标质押融资项目达12039项，同比增长43.8%；质押融资总额达到2180亿元，同比增长43.9%[①]。而在2021年上半年，我国专利、商标质押融资项目和融资额的同

① 资料来源：湖北省知识产权局，《国家知识产权局发布2020年数据》，（2021/1/23）［2021/12/6］，https://baijiahao.baidu.com/s?id=1689655128181069660&wfr=spider&for=pc。

比增长水平也分别达到了25.9%和32.4%[①]。**当前，知识产权质押融资的难点在于抵押物估值难、流转处置难。**为了解决这一痛点，《指导意见》在流转处置方面提出了“支持通过知识产权交易市场，开展知识产权收储交易，拓宽知识产权质物处置渠道，加快出质知识产权的流转变现”的要求；在估值方面也要求银行“建立健全知识产权价值评估机构库、专家库，及时评估知识产权价值变化，优化知识产权押品动态管理”。

2007年，发改委、科技部等出台《建立和完善知识产权交易市场的指导意见》后，国家知识产权局等相关部门参与创设、批准了多家全国性的知识产权交易平台。近年来，部分地区（例如上海、浙江、广州、武汉等）设立了区域性的知识产权交易平台。不过，不少知识产权交易平台的信息披露、流转交易机制等仍有待进一步完善。

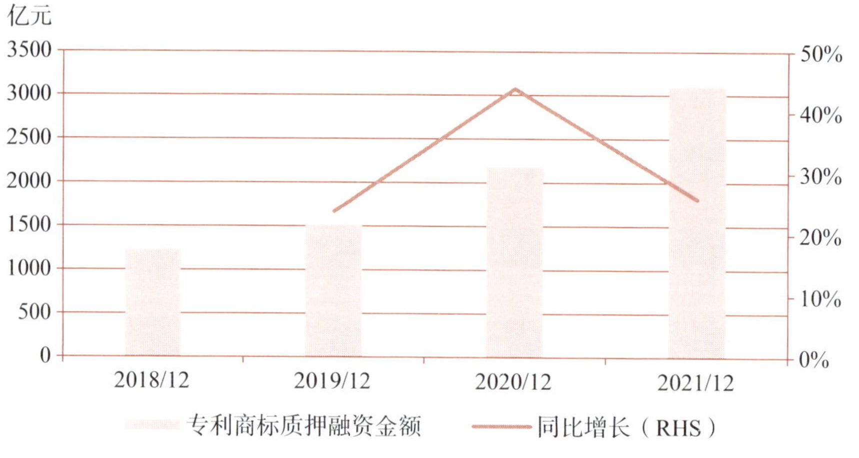

图6-26　知识产权（专利、商标）质押融资额

资料来源：新闻报道整理，兴业研究

① 资料来源：九派新闻，《上半年全国专利商标质押融资金额达1074亿元》，（2021/7/14）[2021/12/6]，https://baijiahao.baidu.com/s?id=1705271100309179780&wfr=spider&for=pc。

二是拓展股权质押融资企业范围，探索对未上市股权进行质押融资。此前，我国银行所进行的股权质押融资主要面向的是在A股主板上市的企业股东，而对于未在主板上市的企业，出于审慎经营的考虑，银行并未大量开展股权质押融资。随着我国多层次资本市场的逐步完善，这些经营状况较好、财务资质较佳的大中型上市企业可以轻易地通过证券市场获得低成本的资金，银行也难以取得低风险、收益可观的主板上市企业股权质押融资机会。与此同时，科创板、北交所的设立以及注册制的实施使得更多的中小企业，特别是科技创新中小企业获得了上市的机会。按照北交所的上市条件，甚至部分市值达到2亿元标准的企业，若能满足净资产收益率等要求，也能够获得上市的机会，这无疑将大大扩充上市公司的总体规模，也为更多地优质未上市企业提供了快速上市的渠道。从科技创新企业的自身特点而言，除了未上市股权质押融资之外，还可以尝试在监管部门许可的情况下将质押物拓展到股票期权、员工持股计划份额等相关资产。

而在实践中，部分国内银行已将未上市股权质押融资作为一类重要的担保融资产品。例如，有银行在其网站上[①]就将“非上市银行股权质押贷款”作为了“特定担保项下融资”的一个重要品种，该产品的质押物为非上市银行的股权。又如，早在2013年证券业协会就早已对证券公司如何做好未上市股权质押融资进行了深入研究。

不过，对于未上市股权及相关资产的质押融资也存在相应的估值难问题。由于未上市企业股权缺乏频繁的交易和报价，因此对其进行准确

① 资料来源：非上市银行股权质押贷款，厦门国际银行，[2020/12/8]，https://www.xib.com.cn/gsyw/sxyw/tddbxxrz/fssyxgqzydk/index.htm。

估值的难度较大，因而银行也较难明确股权质押后可提供的贷款额度。而对于科技创新企业，企业的整体估值以及企业的股权价值与宏观经济环境、中观行业及技术发展前景、微观企业经营等多方面因素有关。这一问题的解决或许需要银行建立起专业化的相关研究团队，从而能够提升对宏观形势和行业发展的把握，进而准确研判未上市企业股权的潜在估值。

除了上述所提及的新型质押物之外，《指导意见》还要求银行要“规范开展保单质押融资、供应链融资等业务，提升科技型小微企业融资可获得性”，这也为银行拓展其他类型质押融资提供了机会。

（二）信用贷款

在信用融资方面，加大对科技创新企业开展信用融资，也是贯彻落实政策部署和顺应金融发展方向的重要举措，实践中，银行可以通过各类替代数据来降低风险、提升质效。

“十四五”规划纲要中，明确提出了“扩大制造业中长期贷款、信用贷款规模”的要求。而2021年政府工作报告，也提出了“引导银行扩大信用贷款”的要求。截至2021年6月，我国国有大行和上市股份制银行的信用贷款在所有贷款中的占比分别为31.86%和32.35%。虽然此前几年上市银行信用贷款占比出现了较大幅度的增长，但是近两年信用贷款占比的增长幅度已经开始逐渐趋缓。**如前文数据所示，由于当前知识产权质押融资的总规模仍较为有限，若不能通过增加信用融资的方式来加大对科技企业的贷款支持，银行也难以大规模支持科技企业。**

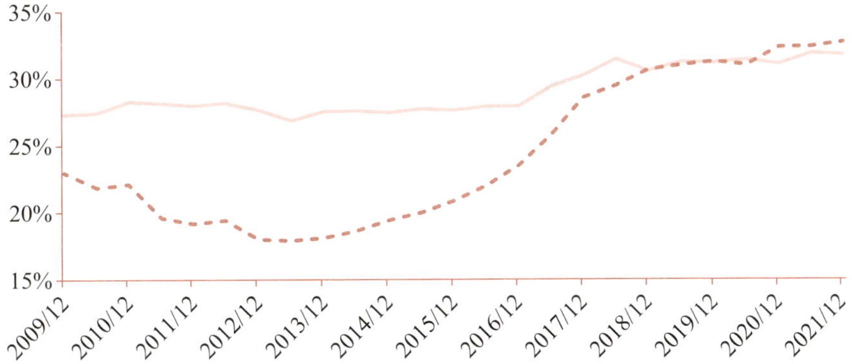

图6-27　上市银行信用贷款占比

资料来源：WIND，兴业研究

当前，银行增加信用贷款投放主要面临两个痛点，一是事前获取信用信息难，二是事后贷款出险的回收与处置难。《指导意见》针对第一个痛点给出了解决方案。《指导意见》指出："建立科技企业信息共享机制。支持地方政府建设科技企业信息平台，共享工商、社保、知识产权、税务、海关、水电等信息，通过搭建科技成果转移转化项目数据库等，缓解银行保险机构与科技企业之间的信息不对称。鼓励银行保险机构充分利用'信易贷'和其他政府公共数据平台，整合科技创新资源信息，创新银税互动、银商合作和银关合作等服务模式。"事实上，此前已经有不少银行业金融机构，通过收集整合的各类替代数据或数据成果，运用金融科技的方式来提升信用贷款的质效。例如，上海数据交易所成立之后的首单交易，即为国网上海电力向工行上海分行转让的"企业电智绘"数据产品，该产品涵盖了企业用电行为、缴费、用电趋势等数据，可以帮助银行在辅助授信、贷后管理等方面提升质效[1]。未来，随着"信易贷"平台的拓展，以及各种信息脱敏之后的开放，银行用于辅助授信的替代数据也将不断增多。

除了上述提及的贷款方式，银行还可以通过并购贷款等多种形式开展对科技企业的贷款支持。

值得注意的是，对于科创企业贷款的不良容忍度，《指导意见》也参照涉农贷款、小微贷款作出了相类似的差异化设置，这显示了对科创企业的融资支持力度已经比肩涉农和小微。《指导意见》指出："鼓励适当提高科技企业贷款不良容忍度，小微型科技企业不良贷款容忍度可较各项贷款不良率提高不超过3个百分点。"在此之前，2019年年初，银保监会分别将涉农贷款和普惠型小微企业贷款的不良容忍度调整为不高于各项贷款不良率3%。由此可见，对于科创企业贷款的政策支持力度已经不弱于此前的涉农贷款和小微贷款。未来，监管部门或还将出台配套的评价机制、指标要求等一系列监管文件来引导银行加大对科创企业的贷款力度。

表6-8　政策支持领域不良容忍度

领域	时间	文件名	相关要求
涉农贷款	2019/3/8	《关于做好2019年银行业保险业服务乡村振兴和助力脱贫攻坚工作的通知》(银保监办发〔2019〕38号)	各银行业金融机构普惠型涉农贷款、精准扶贫贷款不良率高出自身各项贷款不良率年度目标3个百分点(含)以内的，可不作为监管评级和银行内部考核评价的扣分因素。

① 资料来源：上海数据交易所"首单"出炉"企业电智绘"成国内首个成交数据产品，文汇客户端，(2021/11/25)[2022/1/19]，https://wenhui.whb.cn/third/baidu/202111/25/435950.html。

续表

领域	时间	文件名	相关要求
小微企业	2019/3/13	《关于2019年进一步提升小微企业金融服务质效的通知》（银保监办发〔2019〕48号）	力争将普惠型小微企业贷款不良率控制在不高于各项贷款不良率3个百分点以内。
科技企业	2021/12/3	《关于银行业保险业支持高水平科技自立自强的指导意见》（银保监发〔2021〕46号）	鼓励适当提高科技企业贷款不良容忍度，小微型科技企业不良贷款容忍度可较各项贷款不良率提高不超过3个百分点。

资料来源：银保监会，兴业研究

为了分担贷款风险，《指导意见》还提出了加大对科技企业融资担保的要求，从而为“几家抬”科创企业奠定了基础。《指导意见》指出：“鼓励银行机构与保险机构、融资担保机构加强合作，强化科技金融风险分担和补偿。支持地方政府对科技企业贷款、知识产权质押融资等设立专门风险补偿基金，完善保险支持政策，加大科技型中小企业支持力度。支持有条件的地方政府为融资担保机构提供资本金补充、风险补偿等。”除了地方政府相关的融资担保机构，监管部门也出台了一系列政策要求保险公司加强对科技贷款的保险支持。

（三）金融租赁公司融资租赁业务

在上述机构和渠道之外，未来银行集团还可以通过金融租赁公司对科技创新企业开展融资支持。

《指导意见》指出：“鼓励金融租赁公司开展大型科技设备、精密器材等融资租赁服务。”正如前文所言，科技创新企业的核心资产和核心竞争力在于知识产权、专利权。在将这些无形资产转化为有形生产力的过程中，需要相应的生产设备支持，这也为金融租赁公司与科创企业开展业务提供了机会。伴随着国家对于科技创新企业政策支持力度的逐步加大，未来监管部门或也将对科创企业开展生产设备的融资租赁给予税收、担保等一系列政策支持。

二、直接股权融资的当前渠道和未来前景

从国际经验和我国实践来看，银行机构可以尝试通过两种方式支持科创企业具有股权性质的融资：**第一，**通过表内各类融资方式为企业或其高管、主要员工提供可用于股权投资的债权性贷款等资金，例如提供并购贷款等，以及未来可考虑向企业高管贷款供其购买企业股权；**第二，**通过银行各类具有投资功能的子公司对科创企业开展未上市股权投资。

《指导意见》指出："在依法合规、风险可控、商业自愿前提下，支持商业银行具有投资功能的子公司、保险机构、信托公司等出资创业投资基金、政府产业投资基金等，为科技企业发展提供股权融资。"未来，若能将私人银行的资金端与各类银行资管子公司对科创企业股权融资的资产端给予匹配结合，将能够在支持科创企业股权融资的同时，向私行客户提供收益率可观的资管产品。

（一）银行表内股权融资的当前模式与未来突破可能

由于我国分业经营的特点，此前银行表内对工商企业开展股权融资不仅受到了监管规则的严格限制，其风险权重和资本占用还远高于一般的普通贷款，因此，当前我国银行表内较难直接向科技创新企业

提供股权投资。不过，由于监管政策的支持，我国银行当前已可通过并购贷款的方式向企业提供债权性融资支持，供其开展股权性的投融资。且在未来，随着监管政策的调整，银行在表内或也将有直接开展股权融资的可能。

一是进一步扩大并购贷款规模，拓展并购贷款企业客户数量。根据我国《贷款通则》要求，银行贷款的借款人“不得用贷款从事股本权益性投资，国家另有规定的除外”。而银行并购贷款正是属于其中“另有规定”的范围，借款主体可以使用银行的并购贷款资金，用于收购其他企业股权，是当前为数不多的可以通过银行表内支持科创企业股权性融资的渠道。根据原银监会在2015年2月发布的《商业银行并购贷款风险管理指引》（银监发〔2015〕5号），只有满足资本充足率不低于10%、有并购贷款尽职调查和风险评估专业团队等一系列条件的银行可以开办并购贷款业务。近年来，随着企业兼并收购行为的增多，以及银行业务的多样化拓展，各大银行都着力扩大了并购贷款的投放规模。从股份制银行的数据来看，对于披露了2020年并购融资数据的上市银行，其同比增长均超过55%，呈现了较快的增长趋势。

二是未来监管部门可考虑向科创企业高管或员工提供贷款性融资供其购买科创企业的股票或期权等。从境外的经验来看，银行向科创型企业高管、核心技术人员提供贷款资金，为其开展MBO（Management Buy-Outs）提供融资是一种十分普遍的业务模式。除此之外，为了激发员工的动力，科创企业往往将员工持股计划或股票期权等作为员工报酬的重要部分。部分员工，由于缺少流动资金，往往需要通过贷款或私下拆借等方式获取资金来购买员工持股计划的份额，或将股权期权行权购买股票。然而，由于我国金融行业分业经营的状况，除了上文所述的并购贷款，银行在绝大多数情况下不能向各类主体发放贷款性质资金供其合规购买股权。这在《贷款通则》中已经做出了明确的要求，《贷款通则》指出，借款人“不得用贷款从事股本权益性投资，国家另有规定的除外”，“不得用贷款在有价证券、期货等方面从事投机经营”。不过，此前已经出现了并购贷款这一例外条款，且MBO融资不属于“投机”，因此，未来为了进一步支持科创型企业发展，配套符合科创企业发展的融资方式，我国监管机构可考虑在试点后，逐步拓展向科创型企业员工贷款，供其合规购买科创企业股权、员工持股计划的运用。事实上，上海已在近期开展科学家贷款[①]试点。

除此之外，《巴塞尔协议Ⅲ（最终版）》的落地也可能带来相应机会。根据巴塞尔委员会2017年年底公布的《巴塞尔协议Ⅲ（最终版）》，在监管机构允许的情况下，银行运用一二级资本之和的10%开展股权投资可以享受风险权重为100%的优惠。不过监管部门会对这部分股权投资进行一定限制，例如规模、集中度、行业投向、企业类别等。在此之前，美国的监管部门曾运用这一条款引导金融机构通过中小企业投资公司（Small Business Investment Company，SBIC）向传统行业中小企业提供股权融资和股债混合融资支持。从前文的不良容忍度指标来看，当前普惠小微、涉农和科创企业融资都成为监管部门的支持重点。若未来我国监管部门使用这一条款，将很可能用于以上三个领域之中。

① 目前，上海银保监局及上述两家银行尚未在公开渠道对科学家贷款的详细要求及定义进行解释。

（二）信托公司

由于我国经济由高速发展向高质量发展逐步换挡，伴随而来融资平台、房地产企业的转型，信托公司传统的非标业务也受到了巨大的挑战，面临严峻的转型风险。在资管市场之中，信托行业所管理的资产规模也由此前的仅次于理财，滑落至理财与基金之后。若未来信托公司不能找到新的业务增长点，信托公司的业务或将陷入停滞甚至倒退。**按照现有监管规定，信托公司所发行的信托计划可以通过多种方式对科创企业开展未上市股权投资，因此信托公司可以发挥募资能力强和受托人法律地位的优势，积极支持科技创新企业股权融资。**

从信托公司通过信托计划开展股权融资的方式来看，当前信托计划主要通过两种模式对未上市股权进行投资，由于信托公司投资能力和监管规则的因素，这两种模式也存在各自的优点和劣势。

首先，信托计划本身可以作为投资主体，对各类科技创新企业开展未上市股权投资。目前，信托仍具有私募的性质、符合私募资管产品的相关条件，因此，集合信托等信托计划本身可以作为投资主体直接对企业开展未上市股权投资。**这一模式的优势**在于嵌套层数较少，因此，在满足《资管新规》嵌套要求的情况下，该信托计划所募集资金的来源不仅可以是各类自然人或企业，也可以是理财等资管产品。不过，**该模式的缺点**在于两个方面：**第一，当前信托公司未上市股权投资能力较弱。**数据显示，从2013年至今，所有信托资金中开展长期股权投资的资金占比仅有8%–9%；**第二，由于证监会限制，绝大多数信托计划必须在企业IPO前退出。**根据《证券法》要求，向特定对象发行证券累计超过200人的情况，即认定为公开发行。若在企业IPO之前其股东便已超过200人，那么，企业就可能涉嫌未经证监会批准公开发行证券的嫌疑。从当前证监会的态度来看，由于信托计划所涉投资者较多，且信托登记确权制度有待进一步完善，难以明确最终持股的受益人及受益人数量，因此相较于其他私募资管产品，证监会对于IPO企业中的信托计划或信托制私募股权投资基金持审慎态度，一般会要求企业先行清退股东中的信托计划再进行IPO。不过，值得注意的是，若未来信托计划能够明确受益人情况、满足企业股东不超200人的限制要求，信托计划或也将可以突破这一限制。当前，已经出现了家族信托作为股东的企业IPO成功上市的先例，未来随着中信登逐步完善信托登记制度，证监会的这一限制或将得到解决。

值得注意的是，《证券法》明确员工持股计划可以豁免“200人限制”的要求。因此，在这一条款的支持下，信托公司可以开拓员工持股信托等相关业务机遇。

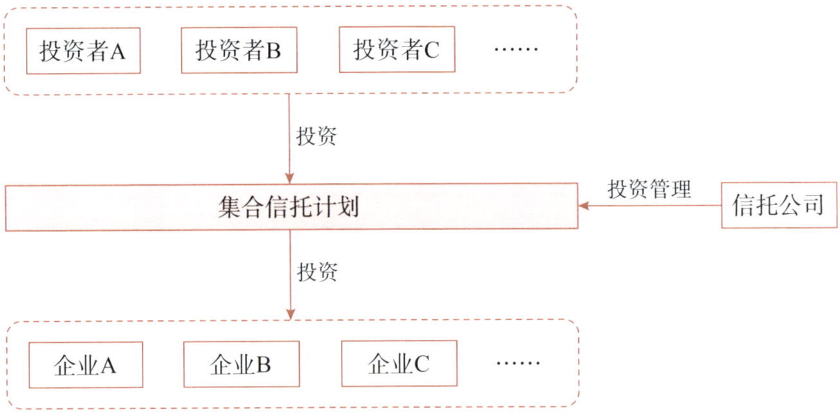

图6-28　信托计划直接投资未上市股权的一般途径

资料来源：兴业研究整理

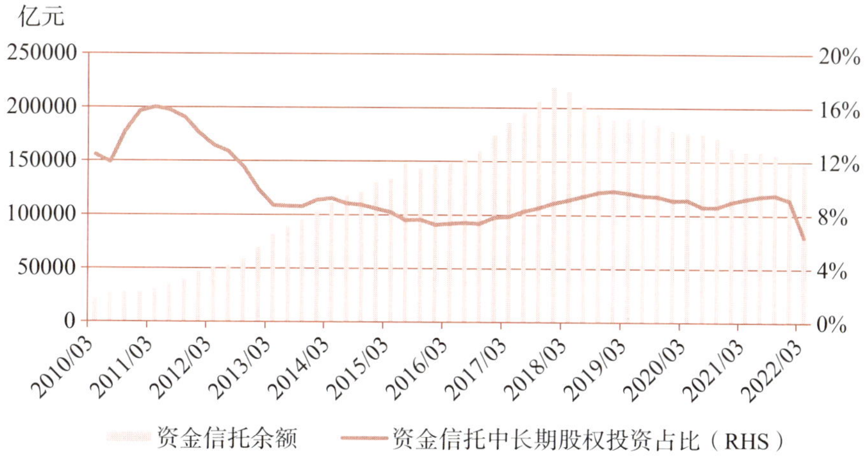

图6-29 资金信托长期股权投资情况

资料来源：WIND，兴业研究

其次，信托计划可以作为有限合伙人（LP）参与创投基金、政府出资的产业基金，从而参与科创企业未上市股权融资。该模式当前被大多数信托公司作为投资未上市股权的主要方式。在该模式之下，信托计划在募集资金之后，作为有限合伙人（LP），通过创业投资基金和政府出资产业投资基金参与对科技创新企业的未上市股权投资。**这一模式的优点在于，一方面**可以解决信托公司自身主动投资能力不强的弱势，**另一方面**可以解决证监会对企业IPO的“200人”限制条件。从证监会监管的角度来看，若信托通过计划通过私募股权投资基金开展未上市股权投资，往往会被视为单一的出资法人，而不再需要穿透认定信托的投资者，因此可以解决证监会的“200人”限制条件，所持有的未上市企业股权也可以一直保留至IPO之后。**不过这一模式也存在相应缺点，**由于该模式下嵌套层数较多，为满足《资管新规》中资管产品只能再嵌套一个资管产品的要求，该模式下的投资端和募资端限制较多。例如，对于信托计划的募资端，其投资者只能是自然人或企业，而不能是其他资管产品；对于信托计划所投资的私募股权投资基金的投资端，除非该私募股权投资基金为创业投资基金或政府出资的产业投资基金（也仅可多豁免一层嵌套）①，否则，该私募基金将无法再设立子基金或投资其他私募资管产品，而只能直接开展未上市股权投资。

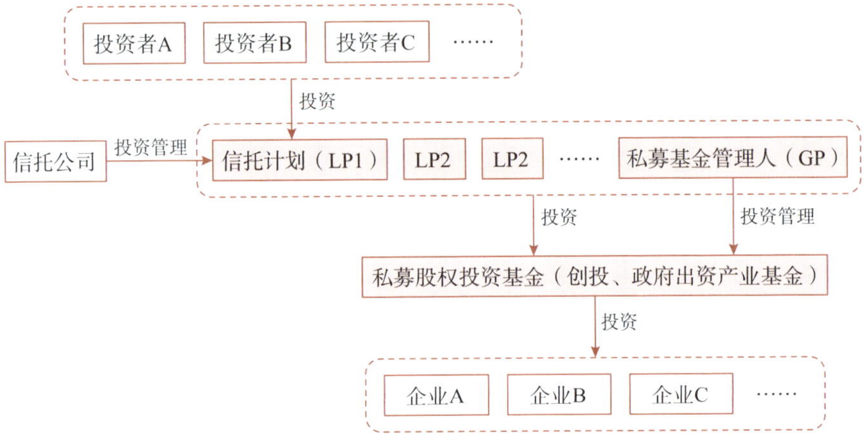

图6–30　信托计划通过私募股权投资基金投资未上市股权的一般途径

资料来源：兴业研究整理

（三）理财及基金等其他各类资管子公司

除了信托公司之外，银行所控股的理财、基金等各类资管子公司也可以多渠道参与未上市企业的股权融资。受制于《资管新规》中“公募产品主要投资标准化债权类资产以及上市交易的股票，除法律法规和金融

① 发改委2019年所发布的《关于进一步明确规范金融机构资产管理产品投资创业投资基金和政府出资产业投资基金有关事项的通知》规定：“两类基金（创投基金和政府出资产业投资基金）接受资产管理产品及其他私募投资基金投资时，该两类基金不视为一层资产管理产品。”

管理部门另有规定外，不得投资未上市企业股权”的要求，银行各类资管子公司一般只可以通过私募资管产品对科创企业进行未上市股权投资。

对于银行理财公司，可以探索创新私募理财产品模式，对接创业投资基金和政府出资产业投资基金，对科创企业的未上市股权开展投资。由于理财公司此前主要长于债权类投资，对于股权类投资，特别是未上市股权投资的能力较弱、经验较少。因此，当前理财公司对上市股票开展投资主要采取的是优选公募基金进行投资的FOF模式。为了开拓对科创企业未上市股权投资的机遇，理财公司未来也可以探索创设对私募股权投资基金开展投资的FOF类私募理财，选择业绩优异、专业水平高的创业投资基金和政府出资产业投资基金进行投资，从而参与到科创企业的未上市股权投资浪潮中。

不过，值得注意的是，随着理财的净值化转型和刚性兑付的逐步打破，银行理财公司的投资风险偏好有所下降，《资管新规》出台时候，理财投资中权益类资产的占比由2018年年末的9.92%逐步下降到了2020年年末的4.75%。因此，银行理财公司在创设私募资管产品，对科创企业开展未上市股权投资时，应当高度关注私募投资者的风险承受能力，从而避免未来投资出现损失时引发声誉风险等情况。

对于银行下属的基金公司，则可以发挥好基金子公司和基金专户的优势，采用类似前文理财公司和信托公司的方式，参与到为科创企业未上市股权融资的浪潮之中。

对于银行或下属子公司所发起成立私募投资基金管理机构，则可以进一步加快创投基金等的创设，增大对科创企业的未上市股权融资支持。在各类私募投资基金中，创业投资基金是最为主要的投资科创企业未上市股权渠道。而从私募股权投资基金的整体情况来看，近年来创业投资类私募的占比逐步上升，由2018年年初的5.44%上升到了2021年10月的11.4%。这一比例的提升也体现了当前各方对于创业企业未上市股权的投资热情。

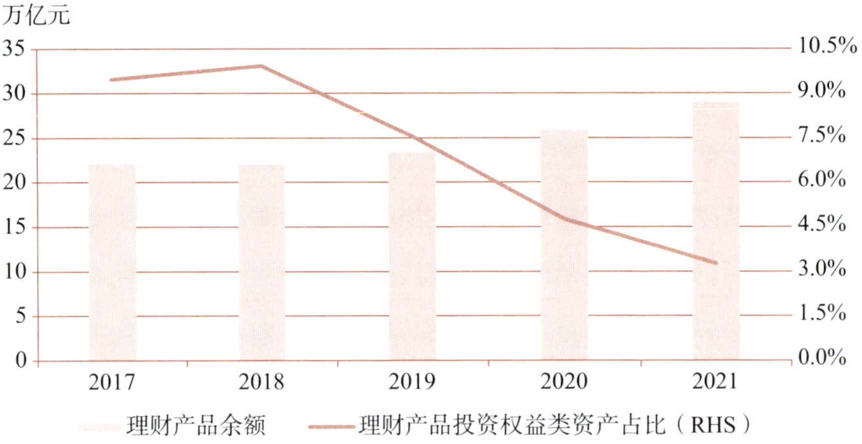

图6-31　理财投资权益类资产情况

资料来源：WIND，兴业研究

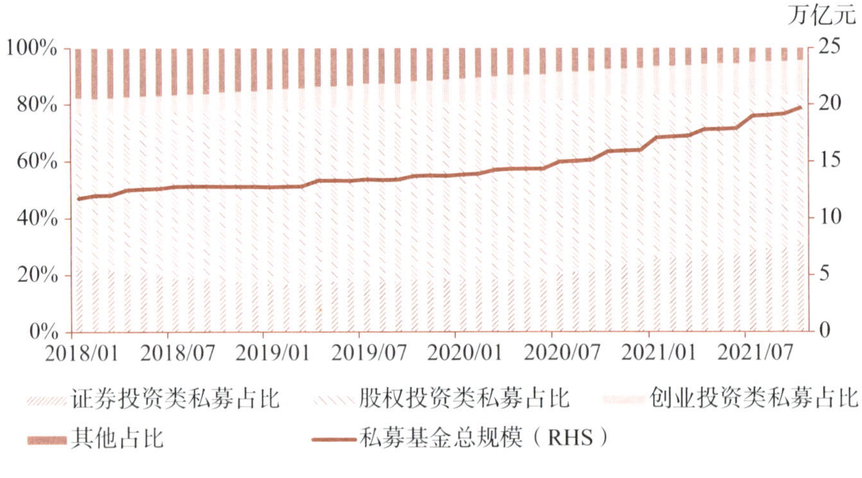

图6-32　私募投资基金总规模及投向情况

资料来源：WIND，兴业研究

应当指出的是，由于《资管新规》对于未上市股权设置了严格的期限匹配要求，除了私募投资基金之外，私募理财、基金专户等开展未上市股权投资仍需要满足《资管新规》中“资产管理产品直接或者间接投资于未上市企业股权及其受（收）益权的，应当为封闭式资产管理产品，并明确股权及其受（收）益权的退出安排”和“未上市企业股权及其受（收）益权的退出日不得晚于封闭式资产管理产品的到期日”的要求。不过，这一要求随着未来私募股权投资基金份额转让试点的拓展，或也将更容易满足。

近两年北京和上海已经开始试点私募和创投份额的转让，这不仅有利于提升私募股权投资基金和创投基金份额的流动性，同时还有利于相关投资更好满足《资管新规》对资管产品投资未上市股权必须提前设置退出安排的要求。2020年12月10日，证监会正式批复同意在北京股权交易中心开展股权投资和创业投资份额转让试点。份额转让试点依托北京股权交易中心开展，转让标的为私募基金管理人或基金注册地在北京的基金份额。2021年11月29日，媒体报道①证监会批复同意在上海区域性股权市场（上海股权托管交易中心）开展私募股权和创业投资份额转让试点。根据《资管新规》要求，资管产品投资于未上市企业股权的，必须为封闭式产品，且应当提前明确股权的推出安排，其退出日还不得晚于资管产品的到期日。此前，未上市股权的交易流程长、难度大，因此若要满足《资管新规》的这一要求，银行不仅在操作上面临较大的困难，还可能会由于仓促退出导致交易价格受损。未来，若信托计划等资管产品持有的私募股权基金（或创投基金）份额可以在交易场所进行流转，

① 资料来源：中国证券网，《上海区域性股权市场私募股权和创业投资份额转让试点获批》，(2021/11/29)[2021/12/7]，https://news.cnstock.com/news，bwkx-202111-4788912.htm。

那么就等同于提高了底层未上市股权的流动性，即使信托计划等资管产品无法及时直接处置其所持有的未上市股权，也可以通过转让所持有的私募股权投资基金份额来实现退出。

除此之外，这一试点的逐渐推开，将使得信托可以投资的私募股权投资基金逐步向“S基金”拓展，也拓宽了信托计划等资管产品参与科创企业未上市股权融资的渠道。

（四）金融资产投资公司（AIC）

《指导意见》就银行金融资产投资公司（AIC）参与科创企业非债转股的股权融资放开了许可，从而为AIC参与科创企业股权融资提供了机遇。

在此之前，按照2018年6月银保监会发布的《金融资产投资公司管理办法（试行）》（银保监会令2018年第4号）规定，金融资产投资公司（AIC）对外直接开展股权投资的唯一方式是“以债转股为目的投资企业股权，由企业将股权投资资金全部用于偿还现有债权”。除此之外，AIC还可以通过收购企业债权转为股权、发行私募产品实施债转股等方式持有企业股权。在债转股的主营业务之外，AIC所能开展的主要投资业务仅为同业存放等债权类投资。而《指导意见》中，明确指出：“鼓励金融资产投资公司在业务范围内，在上海依法依规试点开展不以债转股为目的的科技企业股权投资业务。”从而为AIC在债转股的股权投资之外，提供了不以债转股为目的对科技创新企业开展股权融资的机遇，帮助AIC打开了一片业务的空间。

值得注意的是，当前银行系AIC对外开展股权投资的一大难点在于风险权重问题，《指导意见》也未就此提出相应的解决方案。无论是已经获批设立的AIC，还是公告申请设立的银行系AIC，都主要由银行控股，需要纳入银行集团的并表监管之中，这就使得AIC使用自有资金开展股权投资需要考量银行的信用风险权重占用问题。根据2012年原银监会发布的《商业银行资本管理办法（试行）》，银行被动持有的工商企业股权（法定处分期限内）以及因政策原因经国务院特批持有的工商企业股权的风险权重为400%，银行对工商企业的其他股权风险权重则为1250%。而根据媒体报道[①]，2018年8月，银保监会下发《关于市场化债转股股权风险权重的通知》（以下简称《通知》），将因市场化债转股持有的上市公司股权风险权重设置为了250%，非上市公司股权的风险权重为400%。虽然相较此前，《通知》的出台相应降低了银行通过AIC持有债转股股权的资本占用，但是由于该项股权的风险权重仍远高于一般企业贷款的100%风险权重，因此银行自主开展债转股投资的资本占用和成本仍然较高。在《指导意见》中，虽然明确了AIC可以在债转股的股权投资外，在上海试点开展对科技创新企业进行不以债转股为目的的股权融资支持，但未能明确该项投资是否能享受类似债转股的风险权重优惠。这或将影响各AIC参与该项试点的积极性。

表6–9　AIC与商业银行开展股权投资的风险权重

AIC		商业银行	
因市场化债转股持有的上市公司股权	250%	被动持有的对工商企业的股权投资	400%
因市场化债转股持有的非上市公司股权	400%	因政策性原因并经国务院特别批准的对工商企业的股权投资	400%
		对工商企业的其他股权投资	1250%

资料来源：银保监会，媒体报道，兴业研究

① 资料来源：中证网，《监管调低持有债转股股权风险权重》，（2018/8/7）[2021/12/7]，https://www.cs.com.cn/jg/04/201808/t20180807_5854133.html。

附　录

一、区位熵

$$LQ_{i,j}=\frac{\dfrac{e_{i,j}}{e_{i,t}}}{\dfrac{E_{i,j}}{E_{i,t}}}$$

$LQ_{i,j}$：表示区位熵i地区j部门相对于全国j部门的集中程度

$e_{i,j}$：表示i地区j部门职工人数或产值

$e_{i,t}$：表示i地区职工总人数或总产值

$E_{i,j}$：表示全国j部门职工人数或产值

$E_{i,t}$：表示全国职工总人数或总产值

当$LQ_{i,j}>1$时，表明i产业在j地区的集聚程度超过全国水平，i产业产品存在向其他区域输出能力。当$LQ_{i,j}<1$时，表明i产业在j地区的集聚程度低于全国水平，i产业产品需要从区域外输入。$LQ_{i,j}$没有考虑企业规模和区域经济发展水平，所以可能出现空间集聚不明显，但是区位熵较高的情况。

二、行业集中度

$$CR_n=\frac{\sum_1^n K_{i,j}}{\sum_1^N K_{i,j}}$$

CR_n表示全国N个地区中，规模最大的n个地区j产业的职工人数或产值总和占全国比重。CR_n越大，表示全国j产业集聚水平越高。

CR_n主要是反映市场集中程度，无法反映空间地理上的集聚水平。

三、赫芬达尔指数

$$HHI_j=\sum_1^n\left(\frac{X_i}{X}\right)^2$$

HHI_j通过加总j产业各地区总产值占该产业全国总产值份额的平方计算得出。HHI指数越大，表示该产业的集聚程度越高。

四、空间基尼系数

$$G_j=\sum_1^N (S_{i,j}-X_i)^2$$

G表示空间基尼系数，用于反映产业的空间分布均衡性。

$S_{i,j}$：i地区j产业就业人数（产值）占全国j产业就业人口（产值）的比重

X_i：i地区就业人口（产值）占全国就业人口（产值）的比重

N：为全国地区总数

G_j介于0–1之间，G_j越大，表明j产业的集聚程度越高。空间基尼系

数同样未考虑到企业规模和地理区域等因素的差异，而存在高估产业集聚水平的可能。

五、EG产业集聚指数

$$EG_i=\frac{G_i-\left[1-\sum_i(x_j)^2\right]H_i}{\left[1-\sum_i(x_j)^2\right](1-H_i)}$$

G_i：i产业的空间基尼系数

H_i：i产业的赫芬达尔指数

X_j：j地区总产值占全国总产值的比重

EG指数融合了空间基尼系数和赫芬达尔指数，综合考虑了企业规模与区域差异对产业集聚水平的影响。$EG_i>0.05$表示该地区i产业高度集中；$EG_i<0.02$则表示该地区i产业集聚现象不明显。EG指数的优点在于，不受产业规模、空间分布影响，便于直接进行比较，缺点在于其无法精确到企业层面的数据。

参考文献

第二章

1.国家经济贸易委员会，关于印发中小企业标准暂行规定的通知（国经贸中小企〔2003〕143号），2003年2月。

2.国家经济委员会，关于发布《大中小型工业企业划分标准》的通知，1988年4月。

3.工业和信息化部，关于公开征求《中小企业划型标准规定（征求意见稿）》意见的通知，2021年4月。

4.工业和信息化部，关于印发中小企业划型标准规定的通知（工信部联企业〔2011〕300号），2011年6月。

5. Code of Federal Regulation，PART 121–Small Business Size Regulations，［EB/OL］. 1996/01/31［2022/2/23］. https://www.ecfr.gov/current/title-13/chapter-I/part-121.

6. Congressional Research Service，Small Business Size Standards: A Historical Analysis of Contemporary Issues，［EB/OL］.2022/01/05［2022/2/23］. https://sgp.fas.org/crs/misc/R40860.pdf.

7. European Commission，Commission Recommendation of 6 May 2003 concerning the definition of micro，small and medium-sized enter-

prises，［EB/OL］. 2003/05/20［2022/2/23］. https://eur-lex.europa.eu/LexUriServ/LexUriServ.do?uri=OJ：L：2003：124：0036：0041：EN：PDF.

8. European Commission，User guide to the SME definition，［EB/OL］. 2019/09［2022/2/23］. https://eur-lex.europa.eu/LexUriServ/LexUriServ.do?uri=OJ：L：2003：124：0036：0041：EN：PDF.

9. SBA，SBA's Size Standards Methodology，［EB/OL］. 2019/04［2022/2/23］. https://www.sba.gov/sites/default/files/2019-04/SBA%20Size%20Standards%20Methodology%20April%2011%2C%202019.pdf.

第三章

1. 工业和信息化部，关于开展专精特新“小巨人”企业培育工作的通知（工信厅企业函〔2018〕381号），2018年11月。

2. 工业和信息化部，关于开展第三批专精特新“小巨人”企业培育工作的通知（工信厅企业函〔2021〕79号），2021年4月。

3. 工业和信息化部，“十二五”中小企业成长规划，2011年9月。

4. 赫尔曼·西蒙，隐形冠军：未来全球化的先锋，张帆、吴君、刘惠宇、刘银远译，机械工业出版社，2021年5月，14-37。

5. 张晓朴、朱鸿鸣等，金融的谜题：德国金融体系比较研究，中信出版社，2021年6月，219-234。

6. Feubli，P.，and Emilie G，The Hidden Swiss Champions：Small but World Class［EB/OL］. 2015/09［2021-8-31］. https://www.credit-suisse.com/about-us-news/en/articles/news-and-expertise/the-hidden-swiss-champions-small-but-world-class-201506.html.

7. Hermann Simon，Why Germany Still has So Many Middle-Class Manufacturing Jobs [EB/OL] . 2017/05 [2021-8-30] . https://hbr.org/2017/05/why-germany-still-has-so-many-middle-class-manufacturing-jobs.

8. Jakob Cencic，Hidden Champions：Austria's Secret Global Market Leaders [EB/OL] . 2019/12 [2021-8-31] . https://investinaustria.at/en/blog/2019/12/hidden-champions-in-austria.php.

第四章

第一节

1. 陈薇 . 模块化——产业集群创新的途径，企业经济，2004（11）.

2. 范剑勇，冯猛，李方文 . 产业集聚与企业全要素生产率，世界经济，2014（5）.

3. 贺灿飞，任卓然，叶雅玲 . 中国产业地理集聚与区域出口经济复杂度，地理研究，2021，40（08）.

4. 何文韬 . 产业集聚对企业初始规模选择与持续生存的影响——基于辽宁省中小企业的分析，经济地理，2019，39（10）.

5. 金煜，陈钊，陆铭 . 中国的地区工业集聚：经济地理，新经济地理与经济政策，2006.

6. 李国武 . 产业集群与工业园区关系的研究，8590 海洋之神学报，2006（08）.

7. 路江涌，陶志刚 . 我国制造业区域集聚程度决定因素的研究，经济学（季刊）2007）（3）.

8. 马丽，严汉平 . 产业聚集与园区经济发展相关性分析，西北大学学报：哲学社会科学版，2015，45（1）.

9.茅锐.产业集聚和企业的融资约束，管理世界，2015（2）.

10.阮建青，张晓波，卫龙宝.资本壁垒与产业集群——基于浙江濮院羊毛衫产业的案例研究，经济学季刊，2007，7（1）.

11.盛丹，王永进.产业集聚，信贷资源配置效率与企业的融资成本——来自世界银行调查数据和中国工业企业数据的证据，管理世界，2013（6）.

12.宋海英，刘荣茂.农村中小企业发展的地区差异——基于产业集聚角度的实证分析，中国农村经济，2007（5）.

13.苏丹妮，盛斌，邵朝对.产业集聚与企业出口产品质量升级，中国工业经济，2018，11.

14.孙浦阳，韩帅，许启钦.产业集聚对劳动生产率的动态影响，世界经济，2013（3）.

15.冼国明，文东伟.FDI，地区专业化与产业集聚，管理世界，2006（12）.

16.王欢芳，李密，宾厚.产业空间集聚水平测度的模型运用与比较，统计与决策，2018，34（11）.

17.吴丹丹，谢建国.FDI对产业集群作用的实证研究——以江苏省制造业产业集群为例，世界经济研究，2007（6）.

18.谢子远，吴丽娟.产业集聚水平与中国工业企业创新效率——基于20个工业行业2000–2012年面板数据的实证研究，科研管理，2017，38（1）.

19.杨颖.企业集群与工业园区的组织关联机理分析，长江论坛，2004（4）.

20. 喻春光，刘友金. 产业集聚，产业集群与工业园区发展战略，经济社会体制比较，2008（6）.

21. 喻春光. 产业集群导向的工业园区形成机理与战略设计研究，中南大学，博士学位论文，2010.

22. 张云飞. 城市群内产业集聚与经济增长关系的实证研究——基于面板数据的分析，经济地理，2014，34（1）.

23. 周海波. 交通基础设施，产业集聚与区域经济发展：关联性与效率分析，东南大学，博士学位论文，2017.

24. 朱平芳，罗翔，项歌德. 中国中小企业创新绩效空间溢出效应实证研究——基于马克思分工协作理论，数量经济技术经济研究，2016，33（5）.

25. Antonietti，R.，G. Cainelli，The role of spatial agglomeration in a structural model of innovation，productivity and export：a firm-level analysis［J］. The Annals of Regional Science，2009，46（3）.

26. Akita，T.，S. Miyata，Theories of New Economic Geography and Geographical Concentration of Manufacturing Industries in Japan［J］. 2005.

27. Audretsch，D. B.，M. P. Feldman，R&D spillovers and the geography of innovation and production［J］. The American economic review，1996，86（3）.

28. Bai，C. E.，Y. Du，Z. Tao，et al. Local protectionism and regional specialization：evidence from China's industries［J］. Journal of international economics，2004，63（2）.

29. Baldwin，R. E.，T. Okubo，Heterogeneous firms，agglomera-

tion and economic geography: spatial selection and sorting [J] . Journal of economic geography, 2006, 6 (3) .

30. Coughlin, C. C., E. Segev, Location determinants of new foreign - owned manufacturing plants [J] . Journal of regional Science, 2000, 40 (2) .

31. Dettwiler, P., P. Lindelöf, H. Löfsten, Utility of location: A comparative survey between small new technology-based firms located on and off Science Parks—Implications for facilities management [J] . Technovation, 2006, 26 (4) .

32. Forte, R. P., A. R. Sá, The role of firm location and agglomeration economies on export propensity: the case of Portuguese SMEs [J] . EuroMed Journal of Business, 2020.

33. Greenaway, D., R. Kneller, Exporting, productivity and agglomeration [J] . European economic review, 2008, 52 (5) .

34. Kim, S., Expansion of markets and the geographic distribution of economic activities: the trends in US regional manufacturing structure, 1860–1987 [J] . The Quarterly Journal of Economics, 1995, 110 (4) .

35. Krugman, P., Increasing returns and economic geography [J] . Journal of political economy, 1991, 99 (3) .

36. Long, C., X. Zhang, Industrial Clusters and Firm Financing in China [J] . The International Food Policy Research Institute Discussion Papers (IFPRI DP), 2010.

37. Malmberg, A., B. Malmberg, P. Lundequist, Agglomeration and firm performance: economies of scale, localisation, and urbanisation

among Swedish export firms［J］. Environment and Planning a，2000，32（2）.

38. Marshall，A.，Principles of Economics［M］.London：Mac-millan，1920.

39. Peters，E.，N. Hood，Implementing the cluster approach：some lessons from the Scottish experience［J］. International Studies of Man-agement & Organization，2000，30（2）.

40. Porter，M. E.，Competitive advantage of nations：creating and sustaining superior performance［M］. simon and schuster，2011.

41. Sun，C.，Z. Yu，T. Zhang，Agglomeration and firm export［J］. Frontiers of Economics in China，2018，13（1）.

42. Tsuji，M.，S. Miyahara，Agglomeration and local innovation networks in Japanese SMEs：Analysis of the information linkage［M］// Industrial Clusters，Upgrading and Innovation in East Asia. Edward Elgar Publishing，2011.

43. Tveteras，R.，G. E. Battese，Agglomeration externalities，pro-ductivity，and technical inefficiency［J］. Journal of regional science，2006，46（4）.

44. Weber，F. D. A，theory of the location of industries，1909［J］. Ŕ Center for Spatially Integrated Social Science，2006.

第二节

1. 潘悦.意大利中小企业的发展模式及其启示，新远见，2011（06）.

2. 刘善庆，陈文华和叶小兰.产业集群分类综述，企业经济，2005（05）.

3.栾峰，薛皓颖.意大利产业区的政策导向与空间分布特征，国际城市规划，2022，37（01）.

4.福嶋路.平成の中小企業政策：産業集積政策を振り返って（特集2019年度日本学術振興会第118委員会委託研究平成30年間の中小企業経営と政策課題（下）），商工金融，2020，70（8）.

5. Becattini，G.，& M. Bellandi，L. De Propris，A handbook of industrial districts，Edward Elgar Publishing，2014.

6. Bellandi，M.，& A. Caloffi，System-based policies in Italy：From industrial districts to technological clusters，European Review of Industrial Economics and Policy，2012（5）.

7. Bianchi，P.，& S. Labory，Industrial policy after the crisis：the case of the Emilia-Romagna region in Italy，Policy Studies，2011，32（4）.

8. Bianchi，P.，& L. M. Miller，& Bertini S，et al. The Italian SME experience and possible lessons for emerging countries，In Executive Summary，UNIDO. 1997.

9. Dei Ottati，G.，Marshallian industrial districts in Italy：the end of a model or adaptation to the global economy？，Cambridge Journal of Economics，2018，42（2）.

10. Markusen，A.，Sticky places in slippery space：a typology of industrial districts，Economy. Routledge，1996.

11. Schilirò，D.，Italian industrial districts：theories，profiles and competitiveness，2017.

12. Spadavecchia，A.，State subsidies and the sources of company

finance in Italian industrial districts, 1951–1991, Enterprise & Society, 2005, 6（4）.

13. Tung, C. Y., The Function and Limitation of Government in Developing Industrial Cluster: Case Study of Semiconductor Industry in North–Kyushu Japan, 2010.

第五章

1. Enderwick, P., and Peter, B., Rising regionalization: will the post–COVID–19 world see a retreat from globalization? [EB/OL] .2020 [2021/8/31] . https://unctad.org/system/files/official–document/diaeia–2020d2a5_en.pdf.

2. Fratzscher, M., and Arnaud, M., China's dominance hypoth–esis and the emergence of a tripolar global currency system, [EB/OL] . 2011/12 [2021/9/1] . https://voxeu.org/article/do–we–have–tripolar–monetary–system.

3. Hirata, H., Ayhan, K., and Christopher, O., Regionalization vs. Globalization, IMF Working Paper 13/19, January 2013.

4. IMF, Globalization: A Framework for IMF Involvement, [EB/OL] . 2002/03 [2021/8/31] . https://www.imf.org/external/np/exr/ib/2002/031502.htm.

5. Joffe, J., The Structure of the contemporary International System, Strategika, Issue 55, November 2018.

6. Legge, S., and Piotr, L., Regionalization vs globalizations: what is the future direction of trade? [EB/OL] . 2021/07 [2021/9/1] .

https://www.weforum.org/agenda/2021/07/regionalization-globalization-future-direction-trade/.

7. Moody’s. Move to Tripolar world economy poses widespread credit risks,[EB/OL]. 2020/12 [2021/9/2], https://www.moodys.com/research/Moodys-Move-to-tripolar-world-economy-poses-widespread-credit-risks--PBC_1253714.

8. Rodrik, D., Globalization, Populism and Inclusion,[EB/OL]. 2018/12 [2021/8/31]. https://www.oecd.org/naec/Globalization_populism_and_inclusion.pdf.

9. Rodrik, D. How Far Will International Economic Integration Go? Journal of Economic Perspectives, Volume 14, Number 1 (Winter 2000), Pages 177–186. 2000.

第六章

1. 中国人民银行，中国银行保险监督管理委员会，2019年6月，《中国小微企业金融服务报告（2018）》，2019年6月第1版。

2. Ayyagari M., T. Beck, and A. Demirgüç-Kunt,, Small and medium enterprises across the globe: A new database,[EB/OL]. 2003 [2022/8/30]. http://documents.worldbank.org/curated/en/819161468766822276/Small-and-medium-enterprises-across-the-globe-a-new-database.

3. Ernest&Young, Funding the Future: Access to finance for entrepreneurs in the G20,[EB/OL]. 2012 [2022/08/30]. https://www.ey.com/Publication/vwLUAssets/EY_G20_-_Funding_the_future: /$FILE/

EY–g20–Funding–the–future.pdf.

4. Federal Reserve, Banking and Monetary statistics, 1914–1941, [EB/OL] . 1943/11 [2022/8/30] . https://fraser.stlouisfed.org/files/docs/publications/bms/1914–1941/BMS14–41_complete.pdf.

5. Federal Reserve, Banking and Monetary Statistics, 1941–1970, [EB/OL] . 1976/09 [2022/08/30] . https://fraser.stlouisfed.org/title/bank–ing–monetary–statistics–1941–1970–41.

6. Federal Reserve, Annual Statistical Digest, 1970–1979, [EB/OL] . 1981/03 [2022/08/30] . https://fraser.stlouisfed.org/title/annual–statistical–digest–7/1972–1976–23503/fulltext.

7. Federal Reserve, Annual Statistical Digest, 1980–1989, [EB/OL] . 1991/03 [2022/08/30] . https://fraser.stlouisfed.org/title/annual–statistical–digest–7/1980–1989–23495.

8. Federal Reserve, Annual Statistical Digest, 1990–1995, [EB/OL] . 1996/11 [2022/08/30] . https://fraser.stlouisfed.org/title/annual–statistical–digest–7/1990–1995–23501.

9. Federal Reserve, Statistical Digest, 1996–2000, [EB/OL] . 2002/03 [2022/08/30] . https://fraser.stlouisfed.org/title/annual–statisti–cal–digest–7/1996–2000–23502.

10. Thomas K. Hahn, 1993, Commercial Paper, Federal Reserve Bank of Richmond Economic Quarterly Volume 79/2.

11. IFC, 2018, MSME Finance Gap: Assessment of the shortfalls and opportunities in financing micro, small and medium enterprises in emerging markets, [EB/OL] . 2018 [2022/08/30] . http://documents.

worldbank.org/curated/en/653831510568517947/MSME–finance–gap–assessment–of–the–shortfalls–and–opportunities–in–financing–micro–small–and–medium–enterprises–in–emerging–markets.

12. LaRoche R., 1993, Bankers Acceptance, Federal Reserve Bank of Richmond Economic Quarterly Volume 79/1.

13. OECD, The SME Financing Gap: Volume I Theory and Evidence, [EB/OL]. 2006 [2022/08/30]. https://www.oecd–ilibrary.org/finance–and–investment/the–sme–financing–gap–vol–i_9789264029415–en.

14. Peer S., T. Goland and R. Schiff, Two Trillion and Counting: Assessing the Credit Gap for Micro, Small, and Medium–size Enterprises in the Developing World, [EB/OL]. 2010 [2022/08/30]. http://documents.worldbank.org/curated/en/386141468331458415/Two–trillion–and–counting–assessing–the–credit–gap–for–micro–small–and–medium–size–enterprises–in–the–developing–world.

后　记

在2021年《聚焦需求侧：经济新格局下的消费、投资与出口》一书的出版过程中，受其中“畅通中小微企业融资与稳定就业”章节的启发，人民日报出版社的蒋菊平老师提出了专门就中小企业发展问题出版一本专著的设想。在听到这个设想之后，我们既感觉到了兴奋又略有紧张。兴奋既是由于人民日报出版社的老师如此信任我们，也是由于我们能够有机会进一步开拓这一极其重要的研究领域。与此同时，我们也担心由于自己能力有限难以在短时间内充分借鉴境内外经验为我国中小企业发展提供有效参考。最后，本着兴业银行“为金融改革探路子，为经济建设做贡献”的使命，我们接下了这个光荣的任务。

中小企业在发展过程中所面临的堵点、难点和障碍不胜枚举，其中既有来自于外部环境变化所导致的因素，也有企业自身发展过程中需要“爬坡过坎”的节点。本书希望参考境内外的经验，探索梳理中小企业的发展支持政策，以及中小企业由“专精特新”向“隐形冠军”发展过程中的成功经验，希望为我国中小企业的高质量发展提供经验。求准求全很难，我们只能尽己所能，在有限的篇幅内试图为大家带来尽可能多的研究较多、观点和材料，若能进一步激发对于中小企业发展的探讨，甚至促进我国中小企业高质量发展，那么我国的愿望也就基本达成了。

在本书即将成文出版之际，人民日报刊载了工信部披露的最新信息，截至2023年3月末，我国已培育了7万多家“专精特新”中小企业，其中专精特新“小巨人”企业8997家。2022年新上市企业中，“专精特新”中小企业占59%，其中，在科创板新上市的企业中，72%是“专精特新”中小企业。累计已有1300多家“专精特新”中小企业在A股上市，占A股上市企业总数的27%。我国中小企业正在由“专精特新”迈向“隐形冠军”的道路上稳步前进，相信未来将有越来越多的我国中小企业在“双循环”的新发展格局下茁壮成长，为我国经济的高质量发展奠定坚实的基础。未来，我们也将继续就中小企业如何更好发展的境内外经验持续开展深入研究，牢记“为金融改革探路子，为经济建设作贡献”的任务，更好的探索金融支持中小企业“融资+融智”的新路径。

在此，特别感谢人民日报出版社的编辑老师，没有她们的激励、鞭策以及细致入微的工作，就不会有现在如此完美呈现在大家面前的本书。同时，还要感谢CF40对于本书的支持和鼓励，若没有CF40的支持和协助，本书也难以如此饱满的最后成稿。最后，还要感谢兴业研究郭于玮、何帆、储晨笛等多位同事，感谢她们在本书撰写和出版过程中的协助和支持。